职业教育城市轨道交通专业系列教材

城市轨道交通车辆制动系统维护与检修

主　编　李益民　阳　东
副主编　雷晓娟
参　编　柏承宇　张省伟
主　审　赵正波　于　海

机械工业出版社

本书是职业教育城市轨道交通专业系列教材。全书分九个单元，深入浅出地介绍了城市轨道交通车辆制动系统的构造、原理和维修。本书内容包括制动基础知识、风源系统、动力制动和电磁制动、KBWB 型制动控制系统、EP2002 型制动控制系统、KBGM 型制动控制系统、SD 型制动控制系统、NABTESCO 型制动控制系统、基础制动装置等。

本书作为城市轨道交通专业司机及检修方向教材，其编写指导思想是：基础理论适度，强化基础及共性知识，专业针对性强，以培养能力为主，反映本学科技术科学领域的现状及发展。本书可作为职业教育城市轨道交通专业的教学用书，也可供从事城市轨道交通车辆专业工作的广大科技人员学习参考。

为方便教学，本书配有电子课件，凡选用本书作为授课教材的教师均可登录 www. cmpedu. com 免费注册下载。编辑咨询电话：010- 88379375。

图书在版编目（CIP）数据

城市轨道交通车辆制动系统维护与检修/李益民，阳东主编．—北京：机械工业出版社，2012. 8（2024. 2 重印）
职业教育城市轨道交通专业系列教材
ISBN 978-7-111-39392-4

Ⅰ. ①城…　Ⅱ. ①李…②阳…　Ⅲ. ①城市铁路—铁路车辆—车辆制动—职业教育—教材　Ⅳ. ①U239. 5

中国版本图书馆 CIP 数据核字（2012）第 201087 号

机械工业出版社（北京市百万庄大街 22 号　邮政编码 100037）
策划编辑：曹新宇　责任编辑：曹新宇　韩旭东
版式设计：霍永明　责任校对：张晓蓉
封面设计：马精明　责任印制：单爱军
北京虎彩文化传播有限公司印刷
2024 年 2 月第 1 版第 11 次印刷
184mm×260mm · 10. 5 印张 · 256 千字
标准书号：ISBN 978-7-111-39392-4
定价：29. 00 元

电话服务　　网络服务
客服电话：010- 88361066　机　工　官　网：www. cmpbook. com
010- 88379833　机　工　官　博：weibo. com/cmp1952
010- 68326294　金　　书　　网：www. golden-book. com

机工教育服务网：www. cmpedu. com

出版说明

目前我国正在经历着有史以来规模最大的城市轨道交通建设。城市轨道交通的高速发展，带来了对城市轨道交通专业人才的巨大需求，巨大的城市轨道交通人才需求为职业教育城市轨道交通专业的发展带来了良好契机。目前国内开设城市轨道交通专业的院校正逐年增多，但是适合于职业教育的教材却很少，特别是专门为职业教育量身设计的、注重实际操作技能及管理技能的教材几乎没有。机械工业出版社根据教育部大力发展职业教育的要求，为促进职业教育城市轨道交通专业教学的交流与推广，推动职业教育城市轨道交通教材建设，培养符合企业实际需求的应用型、综合性人才，特组织国内开设城市轨道交通专业院校的优秀教师编写此套教材。

为了做好教材的编写工作，机械工业出版社特别成立了由著名专家组成的教材编写委员会。这些专家对城市轨道交通专业教学作了深入细致的调查研究，对教材编写提出许多建设性意见，并慎重地对每一本教材一审再审，确保教材本身的高质量水平，并对教材的教学思想和方法的先进性、科学性严格把关。希望职业院校师生在使用教材后及时反馈意见和建议，使我们能更好地为教学改革服务。编辑邮箱 cxyspring@ 126. com。机工社轨道教材交流 QQ 群：73242168。

机械工业出版社

前　言

本书是由机械工业出版社组织国内在城市轨道交通行业有较大影响力的学校及有丰富经验的专业教师编写的“职业教育城市轨道交通专业规划教材”之一。全书分9个单元，深入浅出地介绍了城市轨道交通车辆制动系统的构造、原理和维修。本书内容包括制动基础知识、风源系统、动力制动和电磁制动、KBWB型制动控制系统、EP2002型制动控制系统、KBGM型制动控制系统、SD型制动控制系统、NABTESCO型制动控制系统、基础制动装置等。

本书作为城市轨道交通专业司机、检修方向教材，编写指导思想是：基础理论适度、强化基础及共性知识、专业针对性强、以培养能力为主、反映本学科技术科学领域的现状及发展。

本书由李益民、阳东任主编，雷晓娟任副主编，由苏州轨道交通有限公司高级工程师赵正波、于海主审。参加编写的还有柏承宇、张省伟。编写分工如下：李益民编写第1单元、第2单元、第3单元和第8单元；阳东编写第4单元、第6单元、第7单元；雷晓娟编写第5单元、第9单元；柏承宇和张省伟编写附录。本书内容主要参考西安、天津、上海、深圳、广州、北京、南京等地的地铁车辆相关资料，在此对有关部门表示感谢。

由于编者水平有限，疏漏之处在所难免，恳请广大读者不吝赐教。

编　者

目　录

第1单元　制动基础知识

课题1　制动系统在城市轨道交通车辆运行中的重要意义

【知识要点】

1. 熟知列车制动系统、制动作用种类、制动能力及制动在城市轨道交通车辆运行中的重要意义；
2. 熟知轮轨关系、制动力的形成和影响黏着系数的因素；
3. 熟知制动载荷的分析方法；
4. 熟知空气制动机的空气波、制动波及列车制动时的纵向动力作用；
5. 熟知制动机的稳定性、安定性和灵敏度。

人为地使运动物体减速或阻止其加速称为制动。对于城市轨道交通车辆来说，为了使运动中的列车能迅速地减速或停车，必须对它实施制动；为了防止列车在下坡道时由于列车的重力作用导致的列车速度增加，也需要对它实施制动；即使列车已经停车，为避免停放的列车因重力作用或风力作用而溜车，也需要对它实施制动（又称为停放制动）。反之，对已经施行了制动的列车，为了使其重新起动或再次加速，必须解除或减弱其制动作用，这种做法称为制动的缓解。

一、概论

1. 列车制动系统

为了能施行制动或缓解制动，需要在列车上安装由一整套零部件组成的一个完整的制动装置，此装置总称为“列车制动装置”。在铁路上，它分为“机车制动装置”和“车辆（客车、货车）制动装置”。因城市轨道交通车辆与铁路车辆的编组形式不同，一般都采用动力分散型的动车组形式，所以它分为“动车制动装置”和“拖车制动装置”。无论机车、客车、货车还是动车、拖车，各种车辆都有制动装置，起着制动和缓解的作用。机车还具有操纵全列车的制动功能。城市轨道交通车辆也有操纵全列车制动功能的设备，它一般安装在列车两端的带司机室的头车上，而头车既可以是拖车也可以是动车。

由制动装置产生的，与列车运行方向相反的外力，称为“制动力”。这是人为的阻力，它比列车在运行中由各种自然原因产生的阻力要大得多。因此，尽管在列车制动减速的过程中，列车运行阻力（自然阻力）也在起作用，但起主要作用的还是列车制动力（人为阻力）。

一套列车制动装置至少包括两个部分，即制动控制部分和制动执行部分。制动控制部分由制动信号发生与传输装置以及制动控制装置组成。制动执行部分通常称为基础制动装置，包括闸瓦制动与盘形制动等多种不同方式。

以前列车上安装的制动装置比较简单、直观，而且使用压缩空气的方法传递制动信号，因此我们称其为一套列车制动装置。但是随着轨道交通技术的发展，制动装置中越来越多地采用了电气信号和电气驱动设备。计算机和电子设备的出现使制动装置变得无触点化，变得更加集成化，并且使制动控制功能融入了其他电路而不再独立划分。因此，我们只能按现代方法将具有制动功能的电子线路、电气线路和气动控制部分归结为一个系统，统称为列车制动系统。

2. 制动作用的种类

列车制动在操纵上按用途可分为五种，即常用制动、紧急制动、快速制动、停放制动和保持制动。

常用制动是指在正常情况下为调节或控制列车速度（包括进站停车）所施行的制动。它的特点是作用比较缓和，制动力可以调节，通常只用列车制动能力的20%～80%，多数情况下只用50%左右的制动能力。

紧急制动是一种“非常制动”，是在紧急情况下为使列车尽可能快地停车而实行的一种制动。它的特点是作用比较迅猛，而且要使用列车全部的制动能力，且只有空气制动作用。

快速制动，也称非常制动，其平均减速度基本上与紧急制动相当（其他功能与常用制动功能基本相同），但紧急制动是不可自动恢复的，必须停车后人工恢复，而快速制动是可以恢复的，且一般为电空联合制动，也可以是空气制动作用。

停放制动，也称驻车制动，采用弹簧制动、充气缓解的方式，是使列车能存放在一定坡度上不溜车而施行的制动作用，能实现长时间停车。停放制动具有手动缓解的功能，以备在无风情况相对停放制动实施缓解。也可将铁鞋放入车轮踏面下面阻止列车运动。

保持制动的主要作用是防止列车停在坡道上时溜车。保持制动在常用制动模式下且列车速度低于1km/h时触发，是常用制动的一种辅助制动。保持制动制动力的大小要保证列车停在轨道的最大坡道上不会发生溜车。保持制动在列车牵引力大于保持制动力时缓解。

3. 制动能力

列车的制动能力是指该列车的制动系统能使其在规定的安全范围内或规定的安全制动距离内可靠地把列车停下来的能力。一般来说，城市轨道交通系统都有明确的车辆运行规程，特别是对列车制动能力有严格的要求和规定。例如，规程中要求列车在紧急情况下的制动距离（紧急制动距离）不得超过某一规定值。上海地铁规定：列车在满载乘客的条件下，在任何运行初速度下，其紧急制动距离不得超过180m。这个距离要比起动加速距离短得多。因此，从安全的目的出发，一般列车的制动功率要比牵引功率大5～10倍。

从能量的角度看，制动的实质就是将列车的动能转移出去。制动系统转移动能的能力就是制动功率。在一定的制动距离条件下，列车的制动功率是其速度的三次方函数。

4. 制动系统的重要意义

从上面可知，制动过程必须具备两个基本条件：

1）实现能量转换。

2）控制能量转换。

为了让列车能以一定的速度运行，必须对其施以牵引，同时为了让运行的列车能迅速减速、停车，必须对其施以制动。忽视列车的制动能力，将会发生不可知的危险，甚至造成乘客生命财产的损失。因此从这个意义上讲，制动是一个与牵引有着同样重要，甚至更为严重的问题。

由于制动系统设置的目的是实现列车能够按照人的意志减速或准确停车，所以，制动系统性能的好坏，不仅影响着列车的制动效果，而且影响着铁路的运输安全。衡量制动系统性能的优劣，主要是衡量制动机性能的好坏，性能良好的制动机对铁路运输有以下几方面的促进作用：

1）保证行车安全。

2）充分发挥牵引力，增大列车牵引质量，提高列车运行速度。

3）提高列车的区间通过能力。

二、制动的基础理论

（一）轮轨关系和制动力

除了橡胶车轮列车和磁悬浮列车等特殊交通系统外，目前绝大部分城市轨道交通车辆采用的是钢轨钢轮的走行方式。因此，我们首先要研究钢轨与钢轮之间的互相关系，以及它们在运行时的各种工况。

轮对（由一根车轴与两个车轮组成）在钢轨上运行时，一般承受垂直载荷及纵、横切向载荷。垂直载荷来自车辆轮对的正压力，纵向载荷主要来自牵引及制动，横向载荷来自车辆的蛇行运动。牵引时，牵引电动机通过传动机构，将牵引动力传递给动车的动力轮对（动轮），由车轮和钢轨的相互作用，产生使车辆运动的反作用力。根据物理学中有关机械摩擦的理论，轮轨间的切向作用力就是静摩擦力，而最大静摩擦力就是钢轨对车轮的反作用力的法向分力与静摩擦因数的乘积。稳态前进的非动力轮的车轮在不制动时，其纵向切向力平衡轴承阻力和蛇行时的惯性力。因此，无论是动力轮对或从动轮对都存在着纵向切向力，它导致了轮轨之间的纵向相对运动。但实际上，事情并非那么简单，动轮与钢轨间切向作用力的最大值要比物理学上的最大静摩擦力小一些，情况也更复杂一些。

在分析轨道交通车辆的轮轨关系时，通常要引入两个十分重要的概念，即“黏着”和“蠕滑”。

1. 黏着

图 1-1 所示为某个动车以速度 v 在平直线路上运行时，它的一个动车轮对的受力情况（暂时忽略内部的各种摩擦阻力）。为了更清楚地表示该图中的各种关系，实际上将互相接触的车轮与钢轨稍稍分开画出。

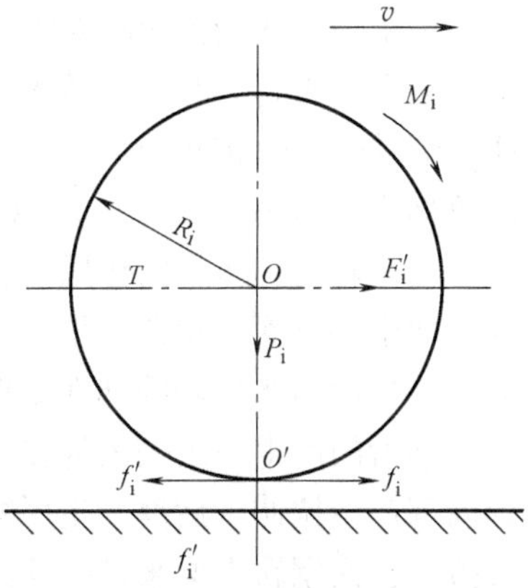

图 1-1　在平直线路上运行的轮对与钢轨受力分析

在图 1-1 中，P_i 为一个动轮对作用在钢轨上的正压力，又称为轮对的轴重。牵引电动机作用在动轮对上的驱动转矩 M_i，可以用一对力形成的力偶代替。力 F_i' 和 F_i 分别作用在轮轴中心的点 O 和轮轨接触的点 O'，其大小为

$$F_i' = F_i = M_i / R_i$$

式中　R_i——动轮半径。

在正压力 P_i 的作用下，车轮与钢轨的接触部分紧紧压在一起。

切向力 F_i 使车轮上的点 O' 具有向左运动的趋势，并通过点 O' 作用在钢轨上。f_i' 表示车轮作用在钢轨上的力，其值 $f_i'=F_i$。由于轮轨接触处存在着摩擦，车轮上点 O' 向左运动的趋势将引起向右的静摩擦力 f_i，即钢轨对车轮的反作用力，其值 $f_i=f_i'$，f_i 称为轮周牵引力。因此，车轮上的点 O' 受到两个相反方向的力 F_i 和 f_i 的作用，而且 $F_i=f_i$，所以，点 O' 保持相对静止，轮轨之间没有相对滑动，在力 F_i' 的作用下，车轮对作纯滚运动。

由于正压力的作用而使车轮与钢轨的接触保持相对静止的现象称为“黏着”。黏着状态下的静摩擦力 f_i 称为黏着力。

轮轨间的黏着与静力学中的静摩擦的物理性质十分相似。驱动转矩 M_i 产生的切向力 F_i 增大时，黏着力 f_i 也随之增大，并保持与 F_i 相等。当切向力 F_i 增大到某个数值时，黏着力 f_i 达到最大值。此后，切向力 F_i 如果再继续增大，f_i 反而迅速减小。试验证明，黏着力 f_i 的最大值 f_{max} 与动轮对的正压力 P_i 成正比，其比例常数称为黏着系数，用 μ 表示，即

$$f_{max}=\mu P_i$$

上式表明，在轴重一定的条件下，轮轴间的最大黏着力由轮轨间黏着系数的大小决定。当轮轨间出现最大黏着力时，若继续加大驱动转矩，一旦切向力 F_i 大于最大黏着力，车轮上的点 O' 将向左移动，轮轨间出现相对滑动，黏着状态被破坏。这时，车轮与钢轨的相对运动由纯滚动变为既有滚动又有滑动。此时，钢轨对车轮的反作用力 f_i 由静摩擦力变为滑动摩擦力，其值迅速减小，并使车轮的转速上升。这种因驱动转矩过大，破坏黏着关系，使轮轨间出现相对滑动的现象称为“空转”。当车轮出现空转时，轮轨间只能依靠滑动摩擦力传递切向力，因而传递切向力的动能大大减小，并且会造成车轮踏面和轨面的擦伤。因此，牵引运行应尽量防止出现车轮空转。

黏着系数是由轮轨间的物理状态确定的。加大每个动轮对作用在钢轨上的正压力，即增加轴重，可以提高每个动轮对的黏着力和牵引力。但是，轴重也受到钢轨、路基和桥梁等各种条件的限制，不可能无限制地增加。城市轨道交通车辆由于采用动车组形成，动轮对数量比一般铁路列车多，动力和黏着力较分散，牵引力总量又很容易达到，与铁路列车的动轮对和牵引力都集中在机车头的情况相比，城市轨道交通车辆利用的黏着条件就相对好得多，因而对保护轮轨间的正常作用是很有利的。

2. 蠕滑

传统理论认为钢轮相对钢轨滚动时，接触面是一种干摩擦的黏着状态，除非是制动力或牵引力大于黏着力时才会转入滑动摩擦状态。但是现代研究表明，由于车轮和钢轨都是弹性体，滚动时轮轨接触处会产生弹性变形，这种新的弹性变形会使接触面发生微量滑动，这种现象称为“蠕滑”（Creep）。对蠕滑的研究和分析，可以进一步深化对黏着的认识。

在车轮上正压力的作用下，轮轨接触处产生弹性变化，形成椭圆形的接触面。从微观上看，两个接触面是粗糙不平的。由于切向力 F_i 的作用，车轮在钢轨上滚动时，车轮和钢轨的粗糙接触面产生新的弹性变形，接触面间出现微量滑动，即所谓的“蠕滑”。

蠕滑的产生原因是因为在车轮接触面的前部产生压缩，后部产生拉伸，而在钢轨接触面的前部产生拉伸，后部产生压缩。随着动轮的滚动，车轮上原来被压缩的金属陆续放松，并被拉伸，而钢轨上原来被拉伸的金属陆续被压缩，因而在接触面的后部出现滑动。

如图 1-2 所示，切向力在接触面上形成两个性质不同的状态和区域。接触面的前部，轮轨间没有相对滑动，称为滚动区，用阴影线表示；接触面的后部，轮轨间有相对滑动，称为

滑动区。这两个区域的大小随切向力的变化而变化。当切向力增大时，滑动区面积增大，滚动区面积减小。当切向力超过某一极限值时，滚动区面积为零，只剩下滑动区，整个接触面间出现相对滑动，轮轨间黏着被破坏，车轮在钢轨上开始明显打滑，即出现“空转”。

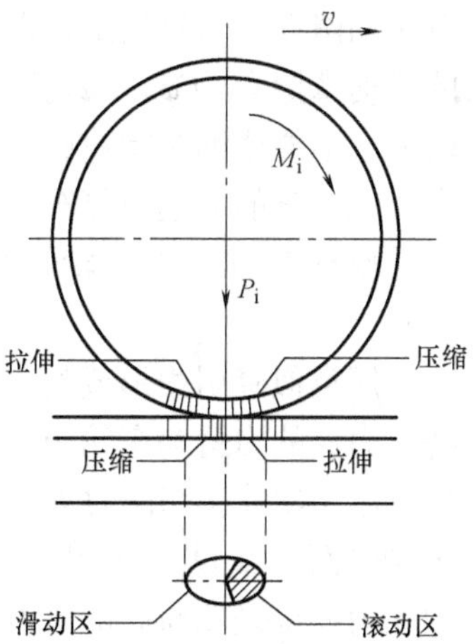

图 1-2　切向力在接触面上形成的滚动区和滑动区

蠕滑是滚动体的正常滑动，车轮在滚动过程中必然会发生蠕滑现象。伴随着蠕滑产生静摩擦力，轮轨之间才能传递切向力。由于蠕滑的存在，牵引时车轮的滚动圆周速度将比其轮心前进速度要大。这两种速度之间的差值称为蠕滑速度，并以一个无量纲比值蠕滑率 σ 来表示蠕滑的大小，即

$$\sigma = (\omega R_i - v)/v$$

式中　v——车轮轮心前进速度；

ω——车轮转动的角速度。

轮轨间由于摩擦产生的切向力反过来作用于驱动机构，随着切向力的增大，驱动机构内的弹性应力也增大。当切向力达到极限值时，由于蠕滑的积累波及整个接触面，发展成为真滑动；积累的能量使车轮本身加速，这时驱动机构内的弹性应力被解除。由于车轮的惯性和驱动机构的弹性，在轮轨间出现滑动—黏着—再滑动—再黏着的反复振荡过程，一直持续到重新在驱动机构中建立起稳定的弹性应力为止。

3. 制动力的形成

与牵引运行类似，制动力的形成也是通过轮轨间的黏着产生的。

为了降低列车运行速度或者为了停车，必须利用外力将列车动能转移走。这个转移走列车动能的过程称为制动。一般城市轨道交通车辆的制动方式有三类，即摩擦制动（包括闸瓦制动和盘形制动）、动力制动（包括再生制动和电阻制动）和电磁制动（包括磁轨制动和涡流制动）。其中摩擦制动和动力制动都是通过轮轨黏着产生制动力的。下面以闸瓦制动为例，说明通过轮轨黏着产生制动力的过程。

图 1-3 所示为一个轮对利用闸瓦制动产生制动力的示意图。

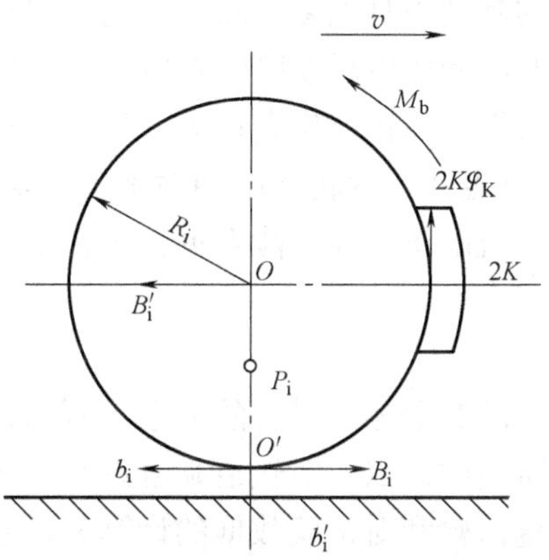

图 1-3　闸瓦制动时轮对与钢轨受力分析

假设一个轮对上有两块闸瓦，在忽略其他各种摩擦阻力的情况下，轮对在平、直道上具

有滚动惰性。若每块闸瓦以力 K 压向车轮踏面，则闸瓦和踏面间引起与车轮转动方向相反的滑动摩擦力 $2K\varphi_K$（φ_K为车轮踏面与闸瓦间的滑动摩擦因数）。对于列车来说该摩擦力是内力，不能使列车减速，可是它通过轮轨间的黏着，引起与列车运动方向相反的外力，以此来实现列车的减速或停车。

摩擦力 $2K\varphi_K$对车轮的作用效果，相当于制动转矩 M_b，即

$$M_b = 2K\varphi_K R_i$$

用类似牵引力形成的分析方法，转矩 M_b可以用轴心和轮轨接触处的力偶（B_i、B_i'）代替。力偶的力臂为车轮半径 R_i，作用力 $B_i = B_i' = M_b/R_i = 2K\varphi_K$。轮轨接触处因轮对的正压力 P_i而存在黏着，切向力 B_i将引起钢轨对车轮的静摩擦反作用力 b_i，$b_i = B_i = 2K\varphi_K$。b_i作用在车轮踏面的点 O'，作用方向与列车运行方向相反，是阻止列车运行的外力，称为制动力。制动力 b_i也是轮轨间的黏着力，因而也受到黏着条件的限制，即

$$b_i \leqslant P_i\mu_i$$

式中 P_i——动车或拖车轮对的轴重；

μ_i——制动时轮轨间的黏着系数。

整个列车的总闸瓦制动力为所有轮对闸瓦制动力之和，即

$$B = \Sigma b_i$$

制动力的大小可以采用增加或减小闸瓦压力来调节，但不得大于黏着条件所允许的最大值。否则，车轮被闸瓦“抱死”，车轮与钢轨间产生相对滑动，车轮的制动力变为滑动摩擦力，数值立即减小，这种现象称为“滑行”，是与牵引时的“空转”相对应的一种黏着状态被破坏的现象。滑行时，制动力大大降低，制动距离增加，还会造成车轮踏面与轨面的擦伤，因此必须尽量避免。

动力制动产生制动力的过程与摩擦制动基本类似，只是制动转矩是由电机（这时电机处于发电状态）产生的，而不是由闸瓦产生的，但它们都是通过轮轨黏着产生的。因此，牵引力、摩擦制动力和动力（电气）制动力都是黏着力，它们与轮轨黏着的关系密切。充分利用黏着条件，对于牵引和制动同样重要。“滑行”和“空转”也都是必须避免的。

唯一不受黏着条件限制的制动力是电磁制动力。电磁制动有两种形式，即磁轨制动和涡流制动。磁轨制动是将带有磨耗板的电磁铁吸附在钢轨上，接通励磁电流，使电磁铁紧紧吸附在钢轨上，并通过磨耗板与轨面摩擦产生制动力。涡流制动的电磁铁没有磨耗板，它将电磁铁落在轨面 7～10mm 处，电磁铁与钢轨间的相对运动引起电涡流作用而形成制动力。磁轨制动在欧洲的轻轨车辆或有轨电车上经常能看见，主要用于紧急制动。但磁轨制动应用最多的是高速列车和磁悬浮列车。

4. 影响黏着系数的因素

由于黏着系数与牵引和制动有着相当重要的关系，所以长期以来，影响黏着系数的主要因素就成为世界上众多专家研究的重点。对轨道黏着系数的研究主要依靠试验。不同的轨道黏着系数不同，需要经过大量试验和对试验数据的计算分析才能得到。通过专家们的试验分析表明，影响黏着系数的主要因素有以下几项：

（1）车轮踏面与钢轨表面状态　干燥、清洁的车轮踏面与钢轨表面，它们的黏着系数较高，但如果踏面或轨道受到污染，则黏着系数变小。干燥、清洁的踏面与轨面，其黏着系

数可达0.3；而受到雨雪浸湿的踏面与轨面，其黏着系数仅为0.12。对城市轨道交通来说，地铁、轻轨和有轨电车的轨面由于所处环境的不同，其黏着系数有着很大的差别。天气晴朗的环境下，地面的轨面要比潮湿隧道里的轨面黏着系数高；但雨雪天气里，隧道里的轨面黏着系数反而要比地面的轨面黏着系数要高。有冰霜凝结的轨面上或小雨打湿的轨面，黏着系数非常低，但大雨冲刷后生成的薄铁锈却会使黏着系数大大增加。油污的污染会使轨面黏着系数下降，而撒沙则能使轨面黏着系数增加。

（2）线路质量　钢轨越软或道床下沉越大，轨面的黏着系数越小；钢轨不平或直线地段两侧钢轨顶不在同一水平面上，以及动轮所处位置的轨面状态不同，都会使黏着系数减小。

（3）车辆运行速度和状态　车辆运行速度增加加剧了动轮对钢轨的纵向滑动和横向滑动以及车辆振动，使黏着系数减小。特别是在车轮踏面和钢轨表面被水污染的情况下，黏着系数随速度的增加而急剧下降。车辆运行中由于各种因素导致的轴重转移，也会影响黏着系数。例如，车辆过弯道时，造成车辆车轮一侧加载，另一侧减载，会使黏着系数大幅度下降，并且曲率半径越小，黏着系数下降越多。牵引和制动工况对黏着系数也有一定影响，牵引时的黏着系数要比制动时的黏着系数大一些。

（4）动车有关部件的状态　牵引电动机的特性不完全相同，牵引力大的容易空转或打滑，导致黏着系数下降；各个动轮的轮径不同，轮径小的容易空转，但不容易打滑；各个动轮的动负载不同，动负载轻的容易空转或打滑。一旦发生空转或打滑，黏着系数就会急剧下降。

5. 改善黏着的方法

改善黏着的方法主要有两大类：① 修正轮轨表面接触条件，改善轮轨表面的不清洁状态；② 设法改善轨道车辆的悬挂系统，以减轻轮对减载时带来的不利影响。通常采用以下改善黏着的措施：① 从车辆上往钢轨上撒砂；② 用机械或化学方法清洗钢轨、打磨钢轨；③ 改进闸瓦材料，如采用增黏闸瓦；④ 改善车辆悬挂，减小轴重转移等。

（二）制动载荷

1. 与制动有关的车辆载荷

1）垂直载荷。作用在车体上的垂直静载荷P_{st}包括车体自重和车辆载重。车体自重包括车体钢（铝合金）结构、木（塑铝）结构，以及安装在车体上的其他部件和设备的重量。车辆载重包括乘客和行李的重量。地铁和轻轨车辆的载重按所载乘客的质量计算。载客人数按客室的坐席数，再考虑站立人数计算。额定站立人数按每平方米地板站立6人计，超员可按每平方米地板面积站立9人计，人均质量一般取60kg。

2）垂直动载荷。垂直动载荷P_d是指由于轨面不平、钢轨接缝等原因以及车辆本身状态不良（如车轮滚动圆偏心、车轮成椭圆形状或踏面擦伤等）引起轮轨间冲击和车辆簧上振动而产生的载荷。

3）纵向力。纵向力是指当列车起动、变速、制动和调车作业时，在动车之间或调车机车与列车之间所产生的牵引或压缩冲击力。纵向力通过牵引缓冲装置作用于车底架的牵引梁上，使车体承受偏心的拉伸或压缩作用。纵向力的大小与动车的功率、列车重量、运行速度、制动系统性能、缓冲器的特性、车体的纵向刚度、调车时的碰撞速度以及司机的操作技术等因素有关。

4）侧向力。侧向力包括作用在车体上的风力和曲线运行时的离心力。

5）扭转载荷。当列车通过线路的缓和区段时，前位转向架已进入缓和曲线，而后位转向架仍处于平直道时，车体将承受扭转载荷发生扭转变形。

2. 制动时的载荷分析

列车在运行中实施制动时，在车体上有以下两种纵向力的作用：

1）在只采用空气制动机的情况下，列车开始制动，由于列车前后车辆不是同时发生制动作用的，这样必然会引起车辆间的纵向冲击，其纵向力大小相等、方向相反地集中作用于车体底架两端。这种纵向力对转向架受力没有影响。

2）当列车的所有车辆同时发生制动作用时，车辆间的纵向冲击消失，制动力却逐渐增大至最大值，由于车辆在制动力作用下作减速运动，将引起车体质量和转向架质量的纵向惯性力。这种纵向惯性力对车体的影响远不及纵向力严重，故可以不计，但它对转向架有一定影响。如图 1-4 所示，制动时钢轨给予车辆的最大制动力 F（kN）（其方向与车辆运动方向相反）由下式决定

$$F = P_{st}\mu g$$

式中 P_{st}——车辆垂直静载荷，又称为车辆黏着质量，它等于车体和转向架的自重及车辆载重之和；

μ——轮轨间的黏着系数；

g——重力加速度。

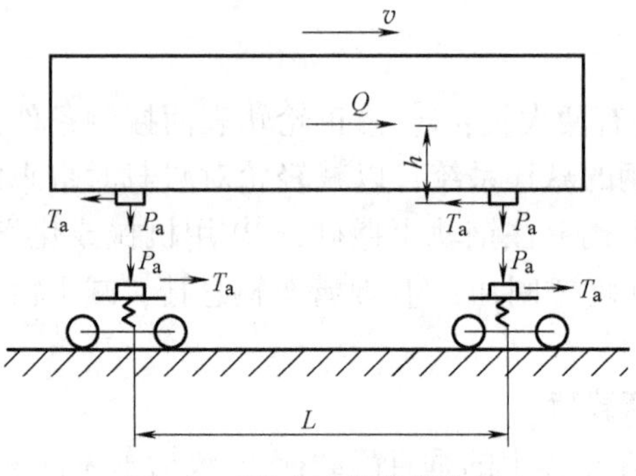

图 1-4 制动时的载荷分析

在制动力 F 作用下，车辆的最大减速度为

$$a = F/P_{st} = \mu g$$

这时，车体的纵向惯性力 Q 将引起前、后（按制动前车辆运行方向）转向架的垂直增减载荷 P_a 以及作用在转向盘处的水平载荷 T_a，如图 1-4 所示。根据车体受力平衡，可以得到

$$P_a = Qh/L$$

$$T_a = Q/2$$

其中

$$Q = aP_{st}$$

式中 h——重载车体的重心至心盘面的垂直距离（m）；

L——车辆定距（m）。

（三）空气制动机的空气波、制动波及列车制动时的纵向动力作用

1. 压力与压强

理论上，压力与压强是两个不同的物理量。压力是指物体间的相互作用力，其单位为牛顿（N）；而压强则是指单位面积上所受力的大小，其单位为帕（Pa，N/m^2）。

在空气管路系统中，人们习惯将“压强”称为“压力”，但其含义不变，只是名称的更换。例如，制动管“压力”为500kPa，实际上是指制动管的“压强”为500kPa。

2. 绝对压力及表压力

由物理学可知，大气对地球表面作用有一定压力，这一压力称为大气压。定义760mm高的水银柱的压力为一个标准大气压，一般以1atm计量，换算成国际单位制为101.325kPa。工程上为计算方便，一般取100kPa。

绝对压力是指空气的实际压力。若气体未压缩而呈自由状态，其绝对压力即为大气压力，若处于绝对真空状态，则其绝对压力为零。

表压力是指压力表指示的压力值。由于一般压力表只指示高于大气压力的数值（真空压力表则例外），所以绝对压力与表压力的差值即为大气压力值。可见，绝对压力等于表压力与大气压力之和。

3. 空气波和空气波速

（1）空气波　制动管有两种功能：一是向列车制动系统充风（包括漏泄时的补风）；二是通过充风或排风，引起制动管空气压力的增减，从而控制全列车制动机的动作。在铁路运输中，由于机车车辆是编组成列车运行的，制动管又细又长，空气又是具有弹性的物质，所以，当司机在列车前端控制制动管充风或排风时，并不是全列车制动管立即同时、同步地增压或减压。以施行制动为例，首先是列车前端制动阀附近的制动管空气压力开始下降，使其原有的压力平衡遭到破坏。然后，这一压降沿着制动管以一定的速度逐渐向后传播，直到列车尾端制动管封闭处的压力也开始下降。当这一压降由前向后传播时，制动管前端的空气压力继续下降，新的压降也不断向后传播。这种空气的压力波动沿制动管长度方向由前向后传播所形成的波，称为空气波。它的传播如同投石于湖中引起的水面波纹不断向外扩散一样，也是一种机械波。不过，它是沿制动管传播的一种空气波，其性能与声波等其他空气波相似。

在列车前端排风减压并且不断地向后传播的过程中，制动管内的压力空气不断地膨胀，它的压能不断地转化为动能。因此，它不断地由后向前连续流动，并经由制动阀排气口排出。显然，气体的连续流动与压降的传播不是一回事。压降的传播（空气波）属于一种振动波，它按振动的规律在媒介质中进行传播；空气在管内的连续流动不是一种波，而是媒介质的一种连续运动，故周围（如管壁）阻力对它的影响很大。另外，在减压时气流方向与压降的传播方向是相反的（充风增压时空气波传播方向与气流方向虽然相同，但也不是一回事）。

由于空气波在传播过程中能量有损失，所以空气的波动强度实际上是逐渐减弱的，就如投石于湖中激起的水波在向外扩展时逐渐减弱一样，因此制动管的减压速度也是越往后越低。

（2）空气波速　通常，以物理量空气波速来衡量空气波传播的快慢，所谓空气波速是指空气波的传播速度，可用下列公式计算

$$v_{kb}=\frac{L_{kb}}{t_{kb}}$$

式中　v_{kb}——空气波速（m/s）；

L_{kb}——空气波传播的距离（m）；

t_{kb}——空气波传播的时间（s）。

一般地，空气波速为330m/s左右。

目前，要想大幅度提高空气波速，使列车前后的制动管减压速度达到最大限度的一致性，采用电气控制的电空制动机是一个有效的途径。

4. 制动管减压速度

空气波传到列车中的任一分配阀后，该阀主活塞外侧（制动管一侧）即开始减压。但是，要使主活塞动作，还必须使主活塞两侧形成一定的压力差，而且压力差要累积到大于主活塞的移动阻力，主活塞才能移到制动位置，才能沟通作为风源的副风缸压力空气进入制动缸的通路，从而实现制动作用。此压力差的建立取决于制动管的减压速度。减压速度大，压力差建立就快，反之就慢。如果减压速度过慢，副风缸中的压力空气就会经充气通路逆流入制动管，主活塞两侧的压力差就建立不起来，分配阀就不能产生动作。

列车中各车辆的分配阀处的减压速度，受距排风口的远近、制动管长度、车辆制动支管的长度、主活塞外侧容积、制动阀排气方式和制动管定压等诸多因素的影响。

5. 制动波和制动波速

（1）制动波　如前所述，当司机施行制动时，由于空气波的存在，列车中各制动机的制动作用并不是全列车立即同时、同步地发生的，而是有一个陆续发生的过程。在理想情况下，制动作用沿列车长度方向由前向后逐次发生，这种制动作用沿列车长度方向由前向后逐次传播的现象称为“制动波”。

实际上，由于受各制动机的结构、性能和状态的影响，制动作用有时就不是完全由前向后逐次发生的，而是存在某种“跳越”现象，即列车中某辆车或某几辆车的制动作用可能比其后的车辆发生得还要晚。这说明，制动波并不是一种波，只是习惯上那么称呼罢了。

（2）制动波速　衡量制动波传播速度的物理量，称为制动波速，一般以“m/s”为计量单位。

制动波速w_{zb}通过试验由下式求得

$$w_{zb}=\frac{L_{zb}}{t_{zb}}=\frac{L_{zb}}{t_{kb}+t_{d}}$$

式中　w_{zb}——制动波速（m/s）；

L_{zb}——制动波传播距离（一般以制动管长度计算）（m）；

t_{zb}——制动波传播时间（从开始减压至最后一台制动机开始动作时为止）（s）；

t_{kb}——空气波传播时间（s）；

t_{d}——制动机动作时间（s）。

由于制动波的传播速度受到空气波传播速度、三通阀（分配阀）的动作灵敏性及制动机的性能好坏等因素的限制，所以制动波速总比空气波速要小。

制动波速是综合评定制动机性能的重要指标。制动波速越高，表明列车前、后部制动作用的同时性越好，有利于减轻制动时的纵向动力作用和缩短制动距离；同时制动波速越高，制动作用的传播长度可更大些，即能适应更长更大列车的要求。

6. 缓解波和缓解波速

与制动波和制动波速相似，当司机操纵制动机进行缓解时，缓解作用沿制动管长度方向由前向后逐次传播的现象，称为缓解波。其传播的速度称为缓解波速。

同样，缓解波速也受空气波传播速度、三通阀（分配阀）的动作灵敏性及制动机的性能好坏等因素的影响，所以，如何提高缓解波速也成为亟待解决的问题之一。

7. 制动机的稳定性、安定性与灵敏度

（1）稳定性　当制动管减压速率低于某一数值范围时，制动机将不会产生制动作用的性能，这种情况称为制动机的稳定性。也就是说，要使制动机可靠地产生制动作用，除了要有一定的制动管减压量外，还需要一定的减压速率，两者缺一不可。其数值范围因各型制动机不同而不同。我国规定：制动管减压速率或漏泄速率要小于20kPa/min。

（2）安定性　常用制动时不发生紧急制动作用的性能，称为制动机的安定性。即当制动管减压速率在10～40kPa/s范围时，紧急阀不应动作。

（3）灵敏度　当制动管减压速率达到一定数值范围时，制动机必须产生制动作用的性能，称为制动机的灵敏度。一般地，常用制动灵敏度为10～40kPa/s，紧急制动灵敏度为70kPa/s。

上述三者之间相互联系，在同一制动机上必须协调一致，应保证三者之间有明显的隔离区间，否则将使制动机无法正常工作。

8. 列车制动时的纵向动力作用

对于空气制动机，在施行制动或缓解时所产生的空气波存在一个沿制动管长度方向由前向后扩散或传播的过程；列车越长，其前后部开始制动或缓解的时间差就越大。这种沿列车长度的制动或缓解作用的不同时性是列车制动或缓解时发生强烈纵向动力作用的主要原因。对于重载（或扩编）列车，这个问题尤其突出。

（1）制动阶段的划分及其性质　根据列车制动过程中各制动缸压力的变化及分布情况，整个制动过程可划分为以下四个阶段：

1）第一制动阶段，由司机扳动制动阀手柄至制动位时开始，到最后一辆车制动缸压力开始上升的瞬间为止。在这个阶段，由列车前部第一辆车开始，各车辆制动机逐次发生制动作用，并且制动缸压力及相应的制动力沿列车长度方向由前向后越来越小。因此，前部车辆减速度较大，而后部车辆减速度较小，形成各车辆间的动能之差，导致了列车各车辆从两端向列车中部挤压的相对运动，并将动能差转换为车钩缓冲器弹簧的势能，即造成列车各车钩缓冲器弹簧的压缩，该压缩为静压缩。由于列车的这种压缩具有一定的作用速度，所以表现为列车的纵向动力作用。当第一制动阶段终了时，列车压缩力达到最大值，车钩缓冲器弹簧到达新的静平衡位置，静压缩也达到最大值。

2）第二制动阶段，由最后一辆车制动缸压力开始上升时起，到第一辆车制动缸压力上升到最大值时为止。在这个阶段，各车辆的制动缸压力保持着第一阶段末已形成的压力差并按相同的速率上升，车钩缓冲器弹簧继续被压缩，形成动压缩。当第二制动阶段所形成的动能差全部转换为势能时，动压缩达到最大值；然后车钩缓冲器弹簧开始伸张，造成列车的纵向动力振动。由于车钩缓冲器的摩擦阻尼作用，这个动力振动将很快衰减并消失。但静压缩仍保持不变。

3）第三制动阶段，由第一辆车制动缸压力上升到最大值的瞬间起，到最后一辆车的制动缸压力上升到最大值时为止。在这个阶段，各车辆的制动缸压力逐渐趋于一致，第一制动阶段所贮存在车钩缓冲器弹簧中的静压缩势能逐渐释放出来，列车中各车辆在车钩缓冲器弹簧的反拨力作用下发生由列车中部向两端伸张的现象。这种伸张也具有一定的作用速度（比压缩的速度小，能量有损失），所以也会引起列车纵向动力作用。这个动力作用由于车钩缓冲器的摩擦阻尼作用也很快衰减和消失。

4）第四制动阶段，由最后一辆车的制动缸压力上升到最大值时起，到列车完全停车或缓解为止。在这个阶段，各个车辆的制动机都产生了最大制动力。如果列车单位制动力分配均匀，则车辆之间不形成任何因制动而产生的作用力。但如果单位制动力分配不均匀，则仍将有压缩力或拉伸力存在，即仍可造成列车的纵向动力作用。这是静力性质的作用力，当制动力达到最大值时，这种作用力也达到最大值。

实际工作中，在列车制动过程中的每一瞬间，各个机车车辆具有不同的单位制动力。如果列车施行制动时处于拉伸状态，则制动之初首先要消除这些车钩与车钩之间的自由间隙，这就必然会产生强烈的纵向动力作用，或发生强烈的纵向动力作用。

（2）产生动力作用的原因　列车制动时产生纵向动力作用的主要原因有三个：

1）制动作用沿列车长度方向的不同时性，即列车前部制动力形成得早，上升得快，后部则晚且慢。

2）全列车制动缸的压力都达到指定值以后，单位制动力（列车每吨质量的制动力）沿列车长度方向的不均匀分布。这是由于列车中车辆类型和装载状态不同而造成的。

由于上述两种原因，列车中各车辆在制动过程中的每一瞬间都会具有不同的单位制动力。如果没有车钩的连接，各车辆都将按各自的减速度运行。但这是不可能的，组成列车的机车和车辆必须按同一减速度运行，具有相同的单位惯性力（列车每吨质量的惯性力）。因此，在各车辆间的车钩连接处，必然要产生相应的纵向动力作用。

3）各车辆之间的非刚性连接（缓冲器可压缩，车钩与车钩之间有自由间隙）使由于前两种原因产生的纵向动力作用更加剧烈。

为了缓和因制动不同时性和单位制动力分布不均所造成的强烈纵向动力作用，每个车钩后面都装有可压缩的缓冲器，制动时可通过前从板压缩缓冲器弹簧，吸取和衰减纵向动力作用的能量，将它限制在允许的范围内。但这样一来，列车纵向的可压缩量也增大了。由于列车的这种压缩不是缓慢进行的，它具有一定的作用速度，所以弹簧被压缩到静平衡位置时列车的压缩并未停止。当弹簧继续被压缩并达到动平衡位置时，列车压缩的相对运动的能量被用尽，弹簧和列车的压缩量才达到最大值，车钩受到的纵向力也才达到最大值。

列车制动纵向动力作用，随列车长度的增加和制动力的增大而加剧。严重时它能导致车钩缓冲器装置的折损和车体的严重损坏等重大事故。所以，对于这个问题的试验和研究是一项很重要的工作。

科学家研究表明：① 提高制动波速和延长制动缸充风时间都可以减轻列车制动时的纵向动力作用。提高制动波速还可以缩短制动距离，而延长制动缸充风时间却会导致制动距离延长。要想在不延长制动距离的条件下减轻制动时的纵向动力作用，只有先大力提高制动波速，同时适当科学地延长制动缸充风时间，如采用“先快后慢”地变速充风；② 发展大吨位车辆比增加编组辆数对减轻制动冲动更为有利；③ 由于闸瓦摩擦因数随列车速度的降低而增大，故在闸瓦压力相同的条件下，低速时制动冲击力更大；④ 列车在拉伸状态下制动，其纵向冲击力比在压缩状态下大很多。

【实践与训练】

学习工作单

<table>
<tr><td>工　作　单</td><td colspan="3">制动系统在城市轨道交通车辆运行中的重要意义</td></tr>
<tr><td>任　　务</td><td colspan="3">熟知列车制动系统、制动作用种类、制动能力及制动在城市轨道交通车辆运行中的重要意义；熟知轮轨关系、制动力的形成和影响黏着系数的因素；熟知制动载荷的分析方法；熟知空气制动机的空气波、制动波及列车制动时的纵向动力作用；熟知制动机的稳定性、安定性和灵敏度。</td></tr>
<tr><td>班　　级</td><td></td><td>姓　　名</td><td></td></tr>
<tr><td>学习小组</td><td></td><td>工作时间</td><td></td></tr>
<tr><td colspan="4">【知识认知】</td></tr>
<tr><td colspan="4">1. 简述城市轨道交通车辆制动的组成和分类。
2. 简述制动力的形成及其影响因素。
3. 简述空气波、制动波及其列车制动时的纵向动力作用。
4. 简述制动机的稳定性、安定性和灵敏度。</td></tr>
<tr><td colspan="4">【能力训练】</td></tr>
<tr><td colspan="4">1. 按照一个轮对利用闸瓦制动产生制动力的示意图，分析制动力的形成原理。
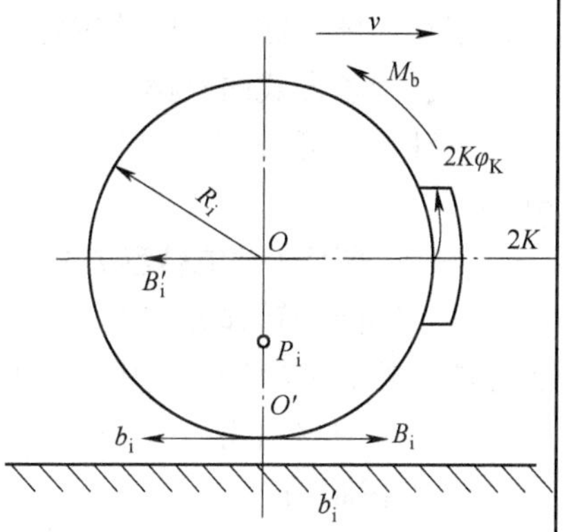
</td></tr>
<tr><td colspan="4">2. 按照制动时的载荷分析示意图，归纳出制动时载荷的分析方法及其制动时两种纵向力的作用。
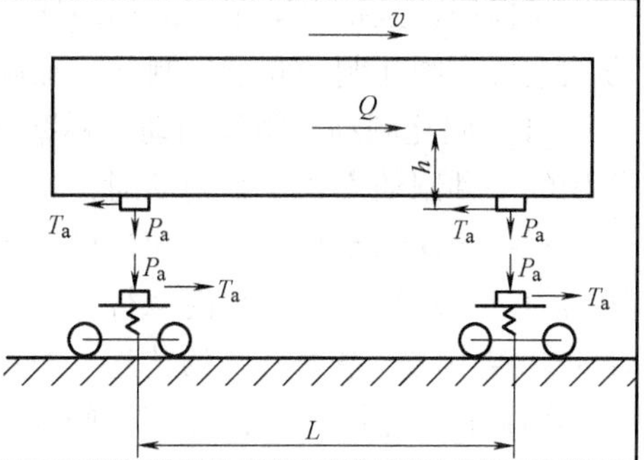
</td></tr>
<tr><td colspan="4">任务学习其他说明或建议：</td></tr>
<tr><td colspan="4">指导老师评语：</td></tr>
<tr><td colspan="4">任务完成人签字：　　日期：　年　月　日
指导老师签字：　　日期：　年　月　日</td></tr>
</table>

课题 2 制动方式的分类和制动机的分类

【知识要点】

1. 熟知制动方式按列车动能转移方式的分类方法；
2. 熟知制动方式按制动力形成方式的分类方法；
3. 熟知制动方式按制动源动力的分类方法；
4. 熟知制动机按其用途的分类方法；
5. 熟知制动机按操纵方法和动力来源的分类方法。

要改变运动物体的运动状态，必须对它施加外力。人为地使列车减速或阻止其加速的外力称为制动力。列车的制动力包括所有起制动作用的车辆制动力，它的大小主要由闸瓦压力、闸瓦摩擦因数、速度等确定。

一、制动方式的分类

制动方式可按制动时列车动能转移方式、制动力形成方式和制动源动力的不同进行分类。

（一）按列车动能转移方式分类

列车动能的转移方式可以分为两类：一是摩擦制动方式，即动能通过摩擦副的摩擦转变为热能，然后消散于大气中；二是动力制动方式，即把动能通过发电机转化为电能，然后将电能从车上转移出去。

1. 摩擦制动

摩擦制动是指电动车组的动能通过摩擦转变为热能。城市轨道交通车辆常用的摩擦制动方式主要有闸瓦制动和盘形制动，在高速列车的制动系统中还有轨道电磁制动等方式。

（1）闸瓦制动　闸瓦制动又称踏面制动，是最常用的一种制动方式。在制动时，闸瓦制动装置根据制动指令使制动缸内产生相应的制动缸压力，该压力通过制动缸使制动缸活塞杆产生推力，经基础制动装置中的一系列杆件的传递、分配，使每块闸瓦都贴靠在车轮踏面上，并产生闸瓦压力。车轮与闸瓦之间相对滑动，产生摩擦力，最后转化为轮轨之间的制动力。缓解时，制动控制装置将制动缸压力空气排除，制动缸活塞在制动缸缓解弹簧的作用下退回，通过各杆件带动闸瓦离开车轮踏面，如图 1-5 所示。

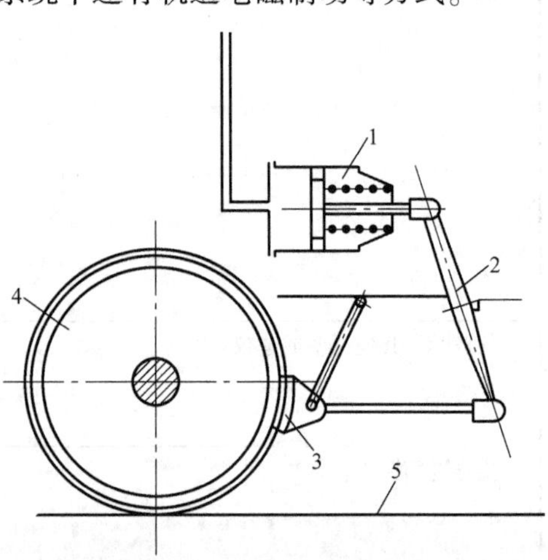

图 1-5　闸瓦制动示意图

1—制动缸　2—基础制动装置　3—闸瓦　4—车轮　5—钢轨

在闸瓦与车轮这一对摩擦副中，车轮由于主要承担着车辆走行功能，因此其材料不能随意改变。要改善闸瓦制动的性能，只能通过改变闸瓦材料的方法。早期的闸瓦材料主要是铸铁。为了改善摩擦性能和增加耐磨性，目前城市轨道交通车辆中大多采用合成闸瓦，但合成闸瓦的导热性差，因此目前也有采用导热性能良好，且具有较好的摩擦性能和耐磨性的粉末冶金闸瓦。

在闸瓦制动方式中，动能转化为热能的能力较大但热能消散于大气中的能力相对较小。当要求的制动功率较大时，有可能发生热能来不及散于大气中，而在闸瓦与车轮踏面处积聚，使它们的温度升高，严重的甚至会导致闸瓦熔化（铸铁闸瓦）或车轮踏面产生裂纹等。因此，在采用闸瓦制动时，对制动功率要有限制。

（2）盘形制动　盘形制动可分为轴盘式和轮盘式，如图 1-6 所示。非动力转向架一般采用轴盘式；动力转向架也是优先采用轴盘式，但如果动力转向架轮对之间由于牵引电动机等设备使制动盘的安装发生困难时，可采用轮盘式。制动时，制动缸通过制动夹钳使闸片夹紧制动盘，使闸片与制动盘间产生摩擦，把列车的动能转变为热能，热能通过制动盘与闸片逸散于大气中。盘形制动采用的高性能摩擦副材料和良好的散热结构，可以获得比闸瓦制动大得多的制动功率。

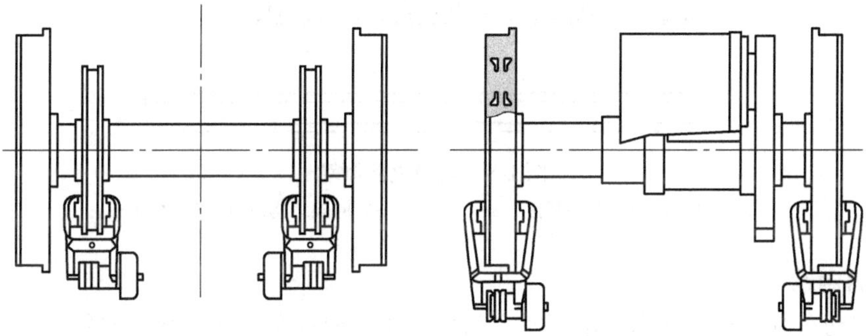

a)　　b)

图 1-6　盘形制动

a）轴盘式　b）轮盘式

盘形制动装置的结构由单元制动缸、夹钳装置、闸片和制动盘组成，如图 1-7 所示。其中，单元制动缸中包含闸调器，夹钳装置由吊杆、闸瓦托、杠杆和支点拉板组成。夹钳的悬挂方式为制动缸浮动三点悬挂，即两闸瓦托的吊杆为两悬挂点，另一悬挂点是支点拉板。

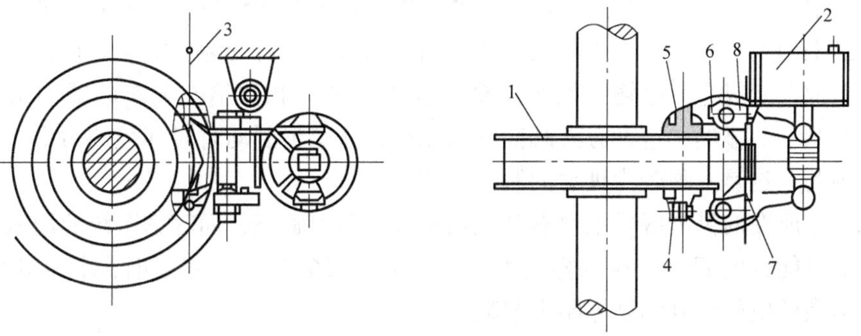

图 1-7　盘形制动结构

1—轮对　2—单元制动缸　3—吊杆　4—制动夹钳　5—闸瓦托　6、7—杠杆　8—支点拉板盘形基础制动装置在制动时，制动缸活塞杆推出，制动缸缸体和活塞带动两根杠杆，通过杠杆和支点拉板组成的夹钳使装在闸瓦托上的闸瓦同时夹紧制动盘的两个摩擦面，产生制动作用。

(3) 轨道电磁制动（又称为磁轨制动） 如图1-8所示，在转向架结构侧梁下通过升降风缸安装有电磁铁，电磁铁下设有磨耗板。制动时将电磁铁放下，使磨耗板与钢轨吸附住，电动车组的动能通过磨耗板与钢轨摩擦转化为动能，然后经钢轨和磨耗板最终散于大气中。轨道电磁制动能得到较大的制动力，因此常被高速列车用作紧急制动时的一种补充制动手段。

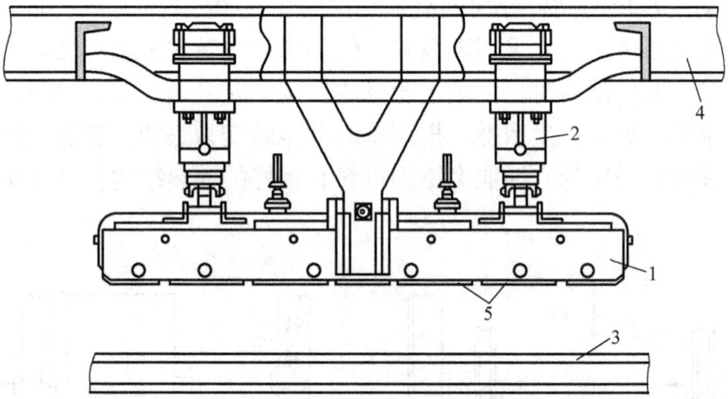

图1-8 轨道电磁制动

1—电磁铁 2—升降风缸 3—钢轨 4—转向架结构侧梁 5—磨耗板

2. 动力制动

动力制动在制动时，将牵引电动机变为发电机，使列车动能转化为电能。对这些电能的不同处理方式形成了不同方式的动力制动。城市轨道交通车辆上采用的动力制动形式主要有电阻制动和再生制动。

(1) 电阻制动 将发电机发出的电能加于电阻器中，使电阻器发热，即电能转变为热能。电阻器上的热能靠风扇强迫通风而散于大气中。电阻制动一般能提供较稳定的制动力，但车辆底架下需要安装体积较大的电阻箱。

(2) 再生制动 在以上的各种制动方式中，电动车组具有的动能最终都转化为热能而消散于大气中。而再生制动是把电动车组的动能通过电机转化后为电能后，再使电能反馈回电网提供给别的列车使用。再生制动初期，动车的电动机转变为发电机，将列车制动产生的电能经过转换，变成直流电输送回第三轨（或接触网）和供给本列车的辅助系统，这时发生的是再生制动。显然，这种方式既能节约能源，又减少制动时对环境的污染，并且基本上无磨耗，因此，这是一种较为理想的制动方式。

如果列车所在的供电区段上没有其他列车处于牵引状态，而辅助系统的用电量不能完全消耗再生的电能，电荷就会在电容上聚集。当电荷聚集到一定程度时，制动斩波器开始工作，它将多余的电能送到制动电阻上消耗掉。

随着列车速度的下降。其电制动力也将不断地减弱，当列车速度降低至一定的速度时，电制动已不能满足制动所需要的要求，这时电制动力将逐渐被切除，所有的制动力则由空气制动来承担。同时列车还进入了一个停车制动的程序。电空制动与列车速度、需求制动力关系如图 1-9 所示。

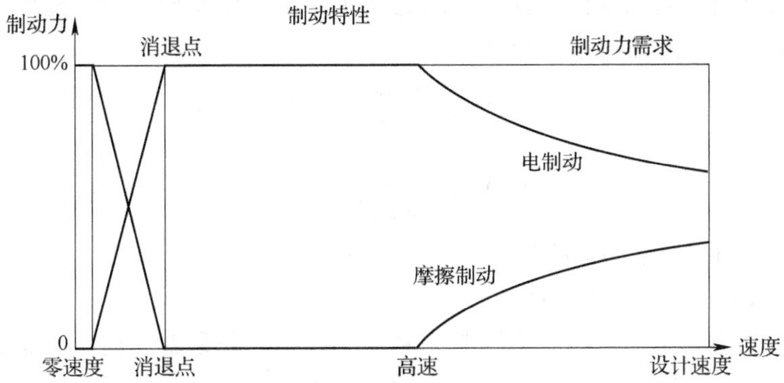

图 1-9　电空制动与列车速度、需求制动力关系图

（3）电磁涡流制动　电磁涡流制动是利用电磁涡流在磁场下产生洛伦兹力，而洛伦兹力方向与物体运动方向相反的物理原理创造的一种电车电磁制动方式。电磁涡流制动具有无摩擦、无噪声、体积小、制动力大的优点。目前，车辆利用电磁涡流制动的方式主要有盘形涡流制动和轨道直线涡流制动。

（二）按制动力形成方式分类

根据列车制动力的形成方式，制动方式可分为黏着制动与非黏着制动。

1. 黏着制动

制动时，车轮与钢轨之间有三种可能的状态：

1）纯滚动状态。车轮与钢轨的接触点无相对滑动，车轮在钢轨上作纯滚动。这时车轮与钢轨之间为静摩擦，车轮与钢轨之间可能实现的最大制动力是轮轨之间的最大静摩擦力。这是一种难以实现的理想状态。

2）滑行状态。车轮在钢轨上滑行，这时车轮与钢轨之间的制动力为二者的动摩擦力。这是一种必须避免的事故状态，由于动摩擦因数远小于静摩擦因数，因此一旦发生这种工况，制动力将大大减小，制动距离会大大延长；同时车轮在钢轨上的长距离滑行，将导致车轮踏面的擦伤，危及行车安全。

3）黏着状态。由于车辆重力的作用，车辆与钢轨的接触处为一椭圆形的小面积。列车运行时，因曲线、钢轨接缝及道岔等原因，使制动时车轮在钢轨上处于连滚带滑（基本上是滚动）的状态。这种状态称为黏着状态。黏着状态下车轮与钢轨间的最大水平作用力称为黏着力。黏着力与轮轨间垂直载荷的比值，称为黏着系数。依靠黏着滚动的车轮与钢轨黏着点之间的黏着力来实现车辆的制动称为黏着制动。黏着制动时，为了能得到较大的制动力，需要具有较高的黏着系数。然而黏着系数受列车运行速度、气候条件、轨轮表面状态以及是否采取增黏措施等诸多因素的影响，是一个有很大离散性的参数。所以目前尚未有黏着系数的理论公式。各国都分别采用大量的试验来得到经验公式。比如日本东海道新干线的黏着系数公式为

$$\mu = \frac{27.2}{v + 85} \quad \text{（干燥表面）}$$

$$\mu = \frac{13.6}{v + 85} \quad \text{（潮湿表面）}$$

式中 v——列车运行速度（km/h）。

我国铁道科学研究院在对国内铁道干线进行了大量的试验研究后，提出了我国干线列车（速度120km/h以下）的黏着系数公式

$$\mu = 0.0624 + \frac{45.60}{v + 260} \quad (干燥表面)$$

$$\mu = 0.0405 + \frac{13.55}{v + 120} \quad (潮湿表面)$$

式中 v——列车运行速度（km/h）。

2. 非黏着制动（黏着外制动）

制动时，制动力大小不受黏着力限制的制动方式称为非黏着制动。即非黏着制动的制动力不从轮轨之间获取，因而它可以得到较大的制动力。

显然，在上面曾经介绍的制动方式中，闸瓦制动、踏面制动、电阻制动和再生制动均属于黏着制动；而磁轨制动和电磁涡流制动则属于非黏着制动。

（三）按制动源动力分类

在目前列车所采用的制动方式中，制动的源动力主要有压缩空气和电。以压缩空气为源动力的制动方式称为空气制动方式，如闸瓦制动、盘形制动等都为空气制动方式。以电为源动力的制动方式称为电气制动方式，如动力制动及轨道电磁制动等均为电气制动方式。

二、制动机的分类

制动机按其用途可分为机车制动机、客车制动机、货车制动机、城市轨道交通车辆制动机和高速列车制动机。

按制动机的操纵方法和动力来源可分为手制动机、空气制动机、真空制动机和电空制动机等。

1. 手制动机

用人力转动手轮或用杠杆拨动的方法，使闸瓦压紧车轮踏面或使闸片压紧制动盘，从而达到制动目的的装置，称为手制动机。现在我国机车车辆上都装有手制动机，它只是在空气制动机发生故障以及在调车作业或在就地停放时使用。

2. 真空制动机

真空制动机用大气压作为动力来源，用对空气抽空程度（真空度）的变化来操纵制动机的制动和缓解作用。这种制动机制动执行部件的最高压力只能达到一个大气压，所以制动力受到限制，性能没有空气制动机好。我国除一部分出口机车车辆安装这种制动机外，国内均不采用。

3. 空气制动机

用压力空气作为制动的动力来源，并用压力空气的压力变化来操纵制动机的制动和缓解作用的制动机，称为空气制动机。空气制动机是目前各国采用最为广泛的制动机。我国机车车辆上都装有空气制动机。

4. 电空制动机

电空制动机仍用压力空气作为制动的动力来源，但它用电来操纵制动装置的制动、保压和缓解等作用。最简单的电空制动机是在空气制动机的基础上加装电磁阀等电气控制部件，用电来操纵制动机的作用。与空气制动机相比，其最大优点是全列车能迅速发生制动或缓解作用，列车前、后的动作一致性比较好。

【实践与训练】

学习工作单

<table>
<tr><td>工　作　单</td><td colspan="3">制动方式的分类和制动机的分类</td></tr>
<tr><td>任　　务</td><td colspan="3">熟知制动方式按列车动能转移方式、制动力形成方式、制动源动力的分类方法；熟知制动机按其用途的分类方法；熟知制动机按操纵方法和动力来源的分类方法。</td></tr>
<tr><td>班　　级</td><td></td><td>姓　　名</td><td></td></tr>
<tr><td>学习小组</td><td></td><td>工作时间</td><td></td></tr>
</table>

【知识认知】

1. 分析摩擦制动的闸瓦制动、盘形制动和轨道电磁制动（磁轨制动）的异同点。
2. 分析电阻制动、再生制动、空气制动的异同点和投入时机。
3. 分析黏着制动和非黏着制动的异同点。
4. 分析制动机按其用途的分类方法。
5. 分析比较手制动机、真空制动机、空气制动机和电空制动机的区别。

【能力训练】

1. 按照闸瓦制动和盘形制动的示意图，说出各组成部件的名称和两种制动原理的异同点。

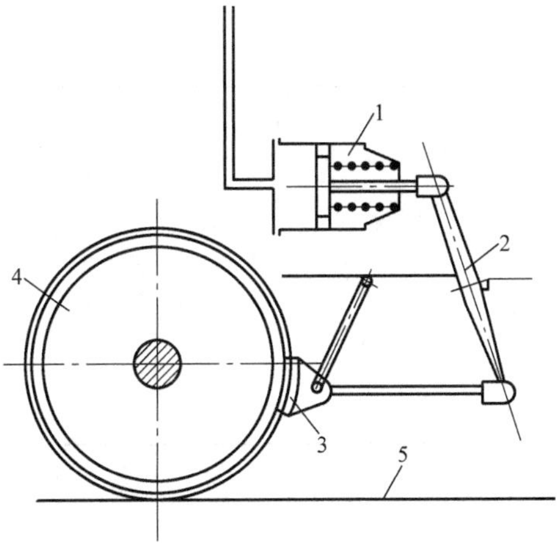

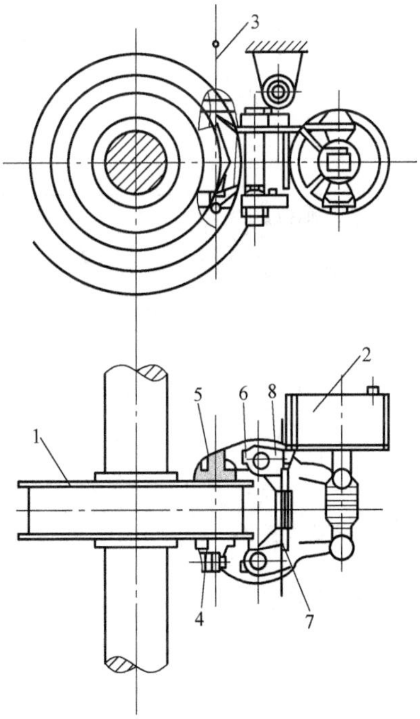

（续）

2. 按照制动时钢轨与车轮之间的接触状态，分析可能存在的三种状态。

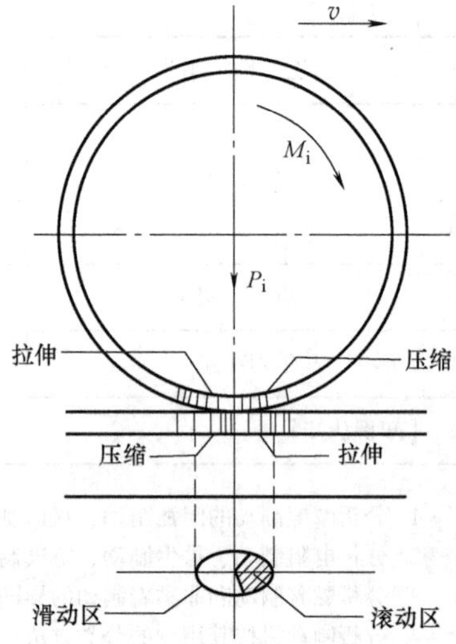

任务学习其他说明或建议：

指导老师评语：

任务完成人签字： 日期： 年 月 日

指导老师签字： 日期： 年 月 日

课题3　城市轨道交通车辆制动系统的发展概况

【知识要点】

1. 熟知早期的制动方式；
2. 熟知现代的制动系统；
3. 熟知现代城市轨道交通车辆制动系统的主要功能和组成部分。

一、早期的制动方式

自1881年德国柏林有了世界上第一辆有轨电车后，世界各大城市相继开始了大规模的城市轨道交通的建设。对于城市轨道交通车辆来说，除了要承载更多的乘客外，还有一项重要任务，那就是要使运动中的车辆能够安全地减速和停车，也就是必须要对车辆施行制动。最早的有轨电车是人工制动的。司机绞动制动钢丝，使木制的闸瓦靠紧车轮踏面，用摩擦力使车轮或车轴的转动减慢直至停止，以达到车辆减速和停车的目的。当然，这种原始的制动方法既费力又不安全，时常会发生钢丝断裂和车辆失控事故。人们逐渐认识到，为了能让车辆以一定速度安全运行，必须使其具有同样的减速和停车能力，必须重视对车辆制动的改进。忽视车辆制动将会发生危险，甚至造成旅客生命和财产的损失。因此，对制动机的研制成为近代铁路和城市轨道交通的一个重点，有时甚至比电气牵引上的发明更为引人注目。

地铁在20世纪初欧美地区的城市中得到迅速发展。由于地铁车辆是沿用的铁路车辆，因此任何火车制动新技术都会立即被应用于地铁列车。当时火车一般使用人工机械制动，例如杠杆拨动式闸瓦制动装置、手轮式棘盘链条制动机等。这种人工机械制动机，有的甚至现在还在被铁路车辆使用，当然它只是在空气制动机发生故障、调车作业或就地停放时使用。

二、现代的制动系统

随着20世纪初科学技术的发展，铁路车辆上出现了空气制动机。所谓空气制动机，就是用压力空气作为制动的动力来源，并用压力空气的压力变化来实现列车的制动和缓解作用的制动装置。这种空气制动机被广泛应用于铁路、地铁、城市高架铁路以及其他轨道交通车辆。至今，空气制动机还在我国和世界各国铁路机车和货车上使用。虽然空气制动机与人工机械制动相比，安全性和可靠性都有了很大的进步，但由于司机发出的制动指令是靠列车制动管内的压力变化来传递的，它的指令传递速度受空气波速的限制，也就是说其极限速度在330m/s左右。因此，对一列几百米长的列车来说，仍有可能造成前后车辆制动和缓解动作在时间上的不一致。在多数情况下，由此造成的列车纵向冲动和对车钩的损伤已达到非常严重的程度。

20世纪30年代，在欧美地区和日本出现了采用电信号来传递制动和缓解指令的制动控制系统，这是制动系统的一次变革，因为电信号的传输速度要比空气波速快得多。采用电信号的制动控制系统被称为电气指令式制动控制系统。当时制动的动力来源仍采用压力空气，但控制方式采用了电气指令式制动控制系统的列车制动机称为电磁空气制动机，简称电空制动机。电磁空气制动机在每节车辆上都设有制动、缓解电磁阀，通过司机制动控制器进行励磁和消磁，从而控制列车制动或缓解。相对于空气制动机来说，电气指令式制动控制的主要优点是：全列车制动和缓解的一致性较好，因此，制动和缓解时的纵向冲动小，制动距离短，车钩受力小，乘客乘坐舒适性好。

20 世纪 50 年代，国外城市轨道交通车辆在大规模采用电空制动机的同时，还应用电气指令式制动控制系统协调动力制动和空气制动，使制动控制技术达到了一个新的水平。最近几十年，由于电力电子变流技术和计算机技术的发展，使电气指令式制动控制系统不断改进和发展。大功率电力电子元件的出现使电气再生制动成为可能，计算机技术的应用使制动防滑系统更加精确完善，城市轨道车辆制动技术正朝着安全、可靠、人性化和环保的目标不断前进。

三、现代城市轨道交通车辆制动系统的主要功能和组成部分

1. 对城市轨道交通车辆制动系统的要求

城市轨道交通越来越为广大市民所接受，现已成为大都市居民出行的首选方式。

城市轨道交通的特点是安全、快捷、准时、方便。它的站距相对于在城市之间运营的一般火车来说显得较短，只有 1km 左右。它的行车速度快、乘客上下数量波动大、发车频率高，因此，对车辆起动、加速和制动都有很高的要求。特别是对制动，出于安全的考虑，必须做到万无一失。

综合起来，对城市轨道交通车辆的制动系统应满足以下要求：

1）制动系统应具有足够的制动能力，能保证车辆在规定的制动距离内停车。制动系统应操作灵活、反应迅速、停车平稳。

2）制动系统应包括动力制动（电气制动）和空气制动（机械制动）两种制动方式，并且在正常制动过程中，尽量首先使用动力制动，以减少空气制动对城市的环境污染并降低车辆维修成本。

3）制动系统应具有可靠的安全保障系数，即使个别车辆发生故障或在较长距离和较大坡度的坡道上运行时，也应有足够的制动力保证列车可靠制动和停车。

4）车辆应具有载荷校正能力，能根据乘客载荷的变化自动调节制动力，使车辆制动力保持恒定，限制冲动力，保证乘客乘坐的舒适性。

5）制动系统必须具有紧急制动功能。紧急制动装置除由司机操作外，还可由其他行车人员操作。

2. 现代城市轨道交通车辆制动系统的组成

根据以上特点和要求，现代城市轨道交通车辆的制动系统一般包括以下几个组成部分：

1）动力制动系统。它一般与牵引系统连在一起形成主电路，包括再生反馈电路和制动电阻器，将动力制动产生的电能反馈给供电接触网或消耗在制动电阻器上。

2）空气制动系统。它由供气部分、控制部分和执行部分（基础制动装置）等组成。供气部分有空气压缩机组、空气干燥机和风缸等，控制部分有电-空转换阀（EP）、紧急阀、称重阀和中继阀等，执行部分就是闸瓦制动装置和盘形制动装置等。

3）指令和通信网络系统。它既是传送司机指令的通道，同时也是制动系统内部数据交换及制动系统与列车控制系统进行数据通信的总线。

【实践与训练】

学习工作单

<table>
<tr><td>工　作　单</td><td colspan="3">城市轨道交通车辆制动系统的发展概况</td></tr>
<tr><td>任　　务</td><td colspan="3">熟知早期的制动方式和现代的制动系统；熟知现代城市轨道交通车辆制动系统的主要功能和组成部分。</td></tr>
<tr><td>班　　级</td><td></td><td>姓　　名</td><td></td></tr>
<tr><td>学习小组</td><td></td><td>工作时间</td><td></td></tr>
<tr><td colspan="4">【知识认知】</td></tr>
<tr><td colspan="4">1. 简要分析人工机械制动的作用原理。
2. 分析空气制动机和电空制动机的优缺点。
3. 分析对城市轨道交通车辆制动系统的要求和城市轨道交通车辆制动系统的主要功能和组成部分。</td></tr>
<tr><td colspan="4">【能力训练】</td></tr>
<tr><td colspan="4">1. 对城市轨道交通车辆的制动系统有哪些要求？</td></tr>
<tr><td colspan="4">2. 画图说明城市轨道交通车辆制动系统的组成及其各组成部分的作用。</td></tr>
<tr><td colspan="4">任务学习其他说明或建议：</td></tr>
<tr><td colspan="4">指导老师评语：</td></tr>
<tr><td colspan="4">任务完成人签字：　　　　日期：　年　月　日
指导老师签字：　　　　日期：　年　月　日</td></tr>
</table>

课题4　空气制动系统和电气指令式制动控制系统的基本作用原理

【知识要点】

1. 熟知空气制动系统的组成和控制方式；
2. 熟知空气制动机按其作用原理不同的分类方法以及各种空气制动机的特点和作用原理；
3. 熟知电气指令式制动控制系统的作用原理。

制动控制系统是制动系统在司机或其他控制装置（如 ATC）的控制下，产生、传递制动信号，并对各种制动方式进行制动力分配、协调的部分。目前，制动控制系统主要有空气制动系统和电气控制系统两大类。当以压力空气作为空气制动信号传递和控制制动力介质时，该制动系统称为空气制动系统，又称空气制动机；以电气信号来传递制动信号的制动控制系统，称为电气指令式制动控制系统。地铁车辆普遍采用电气指令式制动控制系统，而电气指令式制动控制系统又分为两种类型：数字指令式制动控制系统和模拟指令式制动控制系统。

一、空气制动系统

空气制动，又称为机械制动或摩擦制动。城市轨道交通车辆常用的空气制动方式有闸瓦制动和盘形制动。空气制动主要以压缩空气为动力，压缩空气由车辆的供气系统供给。

（一）空气制动系统的组成

城市轨道交通车辆的空气制动系统由供气系统、基础制动装置（常见的有闸瓦制动装置和盘形制动装置）、防滑装置和制动控制单元组成。

供气系统主要由空气压缩机、空气干燥器、压力控制装置和管路系统组成。供气系统除了给车辆制动系统供气外，还向车辆的空气悬架设备、车门控制装置（气动门）、气动扬声器、刮水器以及车钩操作气动控制设备等需要压缩空气的设备供气。

防滑装置是用于车轮与钢轨黏着不良时，对制动力进行控制的装置。它的作用是防止车轮即将抱死，避免滑动并最佳地利用黏着力，以获取最短的制动距离。

制动控制单元是空气制动的核心部件，它接受微机制动控制单元（EBCU 有时也简写为 ECU）的指令，然后再指示制动执行部件动作。其组成部分主要有模拟转换阀、紧急阀、称重阀和均衡阀等。这些部件都安装在一块铝合金的气路板上，实现了集成化。这样可以避免用管道连接而造成容易泄漏和占用空间大等问题。

（二）空气制动系统的控制方式

空气制动系统按其作用原理的不同，可以分为直通式空气制动机、自动式空气制动机和直通自动式空气制动机。

1. 直通式空气制动机

直通式空气制动机的结构如图 1-10 所示。

空气压缩机将压缩空气储入总风缸内，经总风缸管至制动阀。制动阀有缓解位、保压位和制动位三个不同位置。在缓解位时，制动管内的压缩空气经制动阀 Ex（Exhaust）口排向

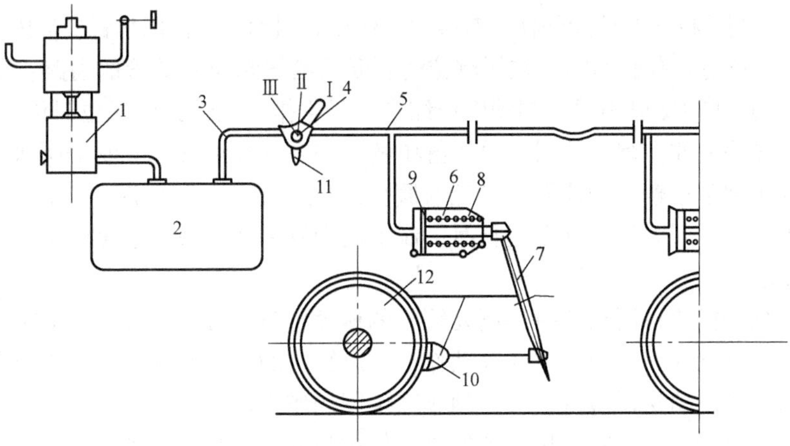

图 1-10　直通式空气制动机的结构

Ⅰ—缓解位　Ⅱ—保压位　Ⅲ—制动位

1—空气压缩机　2—总风缸　3—总风缸管　4—制动阀　5—制动管　6—制动缸　7—基础制动装置　8—制动缸缓解弹簧　9—制动缸活塞　10—闸瓦　11—制动阀 Ex 口　12—车轮

大气；在保压位时，制动阀保持总风缸管、制动管和制动阀 Ex 口各不相通；在制动位时，总风缸管压缩空气经制动阀流向制动管。

（1）制动位　司机要实施制动时，首先把操纵手柄放在制动位，总风缸的压缩空气经制动阀进入制动管。制动管是一根贯通整个列车、两端封闭的管路。压缩空气由制动管进入各个车辆的制动缸，压缩空气推动制动缸活塞移动，并通过活塞杆带动基础制动装置，使闸瓦压紧车轮，产生制动作用。制动力的大小，取决于制动缸内压缩空气的压力，由司机操纵手柄在制动位放置时间的长短而定。

（2）缓解位　要缓解时，司机将操纵手柄置于缓解位，各车辆制动缸内的压缩空气经制动管从制动阀 Ex 口排入大气。操纵手柄在缓解位放置的时间应足够长，使制动缸内的压缩空气排尽，压力降低为零。此时制动缸活塞借助于制动缸缓解弹簧的复原力，使活塞回到缓解位，闸瓦离开车轮，实现车辆缓解。

（3）保压位　制动阀操纵手柄放在保压位时，可保持制动缸内的压力不变。当司机将操纵手柄在制动位与保压位之间来回操纵，或在缓解位与保压位之间来回操纵时，制动缸压力能分阶段上升或下降，即实现阶段制动或阶段缓解。

直通式空气制动机的特点如下：

1）制动管增压制动、减压缓解，列车分离时不能自动停车。

2）能实现阶段缓解和阶段制动。

3）制动力大小靠司机操纵手柄在制动位放置时间的长短决定，因此控制不太精确。

4）制动时，全列车制动缸的压缩空气都由总风缸供给；缓解时，各制动缸的压缩空气都需经制动阀排气口排入大气。因此前后车辆制动的一致性不好。

2. 自动式空气制动机

自动式空气制动机在直通式空气制动机的基础上增加了三个部件：在总风缸与制动阀之间增加了给气阀，在每节车辆的制动管与制动缸之间增加了三通阀和副风缸。给气阀的作用是限制制动管定压，人为规定制动管压力，即无论总风缸压力多高，给气阀出口的压力总保持在一个设定的值。

自动式空气制动机的制动阀同样也有缓解、保压和制动三个作用位置，但内部通路与直通式空气制动机的制动阀有所不同。在缓解位时它联通给气阀与制动管的通路；制动位时它使制动管与制动阀上的 Ex 口相通，制动管压缩空气经它排向大气；保压位时仍保持各路不通。

制动阀操纵手柄放在缓解位时，总风缸中的压缩空气经给气阀、制动阀送到制动管，然后通过制动管送到各车辆的三通阀，经三通阀使副风缸充气。如此时制动缸中有压缩空气，则经三通阀排气口排入大气。列车运行时，制动阀操纵手柄一般处于缓解位，直至副风缸充至制动管定压值。

制动阀操纵手柄放在制动位时，制动管中的压缩空气经制动阀 Ex 口排向大气。制动管的减压信号传至车辆的三通阀，三通阀动作，副风缸内的压缩空气经三通阀充向制动缸，制动缸活塞推出，使制动执行机构动作，列车产生制动作用。

由此可见，自动式空气制动机是依靠制动管中压缩空气的压力变化来传递制动信号的，制动管增压时缓解，减压时则制动，其中，三通阀是制动缸充气或排气的控制部件。

三通阀由于它与制动管、副风缸和制动缸相通而得名，其工作原理如图 1-11 所示。根据制动管压力的变化，三通阀有以下三个基本位置：

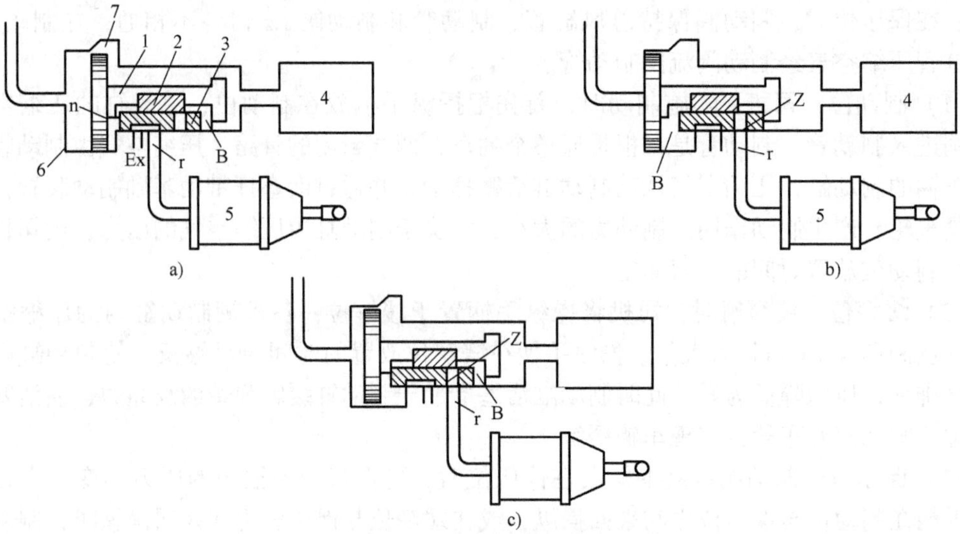

图 1-11　三通阀的工作原理

a）充气缓解位　b）制动位　c）保压位

1—三通阀活塞机活塞杆　2—节制阀　3—滑阀　4—副风缸　5—制动缸　6—三通阀　7—充气沟

B—间隙　r—滑阀座制动缸孔　Z—制动缸管　n—滑阀底面槽

（1）充气缓解位　制动管压力增加时，在三通阀活塞两侧形成压差，三通阀活塞及活塞杆带动节制阀及滑阀一起移至右侧端位，这时充气沟露出。三通阀内形成以下两条通路：

1）制动管→充气沟→滑阀室→副风缸。

2）制动缸→滑阀座 r 孔→滑阀底面 n 槽→三通阀 Ex 口→大气。

第一条通路为充气通路，第二条通路为缓解通路，所谓充气是指向副风缸充气，缓解是指制动缸缓解。副风缸内压力可一直充至与制动管的压力相等，即达到制动管定压，制动缸缓解后的最终压力为零。

（2）制动位　制动时，司机将制动阀操纵手柄放至制动位，制动管内的压力空气经制动阀排气减压。三通阀活塞左侧压力下降，右侧副风缸压力大于左侧。当两侧压差较小时，不足以推动活塞，副风缸的压力空气有通过充气沟逆流的现象。但由于制动管压力下降较快，活塞两侧的压差仍继续增加，压差达到足以克服活塞及节制阀的阻力时，活塞及活塞杆带动节制阀向左移一间隙距离，使活塞杆与滑阀之间的间隙 B 置于前部，活塞遮断充气沟，副风缸压力空气停止逆流，滑阀上的通孔上端开放，与副风缸相通。随着制动管压力的继续下降，活塞两侧压差加大到能够克服滑阀与滑阀座之间的摩擦力时，活塞带动滑阀左移至极端位，滑阀切断制动缸通大气的通路，同时滑阀通孔下端与滑阀座制动孔 r 对准，形成副风缸向制动缸的充气通路。如果三通阀一直保持这一位置，最终将使副风缸压力与制动缸的压力平衡。

（3）保压位　在制动管减压到一定值后，司机将制动阀操纵手柄移至保压位，制动管停止减压。三通阀活塞左侧压力不再下降，但三通阀活塞仍处于左极端的制动位，因此副风缸压力空气继续充向制动缸，活塞右侧的压力继续下降。当右侧副风缸压力稍低于左侧制动管的压力时，两侧压差达到能克服活塞和节制阀的阻力时，活塞将带着节制阀向右移一间隙距离，使滑阀与活塞杆之间的间隙 B 位于后端，同时节制阀遮断副风缸向制动缸的充气通路，副风缸压力不再下降。由于此时活塞两侧压差较小，不足以克服滑阀与滑阀座之间的摩擦力，所以活塞位于此位不再移动，制动缸保压。

当司机将制动阀操纵手柄在制动位和保压位间来回扳动时，制动管压力反复减压、保压，三通阀则反复处于制动位、保压位，而制动缸压力则不断升压、保压，再升压、保压，直至制动缸压力与副风缸压力平衡为止，即自动式空气制动机具有阶段制动作用。但由于自动式空气制动机三通阀结构的限制，其无法实现阶段缓解，而只能一次缓解（又称轻易缓解）。

3. 直通自动式空气制动机

直通自动式空气制动机的结构如图 1-12 所示。

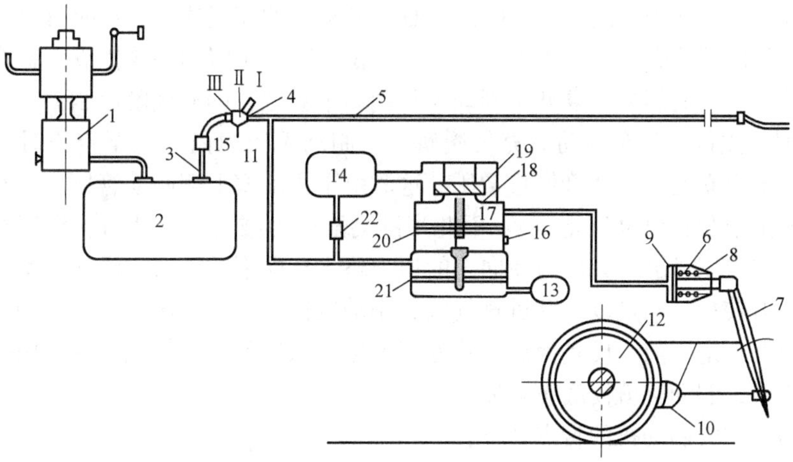

图 1-12　直通自动式空气制动机的结构

1—空气压缩机　2—总风缸　3—总风缸管　4—制动阀　5—制动管　6—制动缸　7—基础制动装置　8—制动缸缓解弹簧　9—制动缸活塞　10—闸瓦　11—制动阀 Ex 口　12—车轮　13—定压风缸　14—副风缸　15—给气阀　16—三通阀排气口　17—排气阀口　18—进气阀口　19—进排气阀　20—制动缸压力活塞　21—主活塞　22—单向阀

直通自动式空气制动机与自动式空气制动机的组成基本相同，只增加了一个定压风缸 13。但其三通阀的结构和原理与自动式空气制动机的三通阀有较大的区别。自动式空气制动机的三通阀的主控机构是靠制动管与副风缸两者压力的差别与平衡来动作的，即为二压力机构阀。而直通自动式空气制动机的三通阀的主控机构由大小两个活塞组成，它的动作是由制动缸压力活塞上侧的制动缸压力，主活塞上、下两侧的制动管压力和定压风缸的压力三者的差别与平衡来控制的，因此它属于三压力机构阀。其具有以下四个作用工况：

（1）充气缓解位　司机将制动阀置于缓解位Ⅰ，总风缸的压缩空气经给气阀和制动阀充向制动管，再经制动管通向各车辆的三通阀主活塞上侧。活塞在制动管压力作用下下移，形成下列两条通路：

1）制动管压缩空气主活塞上侧→充气沟→主活塞下侧定压风缸。

2）制动缸的压缩空气→制动缸压力活塞上侧→排气阀口→活塞杆中心孔→制动缸压力活塞下侧→三通阀排气口。

上述第二条通路在初充气时，由于制动缸内无压缩空气而没有排气现象。在这一位置时，定压风缸充气，制动缸缓解。而副风缸只要其压力低于制动管压力，在单向阀作用下制动管会自动向其补充压缩空气，并不受作用位置的限制。

（2）制动位　制动阀操纵手柄置于制动位Ⅲ，制动管以一定的速度减压，定压风缸的压缩空气来不及通过充气沟逆流，主活塞上、下两侧形成压差，主活塞上移。首先，排气阀口顶住进排气阀，关闭了制动缸与大气的通路。同时，充气沟被主活塞遮断，主活塞两侧压差进一步加大，主活塞克服进排气阀弹簧压力而打开进排气阀进气口，形成副风缸通过进气阀口至制动缸充气的通路。同时制动缸压力也作用在制动缸压力的活塞上侧。

（3）制动中立位　制动阀操作手柄置于保压位Ⅱ，制动管停止减压。这时主活塞上侧压力停止下降，但三通阀仍处于制动位，副风缸继续向制动缸充气，制动缸压力活塞上侧压力也继续增加。当制动缸压力作用在制动缸压力活塞上侧产生的作用力与进排气阀弹簧力，再加上主活塞上侧制动管压力产生的作用力，稍稍大于定压风缸压力在主活塞下侧产生的作用力时，进排气阀压向进气阀口，切断副风缸向制动缸的充气通路。这时排气阀口也没有开启，制动缸处于保压状态，三通阀处于制动中立位。若司机将制动阀操纵手柄在制动位、中立位来回扳动时，三通阀将反复处于制动位与制动中立位，即得到阶段制动。

（4）缓解中立位　列车制动后充气缓解，当制动管压力尚未充至定压时，司机将制动阀操纵手柄置于中立位，制动管停止增压。这时由于主活塞上侧制动管压力仍小于定压风缸的压力（基本上仍保持制动管定压），因此当制动缸压力减至一定值时，作用在活塞上的制动管、制动缸和定压风缸三者压力使向上的压力略大于向下的压力，活塞上移，排气阀口关闭。但向上的力较小，不足以顶开进排气阀，制动缸保压，三通阀处于缓解中立位。

在制动管充至定压前，反复使制动管处于增压、保压状态，就能实现阶段缓解，当制动管最终充至定压，制动缸就彻底缓解完毕。

直通自动式空气制动机的特点如下：

1）能阶段制动和阶段缓解。同时，制动管要充到定压，制动缸才能完全缓解。

2）具有制动力不衰减性性能。即在制动中立位或缓解中立位时，当制动缸压力因泄露等原因而下降时，三通阀能自动地给予补充压缩空气，使制动缸压力保持原值。

虽然与直通式空气制动机相比，自动式空气制动机或直通自动式空气制动机使列车在制动和缓解时的一致性有了很大提高，但由于司机发出的制动指令是靠制动管的压力变化来传递的，它的指令传递速度受空气波速的限制，也就是说其极限速度在330m/s左右，因此对长大列车仍可能造成前后车辆缓解性的不一致。在很多情况下，由此造成的列车纵向冲动达到了很高的地步。

二、电气指令式制动控制系统

（一）数字指令式制动控制系统

所谓数字指令式制动控制系统是指由0和1组成的2进制数，在用3位数字组合时，除了（000），还有（001，010，100，101，110，111）共7组组合。在制动控制上，使0对应制动控制线“OFF”，1对应制动控制线“ON”。这样用3根制动控制线组合，就可以得到7级制动。如果采用更多的制动控制线（n根），可以得到更多（$2n-1$）级制动。北京地铁就研制和采用了这种制动机。就操作方便性来说，通常有7级制动就已基本够用。利用上述原理传递制动指令的控制系统，就称为数字指令式制动控制系统。此种制动机与空气制动机相比具有制动指令传递速度快、制动分级多、制动力均匀等优点，但仍然是分级控制。

（二）模拟指令式制动控制系统

模拟指令式制动控制系统与数字式制动控制系统基本相同，唯一的区别是从司机室送往各车辆的制动电气指令是用模拟量传递的，所以又称模拟指令式制动控制系统。该控制系统可获得无限级制动力，即可对制动进行细微调节，因此比较适宜ATC控制的列车。

模拟指令式制动控制技术是将变量输入计算机，计算机经过逻辑运算控制电磁阀，由电磁阀控制气阀，再由气阀直接控制制动缸压力，从而达到控制制动力的目的。这是一种先进的电空控制系统。其核心部分是电子控制单元，它输入制动命令、电制动施加信号、车体载荷信号（即乘客的多少）、空气制动实际值反馈信号，经综合运算后输出电-气模拟转换和防滑控制的电信号，控制各种电磁阀，并根据制动要求和实际情况不断调整制动缸压力。系统的另一个重要部件是制动控制单元（即电磁阀），它由模拟控制阀、紧急制动阀、负载限流阀、中继阀等电磁阀组成，集成安装在一块内通路的模板上，接受电子控制单元的指令，完成电-气转换，然后对制动风缸进行控制。制动系统逻辑如图1-13所示。

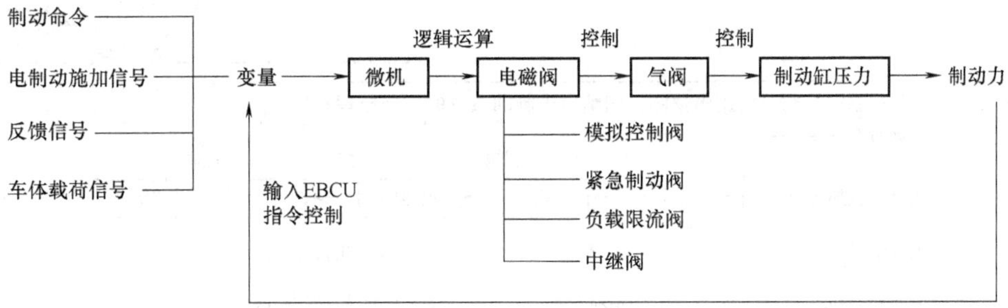

图1-13 制动系统逻辑框图

电信号的传递速度比空气波速快得多，所以多采用以电信号来传递自动和缓解指令的制动控制系统。当列车的制动方式仅有以压缩空气作为制动源动力的空气制动方式时，往往采用电磁空气制动机。电磁空气制动机在各车辆上都设有制动电磁阀和缓解电磁阀，它们通过设于司机室的制动控制器（电空制动控制器）进行励磁、消磁，从而控制列车制动或缓解。目前列车的制动方式除了空气制动方式外，一般都有动力制动或其他电气制动方式，其制动控制系统必须能较好地协调各种制动的制动力，因而所采用的电气指令式制动控制系统也较复杂。

相对于空气制动机来说，电气指令式制动控制系统的主要优点是全列车制动和缓解的一致性较好，因此制动和缓解时的纵向冲动小，制动距离短。随着列车中各种电气制动方式的应用，电气指令式制动控制系统的另一优点是便于做到动力制动与空气制动的协调。

【实践与训练】

学习工作单

工 作 单	空气制动系统和电气指令式制动控制系统的基本作用原理		
任 务	熟知空气制动系统的组成和控制方式，熟知空气制动机按其作用原理不同的分类方法以及各种空气制动机的特点和作用原理；熟知电气指令式制动控制系统的作用原理。		
班 级		姓 名	
学习小组		工作时间	

【知识认知】

1. 分析空气制动系统的组成及各部分的作用。
2. 分析各种空气制动机的特点和作用原理。
3. 分析电气指令式制动控制系统中的数字指令制动控制系统和模拟指令式制动控制系统的作用原理的异同点。

【能力训练】

1. 按照直通自动式空气制动机作用原理示意图，说出各部件的名称和直通自动式空气制动机的作用原理。

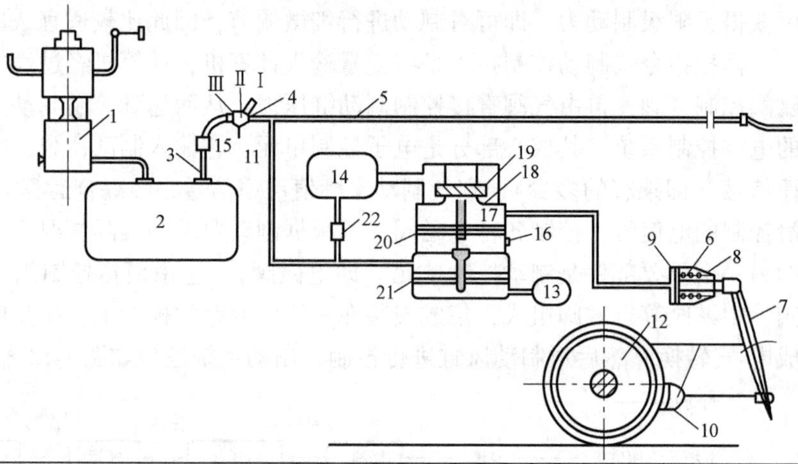

2. 按照模拟指令式制动控制系统逻辑框图，归纳出该制动系统的控制原理和特点。

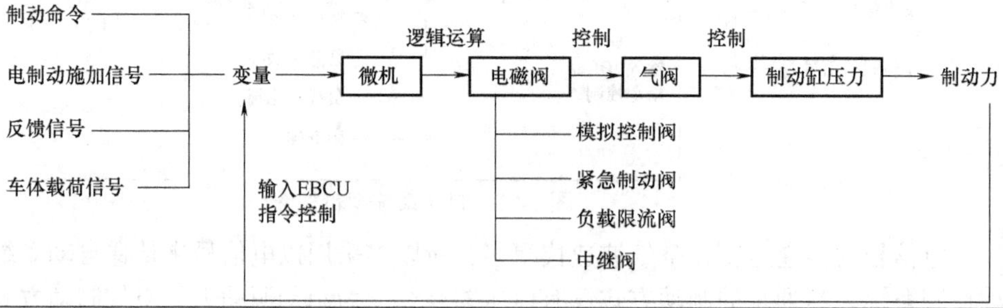

任务学习其他说明或建议：

指导老师评语：

任务完成人签字： 日期： 年 月 日

指导老师签字： 日期： 年 月 日

第2单元　风 源 系 统

课题1　风源系统的组成和作用

【知识要点】

1. 熟知空气制动系统的布置图；
2. 熟知带有空气压缩机组的拖车管路系统的组成和各组成部件的作用；
3. 熟知风源系统的作用。

一、风源系统的组成

风源系统主要由驱动电动机、空气压缩机、空气干燥器、压力控制器、风缸及其他空气管路部件等组成。

空气压缩机组采用模块化设计，吊挂于车辆底架下部，如图2-1所示。广州地铁1号线

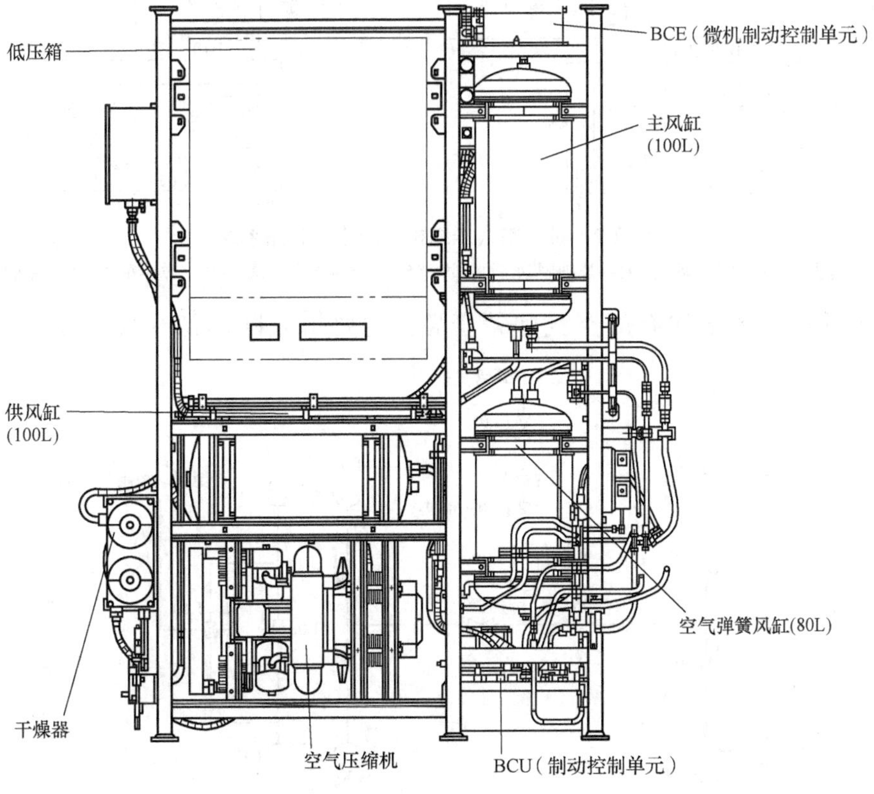

图2-1　空气制动系统的布置图

车辆的空气压缩机组安装在A车（拖车）下部，而广州地铁2号线和上海地铁1、2号线车辆的空气压缩机组均安装在C车（动车）下部。由两个单元组成的列车具有两套风源系统，为了减少压缩机组的磨损，列车前部单元的空气压缩机总是给整个列车供风，而不是同时使用两组压缩机单元。带有空气压缩机组的拖车管路系统如图2-2所示，与其编组的动车，除风源系统、受电弓管路以外，其他管路与拖车一样。该系统中每辆车上设有四个风缸，其中包括一个250L的总风缸，一个100L的空气悬架系统（空气弹簧）风缸，一个50L的制动储风缸和一个50L的客室风动门风缸。另外装用单塔式干燥器还附设一个50L的再生风缸。

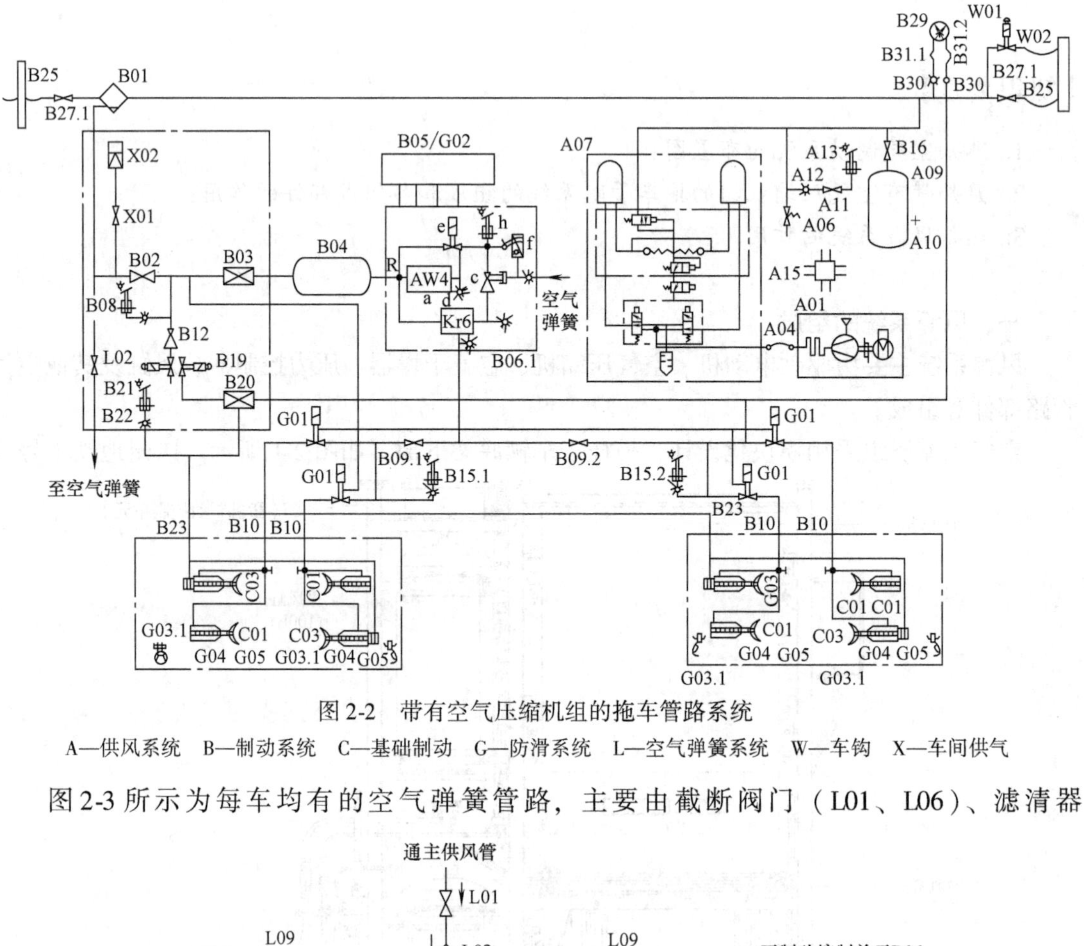

图2-2 带有空气压缩机组的拖车管路系统

A—供风系统 B—制动系统 C—基础制动 G—防滑系统 L—空气弹簧系统 W—车钩 X—车间供气

图2-3所示为每车均有的空气弹簧管路，主要由截断阀门（L01、L06）、滤清器

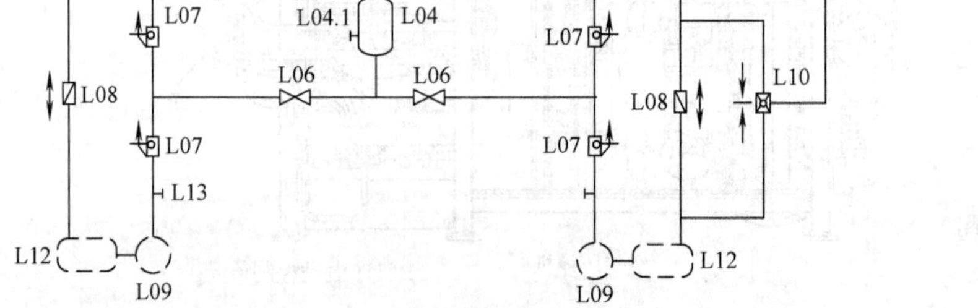

图2-3 空气弹簧管路

（L02）、溢流器（L03）、空气弹簧风缸（L04）、高度阀（L07）和差压阀（L08）等组成。

二、作用

风源系统是向整个列车提供压缩空气的气源。它不仅给空气制动系统，而且也为其他用气部件提供足够的、干燥的压缩空气，例如气动门、汽笛、空气弹簧（二系悬挂）和刮水器等。

【实践与训练】

学习工作单

工　作　单	风源系统的组成和作用		
任　　务	熟知空气制动系统的布置图；熟知带有空气压缩机组的拖车管路系统的组成和各组成部件的作用；熟知风源系统的作用。		
班　　级		姓　　名	
学习小组		工作时间	
【知识认知】			
1. 搜集各城市轨道交通车辆空气制动系统的布置图，分析各空气制动系统布置图中各组成部件的作用。 2. 分析带有空气压缩机组的拖车管路系统的组成和各组成部件的作用，分析其供风路径。			
【能力训练】			

1. 按照空气制动系统的布置图，分析风源系统的组成和各部件的作用。

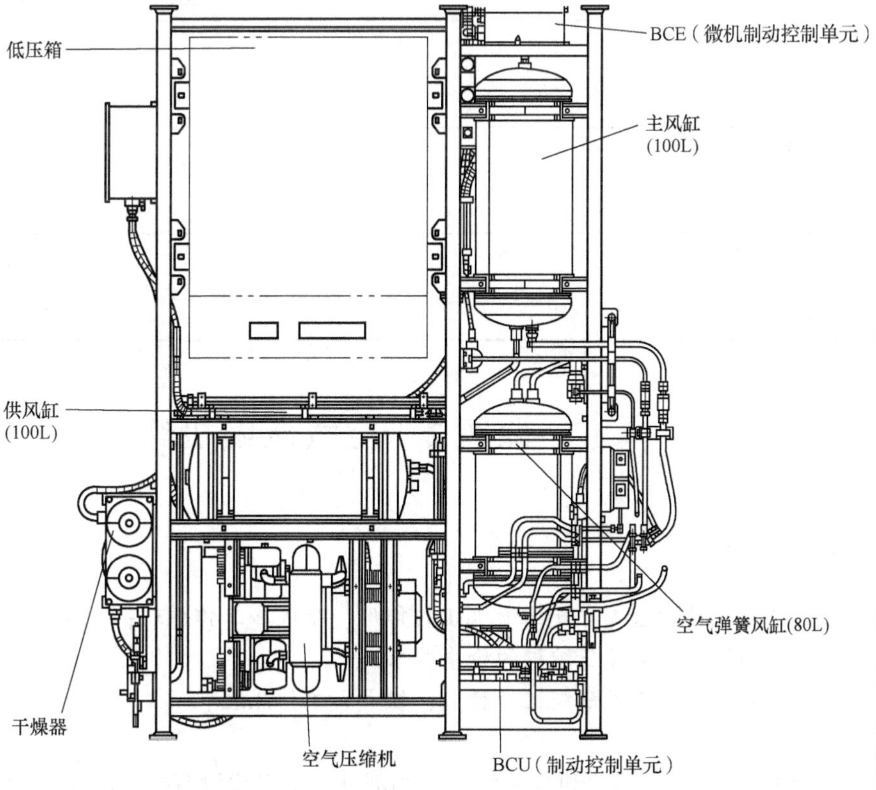

（续）

2. 按照带有空气压缩机组的拖车管路系统示意图，归纳出拖车风源系统的组成和各组成部件的作用。

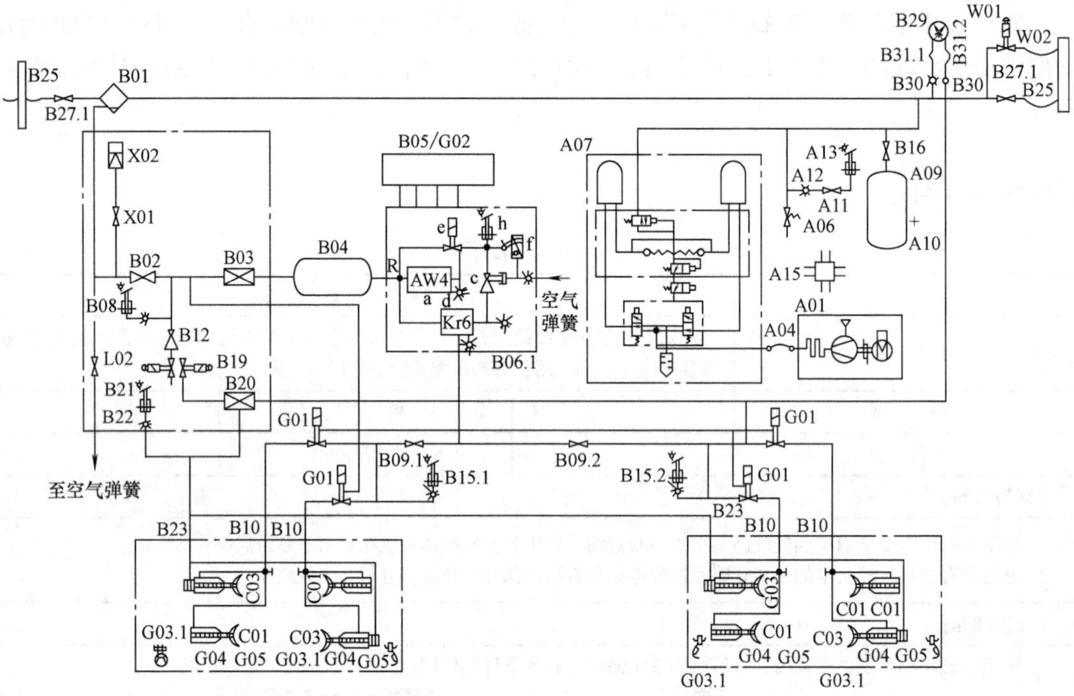

任务学习其他说明或建议：

指导老师评语：

任务完成人签字： 日期： 年 月 日

指导老师签字： 日期： 年 月 日

课题 2 空气压缩机组

【知识要点】

1. 熟知各种活塞式空气压缩机组的作用、组成和工作原理；
2. 熟知活塞式空气压缩机的检修要求；
3. 熟知螺杆式空气压缩机的特点、组成和工作原理。

空气压缩机组是整个供气系统的核心部件，可以说没有空气压缩机就没有风源。

一般城市轨道交通列车是以动车组为单元的，所以供气系统一般也是以动车为单元来设置的。每一单元设置一个空气压缩机组，每个机组包括压缩机、驱动电动机、空气干燥器和压力控制开关等。这些装置都集中安装在动车单元的一个车的底架上，例如上海地铁1号线列车的空气压缩机组都安装在每个单元的C车上。

城市轨道交通车辆的供电制式一般为直流1500V、750V或600V。除了1500V比较高外，750V和600V额定输入电压的直流电动机都比较容易制造，因此制动空气压缩机组的驱动电动机大都采用直流电动机，直接由接触网供电。进口车辆的空气压缩机驱动电动机也有采用1500V直流电动机的。电动机通过弹性联轴器驱动空气压缩机。

进入空气压缩机的空气必须先经过滤清器使其净化。经过压缩后的空气在存入主储风缸前，还要进行干燥，然后供各用气部件使用。

目前城市轨道交通车辆使用的空气压缩机大多为多级气缸，分低压段压缩和高压段压缩。低压压缩是将外界大气压缩至2.6×10^5Pa左右，然后再进入高压压缩，将压力提高至10×10^5Pa。每个气缸顶部都设有吸气阀和排气阀，外界大气通过设在空气压缩机进气口处的油浴式滤清器的净化后，被吸入低压气缸进行压缩。为了提高压缩效率，低压气缸输出的压缩空气被送到中间冷却器冷却。冷却后的低压空气再送至高压气缸作进一步地压缩，直至空气压力符合要求。高压的压缩空气还必须通过后冷却器冷却，使其温度降低以便通过空气干燥塔进行油水分离。最后，洁净而干燥的高压压缩空气被送至主储风缸进行储存。中间冷却器和后冷却器多为翅片管式冷却器，它们被重叠在一起，采用强迫式通风冷却。强迫通风的风源来自安装在曲轴端头的风扇。空气压缩机运行时，其气缸的润滑是依靠焊接在曲轴上的小铁片将曲轴箱内的机油刮起，飞溅到气缸壁上来润滑的，这种润滑方式称为飞溅润滑。采用这种方式会使空气压缩机输出的压缩空气含有一定量的油分，所以必须在最后进行油水分离。空气压缩机的起动与停止是由压力开关控制的，压力开关设置一般为（7.0～8.5）$\times10^5$Pa，前者为开起压力，后者为停止压力。气路中还设置了10×10^5Pa的安全阀，以防压力开关失效。

城轨车辆的制动系统及其他一些子系统所使用的压缩空气（也称压力空气）都是由空气压缩机组（简称空压机）产生的，电动机通过万向节直接驱动空气压缩机。目前，城轨车辆中采用的空气压缩机主要有活塞式空气压缩机和螺杆式空气压缩机两种。城轨车辆采用的空气压缩机一般要求具有噪声低、振动小、结构紧凑、维护方便、环境实用性强的特点，现其直流电动机驱动已逐渐被交流电动机驱动所取代。

一、活塞式空气压缩机

活塞式空气压缩机由固定机构、运动机构、进排气机构、中间冷却装置和润滑装置等组成。其中，固定机构包括机体、气缸、气缸盖，运动机构包括曲轴、连杆、活塞，进排气机构包括空气滤清器、气阀，中间冷却装置包括中间冷却器（简称中冷器）、冷却风扇，润滑装置包括润滑油泵、润滑油路等。

（一）用于城轨车辆的几种活塞式空气压缩机

1. VV230/180-2型活塞式空气压缩机

该空气压缩机排气量为1500L/min，输出压力为1100kPa，转速为1520r/min，用1500V直流电动机通过弹性万向节直接驱动。VV230/180-2型空气压缩机共有四个气缸，分两段压缩，低压压缩和高压压缩。低压压缩是将外界大气压缩至260kPa左右，然后再进入高压压缩将压力提高至1000kPa。低压压缩段有三个气缸，其气缸直径为95mm；高压段有一个气缸，其气缸直径为85mm。每个气缸顶部都设有吸气阀和排气阀，外界大气通过设在空气压缩机进气口处的油浴式滤清器的净化后，被吸入低压气缸进行压缩，然后再送至高压缸进一步地压缩。高压力的压缩空气还必须经过冷却器冷却使其温度降低，以便进行油水分离，从而得到洁净、干燥的压缩空气。

VV230/180-2 型空气压缩机在直流电动机的直接驱使下以 1520 r/min 的速度旋转，每分钟可提供 1MPa 的压缩空气 1500L。另外，空气压缩机起动与停止是受压力开关控制的。在直流传动车中，其压力开关设置为 700kPa/850kPa（交流传动车为 750kPa/900kPa），前者为开起压力，后者为停止压力。在气路中还设置了 1000kPa 的安全阀，以防压力开关失效。另外，其所采用的吸入式空气滤清器与 DC01 型电动列车空气压缩机的滤清器也不相同，它采用过滤纸过滤，效果较油浴式滤清器好，但应用成本较高。冷却风扇的叶片不直接安装在曲轴端头上，而是通过温控液力万向节联接的。此万向节在温度较低时，万向节内的液体黏度很低，不传递转矩。使用这种万向节可节约空气压缩机的能源。

2. VV120/150-1 型活塞式空气压缩机

此压缩机有三个缸，其中两个缸为低压缸，一个为高压缸，两级压缩带有两个空气冷却器，如图 2-4 所示。其排气量为 920L/min，输出压力为 1000kPa，转速为 1450r/min，由 380V 三相 50Hz 交流笼型异步电动机驱动。电动机与压缩机之间是永久连接的，不需要维护，有一个自对中心的凸缘连接，这种布置需要在电动机和压缩机之间有很精确的直线连接。其空气滤清器采用过滤纸过滤，其效果较油浴式滤清器好，但应用成本较高。冷却风扇的叶片不直接安装在曲轴端头上，而通过温控液力万向节连接，也称黏性连接。在温度较低时，万向节内的液体黏度很低，不传递转矩，故可节约能源。该空气压缩机组的一个主要优点是在 4.6m 的距离内噪声的声压级只有 64dB（A）。

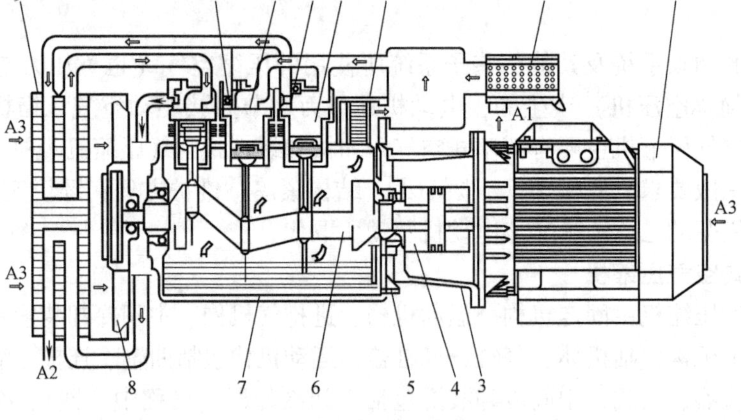

图 2-4　VV120/150-1 型活塞式空气压缩机的结构

1—进风口滤清器　2—电动机　3—过滤法兰　4—波纹管万向节　5—油位指示器管　6—曲轴　7—曲轴箱
8—风扇叶轮 + 柔性连接　9—冷却器　10—出风阀　11—吸入阀　12—安全阀
13—气缸　14—集油箱　A1—进风口　A2—出风口　A3—冷却空气

该压缩机采用双级压缩方式，两台气缸用于低压级，一台气缸用于高压级。气缸盖上装有吸排气一体阀。空气直接进入干式滤清器清洁→吸入低压级进行压缩→进入一次冷却器→进入高压级气缸压缩到最终压力→流经二次冷却器→最后进入压力容器。

活塞式空气压缩机的应用广泛、技术成熟、可靠性和稳定性好，不需特殊润滑，价格比比较具有吸引力。

3. HS10-3 型空气压缩机

西安地铁每辆 Mp 车（带受电弓的动车）配备有一个风源模块（包括 HS10-3 型空气压缩机和除湿装置），能够为空气制动和辅助用风系统提供足够的、干燥的压缩空气。

HS10-3 型空气压缩机采用 380V 50Hz 三相交流电动机驱动，由四架防振橡胶悬挂在车体上。从空气压缩机供给的压缩空气经过具有可挠性的特氟隆软管输送到除湿装置，吸收压缩机机组上所产生的振动。过滤器、油面观察孔、滤清器均集中装配于空气压缩机侧面，以便于维修保养。HS10-3 型空气压缩机的外观图如图 2-5 所示。

图 2-5　HS10-3 型空气压缩机外观图

HS10-3 型空气压缩机性能参数见表 2-1。

表 2-1　HS10-3 型空气压缩机性能参数

项　目		规　格	
空气压缩机部	型号	HS10-3	
	方式	往复式单动 2 级压缩	
	气缸排列	水平对置式 4 缸	
	气缸直径 × 行程 × 个数	低压级	$\phi100\times54\times2$
		高压级	$\phi55\times54\times2$
	旋转速度	1435r/min	
	变位容积	1230L/min	
	排出压力	最大 900kPa（计量压）	
	容积效率	75% 以上	
	润滑方式	齿轮泵式，强制润滑	
	冷却方式	自然风冷	

（续）

项目			规格
电动机部	型号		A6538A
	方式		笼式
	外壳形式及冷却方式		全密封自冷方式（自然风冷）
	额定	额定时间	30min
		旋转速度	1435r/min
		输出	6.5kW
		电压	AC 380V（50Hz）
		电流	16A
	极数		4极
	相数		3相
	绝缘种类		F类
	起动方式		直接起动
动力传递部	方式		橡胶万向节
质量			285kg
噪声			机侧4.6m处65dB（A）以下

（二）空气压缩机的检修

对空气压缩机的检修要求如下：

1. 空气压缩机分解

1）先把空气压缩机单元从车体上拆下。

2）然后将空气压缩机与电动机分解开。

3）分解空气压缩机。

2. 空气压缩机各零部件清洗

1）空气压缩机分解后所有金属部件，用碱性清洁剂清洗。

2）橡胶件的清洗，先用温热的肥皂水清洗，以减少对橡胶件的腐蚀，再用清水冲洗，最后用压缩空气吹干。

3）清洗空气压缩机外表及冷却器叶片，并对需要润滑的零部件进行润滑。

3. 检查内部零件是否有损坏

清洗完成后，首先要对压缩机的零部件进行目测检查，检查是否存在裂纹、变形或锈蚀等损伤。

4. 重要部件检修

对于下列重要的部件，还必须进行详细的检查和测量，并根据需要，给予修复或更换。

（1）曲轴检修

1）检查曲轴有无裂纹。

2）检查曲轴的螺纹是否有损坏。

3）检查连杆支承点有无磨耗，某些轻微拉伤可经抛光修复。

4）如果支承点磨耗严重或是褪色严重，或是实际尺寸已超出极限，则要更换整个曲轴。

（2）活塞和活塞销检修

1）检查活塞表面，如出现较大的拉伤，则要更换整个活塞。

2）检查活塞销有无拉伤和擦伤。其表面应该平滑无拉伤，否则应更换活塞销。

3）如果活塞或活塞销的实际尺寸超出了其报废尺寸的极限，则应更换该活塞或活塞销。

注意：如果要更换活塞，应整套更换连杆活塞总成，包括活塞环、活塞销和保持圈。在空气压缩机大修时，以下部件必须更换：轴承、针套、连杆轴承的导向环、活塞环、吸气/排气阀、锁紧环、弹簧垫圈、轴密封环、密封圈、O形环和轴承环等。

5. 空气压缩机测试

在空气压缩机装配完成后，应检验空气压缩机的功能是否正常。因此需要有专用试验台，对空气压缩机单元的相关功能进行测试，在试验中，主要测量、控制下列参数：

1）吸气口温度（即环境温度）。

2）第一级压缩（低压压缩）后温度（未经冷却）。

3）第一级压缩（低压压缩）后温度（经冷却）。

4）第二级压缩（高压压缩）后温度（未经冷却）。

5）第二级压缩（高压压缩）后温度（经冷却）。

6）空载情况下的输出压力。

7）满负载情况下的输出压力。

8）电动机转速。

注：先将空气压缩机热机运行20min，使空气压缩机机油至热油状态，热后放油，注意防止烫伤。将3L空气压缩机机油注入空气压缩机进行冲洗，起动空气压缩机，将机油打热后放出（注油和放油时，应对角注放）。然后再注入3L空气压缩机机油进行冲洗，打热后再放出。冲洗完毕后，再将3.5~3.7L空气压缩机机油注入空气压缩机。此时新油加注更换完毕。

新车运行3000km后，更换空气压缩机机油。其他车辆的空气压缩机运行2000h或一年应更换一次机油，也可视机油乳化情况提前更换。

二、螺杆式空气压缩机

1. 螺杆式空气压缩机的特点

1）噪声低、振动小。当螺杆式空气压缩机工作时，旋转部件中两个螺杆的运动没有质心位置的变动，因而没有产生振动的干扰力。经精密加工和精密磨削制造的阴、阳螺杆和机壳之间，两两互相紧密贴合，其啮合时通过喷油实现密封和冷却，并不产生机械接触和摩擦，因而工作中的噪声较低。并且喷油润滑也使噪声强度大大降低，一般不超过85dB(A)。另外，因它压缩空气的过程是连续的，不受气阀开闭的制约，所以压缩空气的流动也是连续而且平稳的。

2）可靠性高和寿命长。螺杆式空气压缩机工作时，除了轴承和轴封等部件外，没有其他因相对运动而承受摩擦的零部件。因阴、阳螺杆和机壳之间并不产生机械接触，即在工作中不产生摩擦，因此它具有较高的可靠性并可免维护。通常螺杆式空气压缩机的检修周期可以保证不短于整车的大修期。

3）维护简单。在其运行中，检查、检修人员只要保证螺杆式空气压缩机的机油油位不低于油位计或视油镜刻线，保证空气滤清器未脏到堵塞的程度，那么空气压缩机就能工作，它不需给予特别的维护。

2. 螺杆式空气压缩机的结构

螺杆式空气压缩机的主机是双回转轴容积式压缩机，转子为一对互相啮合的螺杆，螺杆具有非对称啮合型面。主动转子为阳螺杆，从动转子为阴螺杆。常用的主副螺杆齿数比依空气压缩机容量的不同而有所不同，一般为4∶5、4∶6或5∶6。两个互相啮合的转子在一个只留有进气口和排气口的铸铁壳体里面旋转，螺杆的啮合和两个螺杆与壳体之间的间隙通过精密加工严格控制，并在工作时向螺杆腔内喷压缩机油，使间隙密封，并将两转子的啮合面隔离，防止机械接触时产生磨损。另外，不断喷入的机油与压缩空气混合，可带走压缩过程中所产生的热量，以维持螺杆副长期可靠的运转。螺杆副啮合旋转时，从进气口吸气，经过压缩后从排气口排出，即得到具有一定压力的压缩空气。

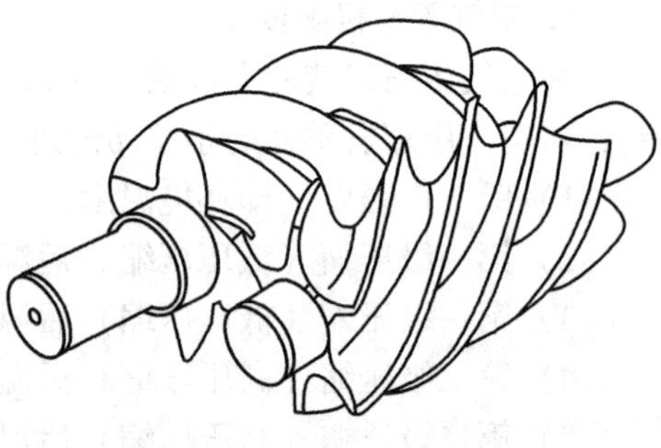

图2-6　螺杆式空气压缩机的螺杆副

图2-6所示螺杆副是由一对齿数比为4∶6，以特定螺旋角互相啮合的螺杆组成的。其中，阳螺杆（通常作驱动螺杆）为凸形不对称齿，而阴螺杆（通常作从动螺杆）为瘦齿形弯曲齿。两螺杆的齿数断面线形是专门设计并精密磨削加工而成的。

3. 螺杆式空气压缩机的工作原理

该压缩机的工作过程分为吸气、压缩和排气三个阶段，其结构如图2-7所示。

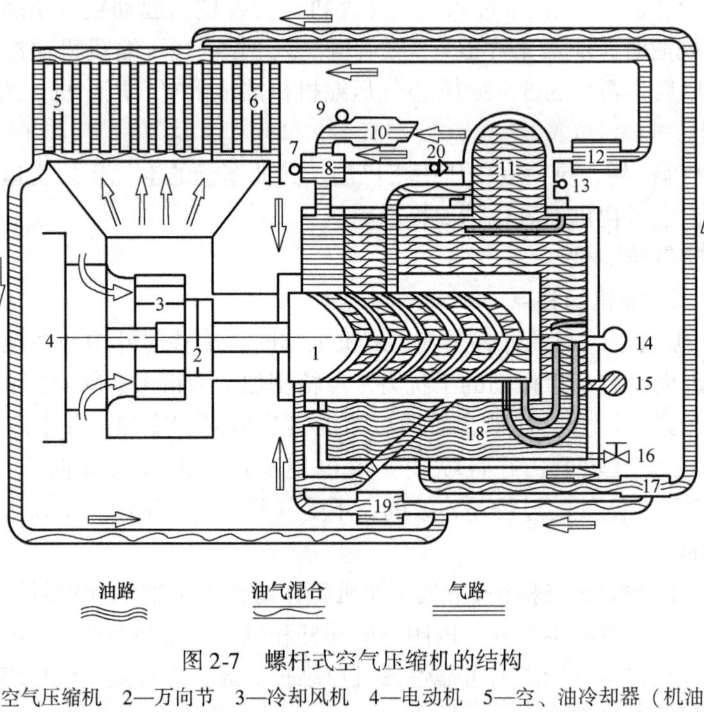

图2-7　螺杆式空气压缩机的结构

1—螺杆式空气压缩机　2—万向节　3—冷却风机　4—电动机　5—空、油冷却器（机油冷却单元）
6—冷却器（压缩空气后冷却单元）　7—压力快关　8—进气阀　9—真空指示器　10—空气滤清器
11—油细分离器　12—最小压力维持阀　13—安全阀　14—温度开关　15—视油镜
16—泄油阀　17—温度控制阀　18—油气筒　19—机油过滤器　20—单向阀

1）吸气过程。螺杆安装在壳体内，在自然状态下就有一部分螺杆的沟槽与壳体上的进气口相通。也就是说，在任何时候，无论螺杆式空气压缩机的螺杆旋转到什么位置，总有空气通过进气口充满与进气口相通的沟槽。这是压缩机的吸气过程。主副两转子在吸气终了时，已经充满空气的螺杆沟槽的齿顶与机壳腔壁贴合，此时，齿槽内的空气即被隔离，不再与外界相通无法再相对流动，即被“封闭”。当吸气过程结束后，两个螺杆在吸气口的反面开始进入啮合，并使得封闭在螺杆沟槽里的空气的体积逐渐减小，压力开始上升，压缩随之开始。

2）压缩过程。随着空气压缩机两转子的继续转动，封闭有空气的螺杆沟槽与相对螺杆齿的啮合，从吸气端不断地向排气端进行，啮合的齿逐渐占据原来已经充气沟槽的空间，并挤压这个沟槽里的空气，使之体积逐渐变小，而压力则随着体积的变小而逐渐升高。空气被裹带着一边转动，一边被继续压缩，这个过程从吸气结束开始，一直延续到排气口打开之前。当前一个螺杆齿端面转过被它遮挡的机壳端面上的排气口时，在沟槽内的空气即与排气腔的空气相连通，受挤压的空气开始进入排气腔，至此在空气压缩机内压缩的过程结束。这个体积减小压力渐升的过程，就是空气压缩机的压缩过程。在压缩过程中，空气压缩机不断地向压缩室和轴承喷射润滑油。

3）排气过程。压缩过程结束，封闭有压缩空气的螺杆沟槽的端部边缘与壳体端壁上的排气口边缘相通时，受到挤压的压缩空气被迅速从排气口排出，并进入空气压缩机的排气腔。随着螺杆副的继续转动，螺杆啮合继续向排气端的方向推移，逐渐将沟槽里的压缩空气全部挤出。这就是空气压缩机的排气过程。

螺杆式空气压缩机壳体的进气口开口的大小及边缘曲线的形状，是与螺杆的齿数及螺旋角的角度相关的。而空气压缩机后端壁上的排气口开口形状（呈现为蝶形）及尺寸也是由空气压缩机的压缩特性及螺杆的断面齿形所决定的。

在这里所讲的螺杆式空气压缩机的工作原理，是以螺杆的一个沟槽为例介绍的，并且把它的工作过程分为吸气、压缩和排气三个阶段。实际上空气压缩机螺杆的工作转速很快，而且主动螺杆和从动螺杆的每一个沟槽，在运转过程中都承担着相同的任务，即它的空腔在进气侧打开时吸进空气，然后再将其带到排气侧压缩后排出。螺杆相邻两个沟槽的同一个工作阶段，尽管有先有后，但由于这个过程速度非常快，而且周而复始，所以实际上是重叠发生的。这就形成了螺杆式空气压缩机工作的连续性和供气的平稳性，保证了它的低振动和高效率。

螺杆式空气压缩机的工作循环，是在啮合的螺杆齿和沟槽间一个接一个周而复始连续不断地进行的。而且它的压缩过程是当沟槽里的空气被挤进排气腔中才完成的，所以没有像活塞式空气压缩机那样的振动和排气阀开闭形成的冲击噪声。

【实践与训练】

学习工作单

工　作　单	空气压缩机组		
任　　务	熟知各组活塞式空气压缩机组的作用、组成和工作原理；熟知活塞式空气压缩机的检修要求；熟知螺杆式空气压缩机的特点、组成和工作原理。		
班　　级		姓　　名	
学习小组		工作时间	
【知识认知】			

（续）

1. 分析各种活塞式空气压缩机组的组成和工作原理。
2. 分析活塞式空气压缩机的检修工艺。
3. 分析螺杆式空气压缩机的组成，总结螺杆式空气压缩机吸气、压缩、排气三个阶段工作过程的工作原理。

【能力训练】

1. 按照 VV120/150-1 型活塞式空气压缩机的结构示意图，分析其组成和各部件的作用。

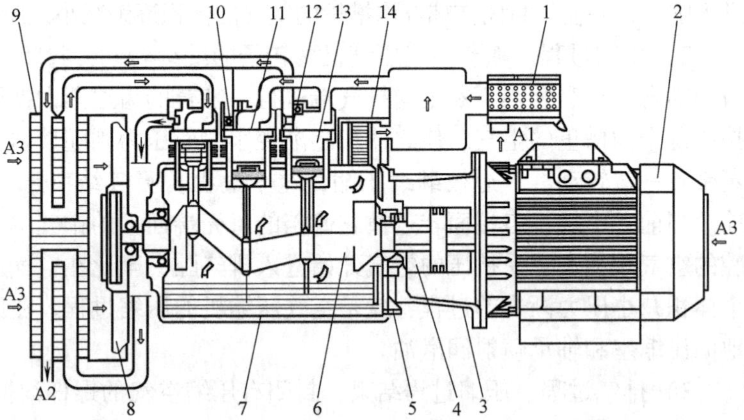

2. 按照螺杆式空气压缩机的结构示意图，分析其组成、各部件的作用和工作原理。

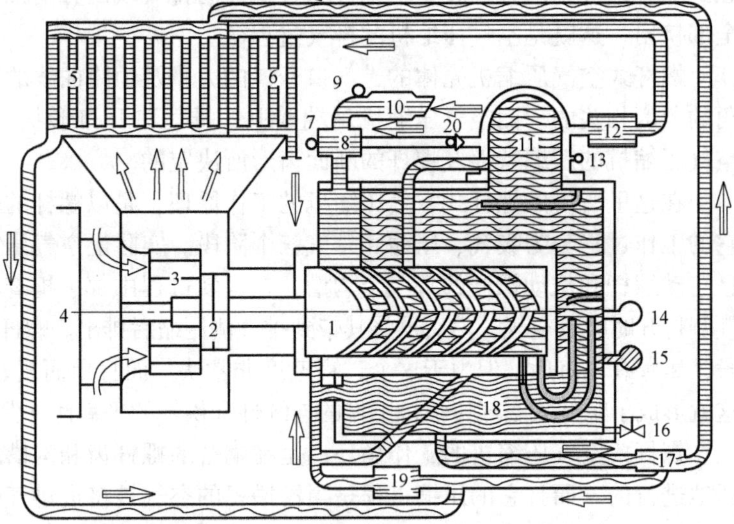

任务学习其他说明或建议：

指导老师评语：

任务完成人签字： 日期： 年 月 日

指导老师签字： 日期： 年 月 日

课题3　空气干燥器

【知识要点】

1. 熟知单塔式空气干燥器的组成和工作原理；
2. 熟知双塔式空气干燥器的组成和工作原理；
3. 熟知除湿装置的作用；
4. 熟知空气干燥器的检修方法。

空气压缩机输出的高压压缩空气中含有较高的水分和油分，必须经过空气干燥器将其中的水分和油分分离出去，才能达到车辆上各用气箱体对压缩空气的使用要求。

空气干燥器一般都做成塔式的，有单塔和双塔两种。上海地铁1号线直流传动车采用的是单塔式空气干燥器，而交流传动车则使用的是双塔式空气干燥器。

一、单塔式空气干燥器

单塔式空气干燥器（图2-8）是由油水分离器、干燥筒、排泄阀、电磁阀、再生储风缸和消声器等组成的。在油水分离器中存有许多拉希格圈（这是一种用铜片或铝片做成的有缝的小圆筒），干燥筒则是一个网形的大圆筒，其中盛满颗粒状的吸附剂。

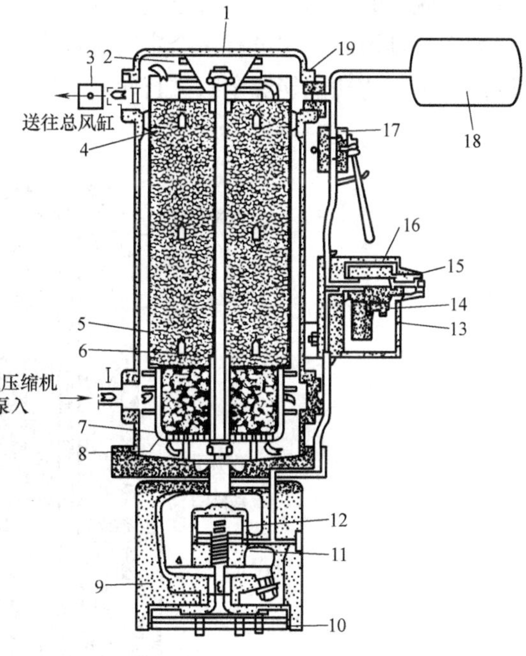

图2-8　单塔式空气干燥器

1—空气干燥筒　2—弹簧　3—单向阀　4—带孔挡板　5—干燥筒筒体　6—吸附剂　7—油水分离器　8—拉稀格圈　9—排泄阀　10—消声器　11—弹簧　12—活塞　13—电磁阀　14—线圈　15—排气阀　16—衔铁　17—带排气的截断塞门　18—再生储风缸　19—节流孔

空气干燥器工作过程如下：空气压缩机输出的压力空气从干燥塔中部的进口管进入干燥塔后，首先到达油水分离器。当含有油分的压缩空气与拉希格圈相接触时，由于液体表面张力的原因使空气中的油滴很容易地吸附在拉希格圈的缝隙中，这样就将空气中的油分大大地排去了。然后空气再进入干燥筒内并通过吸附剂，吸附剂能大量地吸收空气中的水分。只要干燥筒上方输出的空气湿度 $\Psi<35\%$，即可满足车辆各用气系统的需要。洁净而干燥的压力空气输向主储风缸，而分离后留在干燥塔内的油和水还要进行再处理。从空气干燥塔输出的干燥空气有一部分通过干燥塔顶部的另一小孔储入再生储风缸。当总储风缸压力达到 8.5×10^5 Pa 时，空气压缩机即停止工作，干燥塔顶的压力也将迅速降低。由于干燥塔与主

储风缸的通路中有单向阀，故主储风缸的压力空气不能倒回至干燥塔内，而这时再生储风缸内干燥的压力空气将回冲至干燥器内，并且沿干燥筒、油水分离器一直到干燥塔下部的积水积油腔内。在下冲的过程中，回冲干燥空气不仅吸收了吸附剂中的水分，同时还冲掉了拉希格圈上的油滴，使吸附剂和拉希格圈都得到还原，使之在以后的净化和干燥中可以继续发挥作用。再生储风缸还有一条管路通向积水积油腔底部的排污阀门。管路中间有一个电磁阀，其电磁线圈与空气压缩机的压力开关相接。当空气压缩机关闭时，电磁阀线圈失电，气路导通，再生储风缸内的压力空气顶开积水积油腔底部的排泄阀门，使积水积油腔内的水和油通过消声器迅速排向大气。

二、双塔式空气干燥器

相对于直流传动车，交流传动车选用的空气压缩机的排气量较小，它停止工作的间隙不能满足单塔式空气干燥器再生所需的时间，因此要选用双塔式空气干燥器（图 2-9）。双塔式空气干燥器的工作原理与单塔式空气干燥器的工作原理类似，只不过它采取的不是时间分段法，即一段时间吸污，下一段时间再生和排污，而是采取双塔轮换法，即一个塔在去油脱水的同时，另一个塔进行再生和排污，过后两个塔的功能对换，以此达到压缩空气可连续进行去油脱水的目的。双塔式空气干燥器没有再生储风缸，而是依靠两个干燥塔互相提供回冲压力空气排污。但它设有一个定时脉冲发生器，使两个干燥塔的电磁阀定时地轮换开、关，以使两个塔的功能能够定时进行轮换。

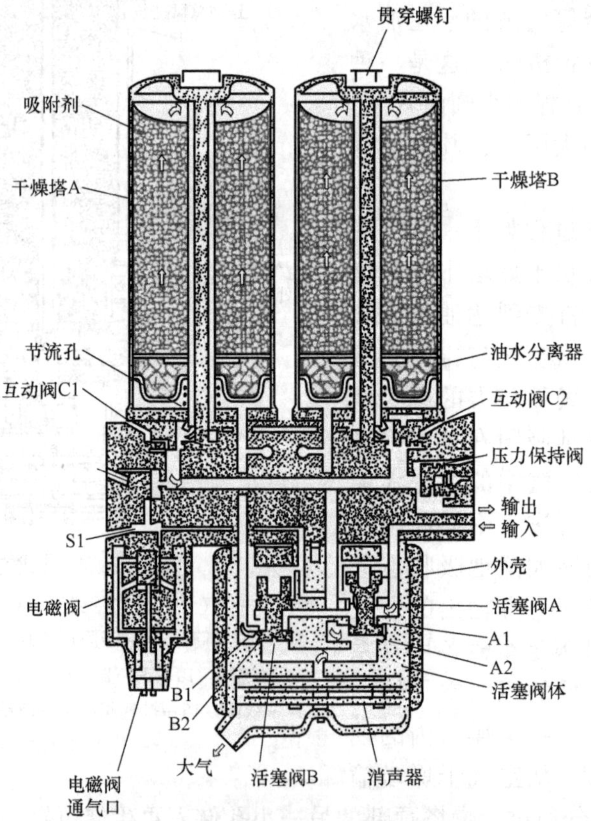

图 2-9 双塔式空气干燥器

三、PD-10DF 型除湿装置

此除湿装置安装于空气压缩机下方，可除去空气中的水蒸气、雾状的油及水，也可除去灰尘。并且此装置内有一个单向阀，当空气压缩机发生故障或空气压缩机软管破损时，可防止压缩空气从原气缸管排出。除湿装置的外观图如图 2-10 所示。

图 2-10 PD-10DF 型除湿装置

PD-10DF 除湿装置性能参数见表 2-2。

表 2-2 PD-10DF 除湿装置性能参数

项目			规格
A－20 后冷却器	方式		带有 23 个交错排列的散热片
	表面积		7.4m²
	内容积		7.5L
油水分离器	油分离性能		0.00125mg/m³（进气温度 38℃时）
	排水阀	方式	遵循先导空气压力指令的动作方式
		形式	二通自动排水阀
		加热器	110V，80W
	电磁阀	形式	SJ-3P 电磁阀
		方式	ON 型
		工作电压	110V
		消耗功率	8W
		额定	连续
干燥器	干燥方式		中空丝膜式
	处理空气量		1300L/min
	使用最高压力		960kPa
	进气温度		60℃或 60℃以下
单向阀	容量		1″
干燥性能			相对湿度 30% RH 或 30% RH 以下
吹洗空气消耗率			（处理空气量）×15%
质量			75kg

四、空气干燥器检修

空气压缩机输出的高压压缩空气中含有较高的水分和油分，必须经过空气干燥器将其中的水分和油分排去才能达到车辆上各用气系统对压缩空气的使用要求。

空气干燥器一般都是塔式的，有单塔式和双塔式两种。目前上海地铁中双塔式空气干燥器使用的比较多。

双塔式空气干燥器作用原理如图 2-11 所示。空气干燥器无需特殊保养，一般只做常规检查。由于空气干燥器里没有移动部件，因此一般不会有磨损的问题。如果发生故障需要修理时，需作如下检修：

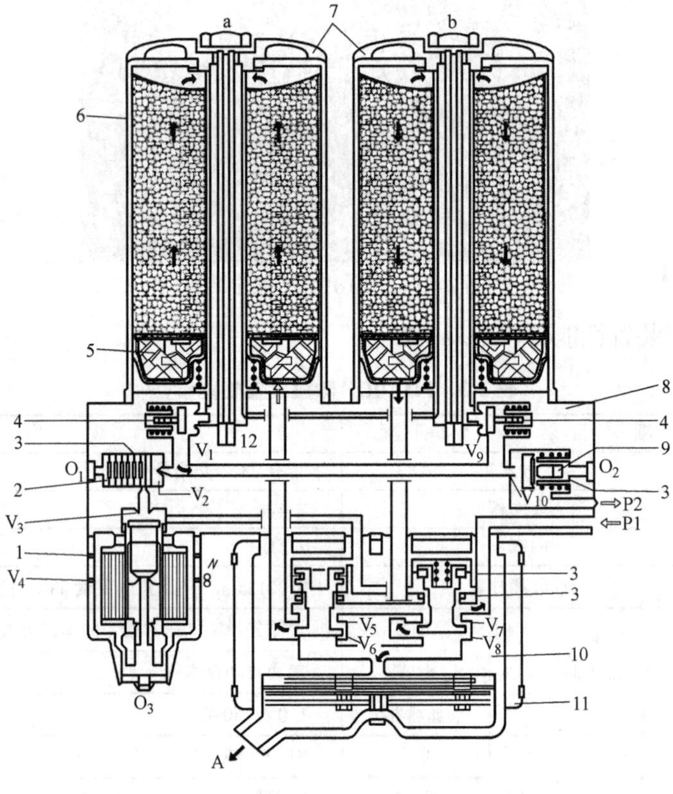

图 2-11 双塔式空气干燥器作用原理（干燥筒 7a 为吸附工况，干燥筒 7b 为干燥工况）

1—电磁阀 2—预控制阀 3—克诺尔 K 型环 4—单向阀 5—油水分离器 6—吸附剂 7—干燥筒 8—干燥器座 9—旁通阀 10—双活塞阀 11—隔热材料 12—再生节流孔 A—排泄口 O_1 ~ O_3—排气口 P1—进气口 P2—出气口 V_1 ~ V_{10}—阀座

1. 空气干燥器分解检查

拆开空气干燥器，必须首先要对分解后的干燥器零部件进行清洁，并检查是否有裂纹、变形或锈蚀等损伤。

2. 吸附剂更换

如果在排泄阀的出口处有白色沉淀物或是吸附剂过饱和，必须检查吸附剂，如有必要则要更换。一般来说，吸附剂每 4 ~ 5 年需要更换一次。

3. 拉希格圈清洗

用于吸油的拉希格圈，可以用碱性清洁剂清洗，再用清水洗涤，最后用压缩空气吹干即可。

4. 进行功能测试

干燥器组装完成后，应对它的功能进行测试，测试应在专用测试设备上进行。测试主要检查干燥器是否有泄漏、排泄功能是否正常、消声器的工作效果等。按照设计要求，经过干燥的压缩空气，其相对湿度应小于35%，这是必须要测试的项目，可以使用压力露点计或相对湿度计来检查其是否达到要求。

5. 干式空气滤清器的维护及更换说明

1）遵守产品安全手册要求，检修工作只允许由受过专业培训的人员在授权车间进行，使用原装备件时，必须保证在两次检修之间供气设备功能正常。

2）内置干式空气滤清器可通过观察作为附加装置的真空指示器，当发现滤清器内侧脏污时应及时保养维护。

3）压缩空气机机组运行1000h或最迟12个月后更换干式空气滤清器。

【实践与训练】

学习工作单

工　作　单	空气干燥器		
任　　务	熟知单塔式空气干燥器的组成和工作原理；熟知双塔式空气干燥器的组成和工作原理；熟知除湿装置的作用；熟知空气干燥器的检修方法。		
班　　级		姓　　名	
学习小组		工作时间	
【知识认知】			
1. 从组成和工作原理两方面分析单塔式空气干燥器和双塔式空气干燥器的异同点。 2. 分析除湿装置的组成和作用。 3. 分析空气干燥器的检修步骤。			
【能力训练】			
1. 按照单塔式空气干燥器的结构示意图，分析其组成和各部件的作用。			

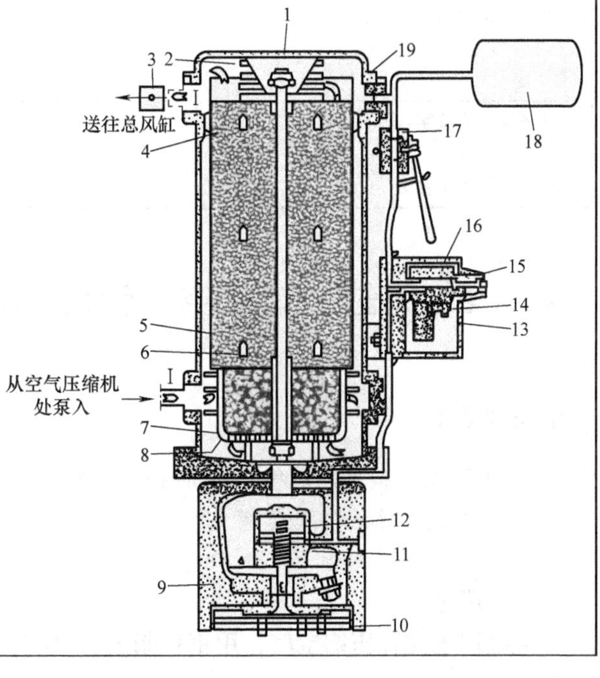

（续）

2. 按照双塔式空气干燥器的结构示意图，分析其组成、各部件的作用和作用原理。

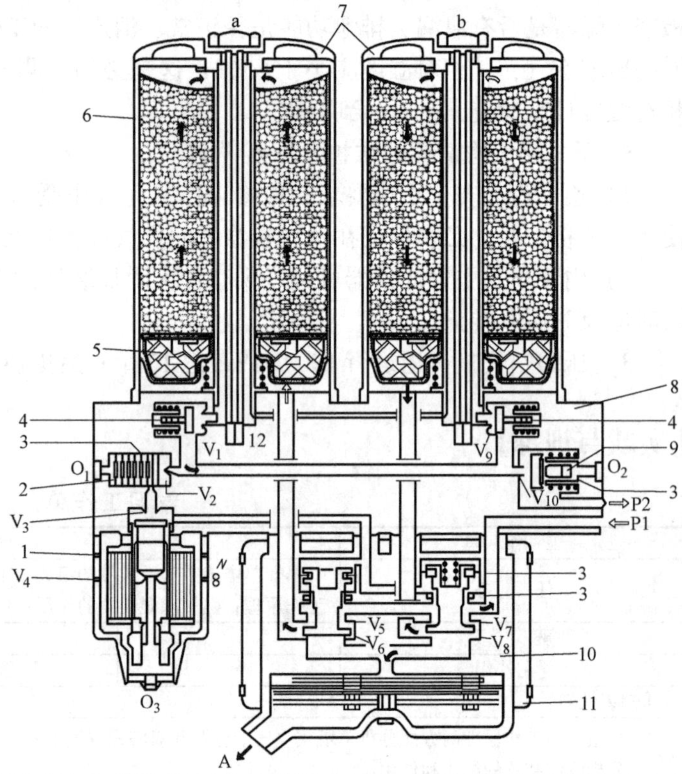

任务学习其他说明或建议：

指导老师评语：

任务完成人签字：　　　　日期：　年　月　日

指导老师签字：　　　　日期：　年　月　日

课题4　风缸、其他空气管路部件以及风源系统的工作模式

【知识要点】

1. 熟知风缸和其他空气管路部件的作用；
2. 熟知风源系统的工作模式。

一、风缸

风缸用于储存压缩空气，用钢板制成，具有很高的耐压性，是一种高压容器。风缸容积较大，如图 2-12 所示。风缸两端各设有一螺孔，以备从任意一端与三通阀或分配阀连通。中部下方也设有一个螺孔，用来安装排水塞门。使用排水塞门可排除风缸内的凝结水，也可兼作缓解阀，其构造如图 2-13 所示。排水塞门与截断塞门的组成基本相同，只是外形较小，其手把的开闭位置与截断塞门相反，即手把与管路平行时为关闭位，垂直时为开通位。

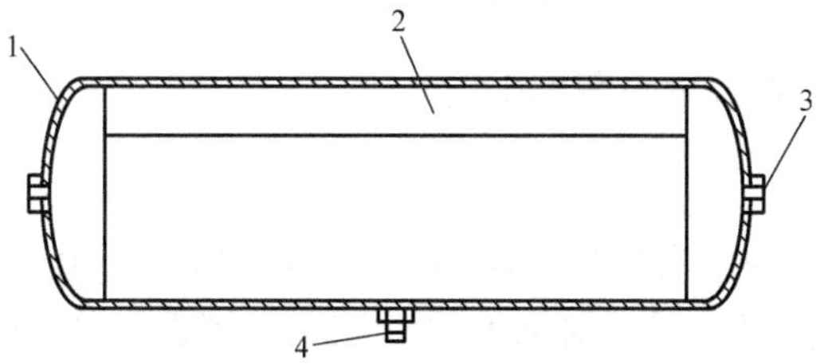

图 2-12　风缸结构

1—端盖　2—缸体　3—管接头　4—排水堵

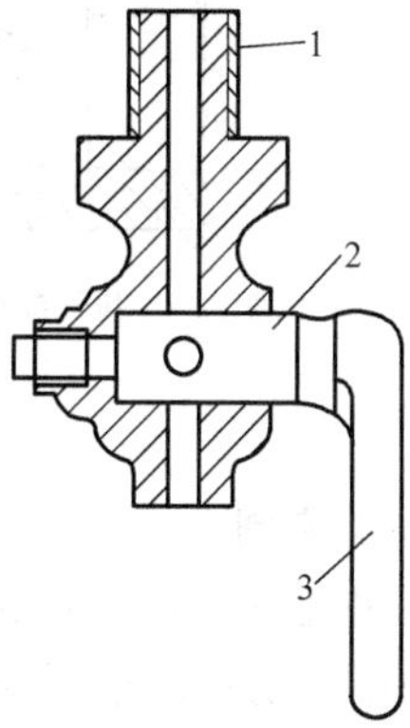

图 2-13　排水塞门

1—阀体　2—塞门芯　3—手把

车载风缸由各种用途的风缸组成，如上海地铁 1 号线直流制列车上有四个风缸：一个 250L 总风缸，一个 100L 空气悬挂箱体风缸，一个 50L 制动风缸，以及一个 50L 气动车门风缸。此外，带有空气干燥器的 C 车还有一个再生储风缸。

上海地铁交流制列车每节车上有五个风缸：一个 100L 主风缸，一个 100L 副风缸，一个 60L 气动车门风缸，以及两个空气悬挂箱体风缸。此外，带受电弓的 B 车还增加一个 5L 小风缸，用于紧急情况下的升弓操作。

二、其他空气管路部件

1. 截断塞门

截断塞门安装在制动支管上，当列车中的车辆因特殊情况或列车检修作业需要停止该车辆空气制动箱体的作用时，关闭该车的截断塞门，切断车辆制动机与制动主管的压缩空气通路，同时排出副风缸和制动缸的压缩空气，可使制动机缓解，以便于检修人员的安全操作。

截断塞门有两种不同的结构形式：一种为锥芯独立式，另一种为球芯式。

锥芯独立式截断塞门的构造如图 2-14 所示。手把与制动支管平行时为开通位，手把与制动支管垂直时为关闭位。

球芯式截断塞门的塞门芯为圆球，表面镀铬抛光，球芯的通孔和制动支管同为圆形直径，减少了空气流动的阻力。为防止漏泄，在塞门芯与阀口之间装有一个密封圈。

有的截断塞门还带排气口。带排气口的截断塞门如图 2-15 所示。

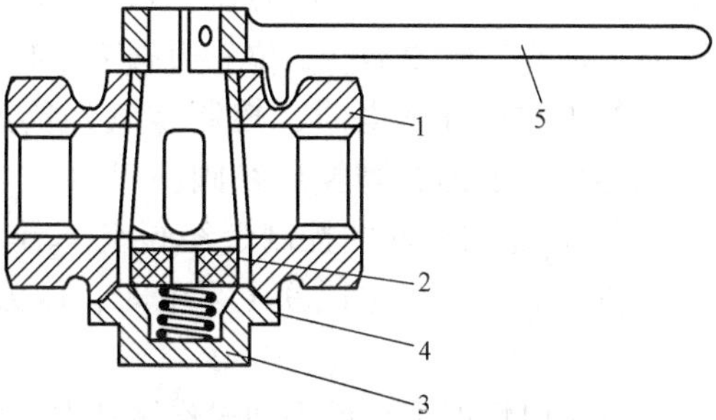

图 2-14　锥芯独立式截断塞门

1—阀体　2—塞门芯　3—盖　4—弹簧　5—手把

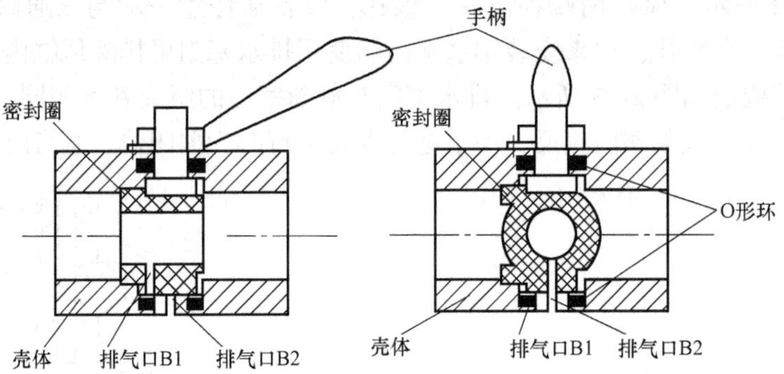

图 2-15　带排气口的截断塞门

2. 脉冲电磁阀

脉冲电磁阀是先导控制的二位三通阀（左、右二位，B、P、S 三通口），它由一个气动往复阀芯和用于防控的电磁阀组成。此外，它还配有附加的手动控制。当拆掉 A 通口的封口螺母时，就变成一个二位五通阀（左、右二位，B、P、S、R、A 五通口）（图 2-16）。

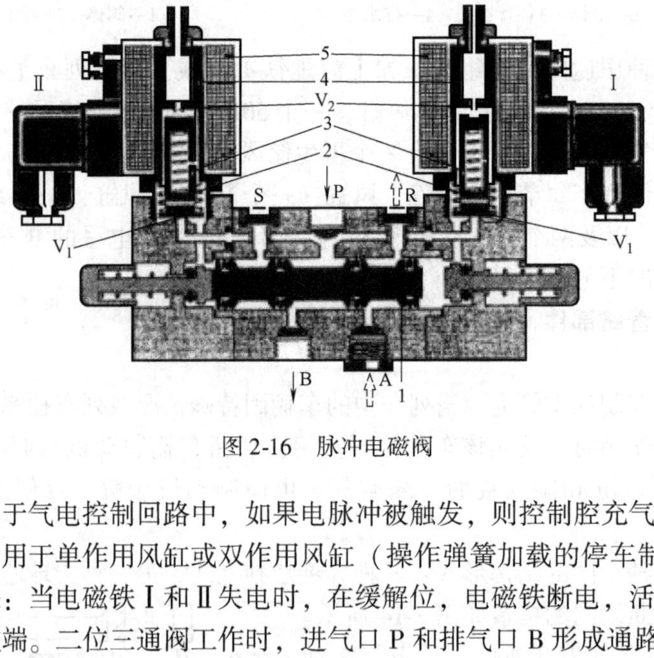

图 2-16　脉冲电磁阀

脉冲电磁阀用于气电控制回路中，如果电脉冲被触发，则控制腔充气或排气，或按顺序交替进行。例如，用于单作用风缸或双作用风缸（操作弹簧加载的停车制动，控制门风缸）等，其操作原理是：当电磁铁Ⅰ和Ⅱ失电时，在缓解位，电磁铁断电，活塞总处于一个端部位置，活塞位于左端。二位三通阀工作时，进气口 P 和排气口 B 形成通路。

当电磁铁Ⅱ得电时，控制空气经阀座 V_1 到活塞，活塞移到右端位。当电脉冲终止，衔铁连同其底座被弹簧压在阀座 V_1 上，流进活塞的空气被切断，活塞仍留在原来的位置上，从 V_1 通向活塞的控制管经阀座 V_2 排气。当活塞保持在右端位时，控制空气 B 经排气口 S 排入大气。当电磁铁Ⅰ得电时，压力空气驱动活塞运动到左端位，即如之前未得电时一样。

在断电情况下，可手动操作脉冲电磁阀。压下按钮到停止位，使活塞移到左右两端中的一端，松手后，按钮在弹簧作用下复位，活塞仍停留在原位。

3. 单向阀

单向阀（图2-17）安装于只允许空气从一个方向流入而反向截止的空气管路中，以避免压降。当流入方向压力升高，阀锥打开，阀座V克服弹簧的作用力，使压力空气流过。当供应管 A_1 压力下降，弹簧使阀锥顶住阀座V，这样就截止了空气回流，避免了 A_2 的压降。

4. 减压阀

减压阀（图2-18）的作用是调节压缩空气系统中的空气压力。

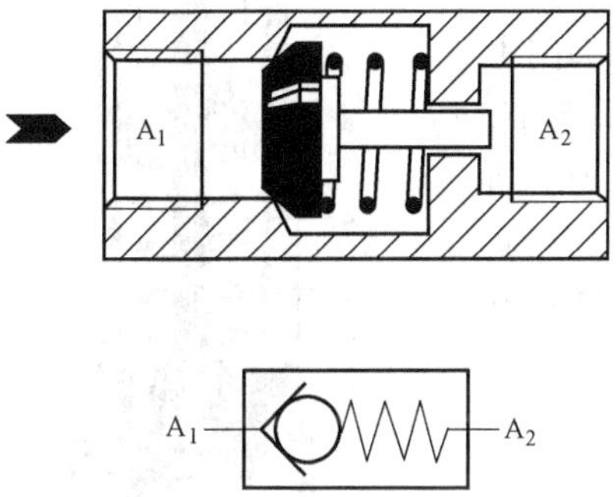

图2-17 单向阀的结构原理

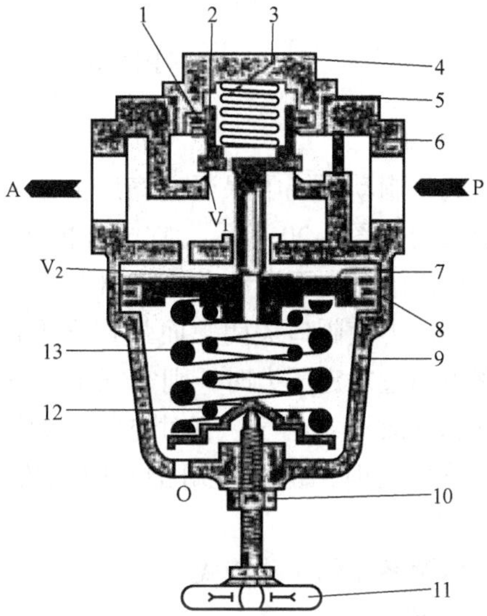

图2-18 减压阀

1、5、8—密封圈 2—排气阀 3—弹簧 4—阀盖顶 6—进气口 7—活塞 9—阀体 10—锁紧螺母 11—调节螺钉 12—调整弹簧 13—大弹簧 V_1、V_2—阀口

未经控制的压缩空气经P端口进入减压阀。压缩空气流经活塞底部。如果空气压力足够大，活塞会上升，排气阀也会上升，直到其靠住阀口 V_1，这样端口P到端口A的通路就被切断。如果端口P的压力空气继续推动活塞上升，则活塞上的 V_2 打开，多余的空气从端口O排出。当压力下降，弹簧把活塞推下来，通过阀杆关闭阀口 V_2。如果端口A的空气压力进一步下降，则阀口 V_1 被打开，会使更多的压缩空气从端口P流入。这一过程会一直持续下去，从而保证端口A的压力恒定。

5. 空气滤清器

空气滤清器用于压缩空气制动系统、气动车门机构等，可以保护这些敏感的设备不受损坏。空气滤清器对在多尘环境下运行的列车的制动系统的可靠性具有极其重要的作用（图2-19）。

空气滤清器可根据需要任意连接，也可以安装在任意方向。如果滤清器被阻塞时，要使工作单元不受损坏而停机，工作单元应与滤清器接口Ⅱ相连。在滤清器被阻塞时，如果被连接的单元要保持在工作位，应与滤清器接口Ⅱ相连。因为从接口Ⅱ进入的压力空气在受阻的情况下会压缩滤网弹簧，使压缩空气继续通过。

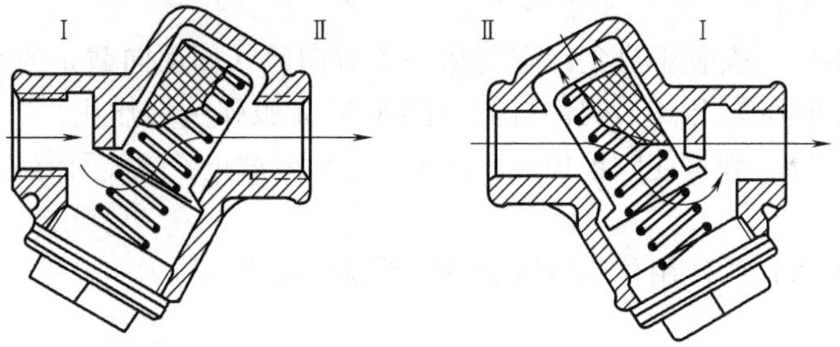

图 2-19　空气滤清器的结构原理

6. 安全阀

安全阀是制动系统中保证空气压力不致过高的重要部件。安全阀的结构如图 2-20 所示，它中间的顶杆是个导向杆，底部的阀口可以沿其上下滑动。调整螺母将一个弹簧压在阀门上面，靠弹簧压力使阀口关闭，而弹簧压力可由调整螺母调节。当空气压力超过规定压力时，则空气压力可抵消弹簧压力，将阀口顶开，释放压力空气。有时空气压力没有超过规定压力，但需要释放压力时，也可以用工具向上拔起阀杆，即可打开阀口。

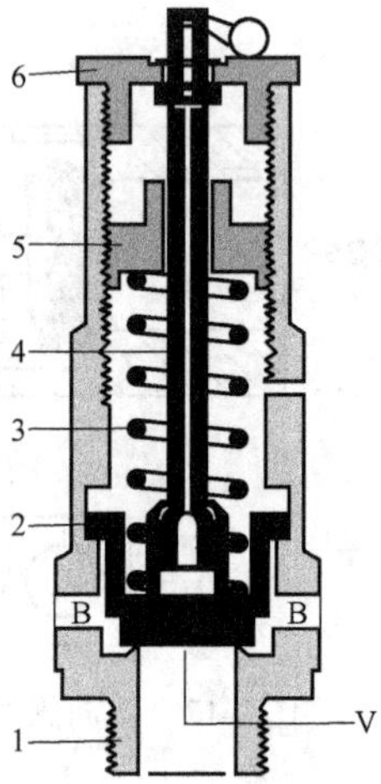

图 2-20　安全阀

1—阀体　2—活塞　3—弹簧　4—顶杆　5—调节螺母　6—上盖　B—排气口　V—阀口

三、风源系统的工作模式

1. 工作模式

以 EP2002 制动控制系统为例，列车的空气压力是由安装在拖车上的空气压缩机提供的。空气压缩机的控制是由微机制动控制单元（BCE）来完成的。空气压缩机的工作模式有两种，即辅助模式和正常模式。如果把列车单元 1 位端的空气压缩机作为主空气压缩机（也就是正常模式），则后面 2 位端的空气压缩机就作为储备压缩机（也就是辅助模式）。如果列车需要的压力空气一个空气压缩机就能满足，则第二个空气压缩机就不再起动，只有当总风压力低于 750kPa，一个空气压缩机不能满足需求时才起动第二个空气压缩机。

（1）辅助模式　空气压缩机辅助模式是指当压缩空气的压力低于辅助恢复压力（750kPa）时，第二个空气压缩机开始起动，当压缩空气的压力达到排气压力（950kPa）时停止的工作模式。

（2）正常模式　正常模式时，一个空气压缩机工作即可满足列车气路系统的需求，当压缩空气的压力低于恢复阈值（840kPa）时，空气压缩机开始工作。当压缩机空气的压力达到排气阈值（950kPa）时，空气压缩机停止工作。

主空气压缩机由奇偶日来确定，即如果这台空气压缩机在单数日（奇数日）为正常模式工作，则在双数日（偶数日）换另一台空气压缩机在正常模式工作。

图 2-21 中进一步解释了不同压力时空气压缩机的操作模式，控制压缩机工作共有 5 种压力阈值。

1）安全阈值。安全释放阀的压力（1030kPa）。

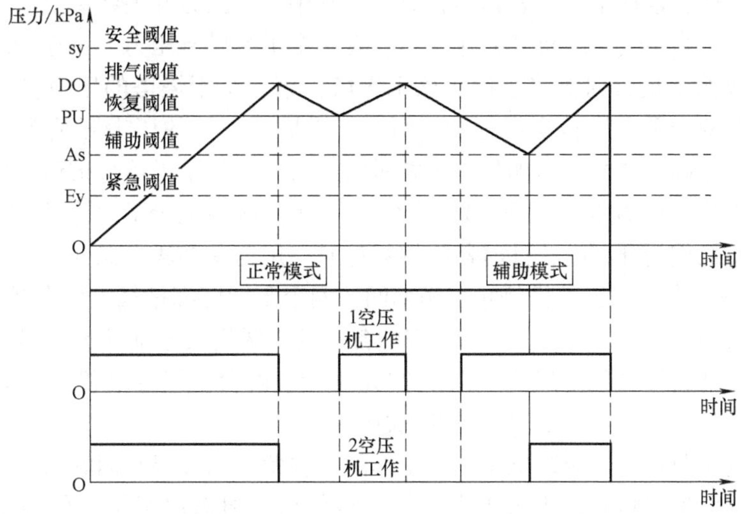

图 2-21　不同压力时空气压缩机的操作模式

2）排气阈值。压缩机停止所有模式工作的压力（950kPa）。

3）恢复阈值。在正常模式下压缩机开始工作的压力（840kPa）。

4）辅助阈值。当主风管中的压力达到这个压力极限值时，第二个空气压缩机开始帮助操作空气压缩机充气（750kPa）。

5）紧急阈值。当主风管中的压力到达这个压力极限值时，紧急制动使列车停止（700kPa）。

2. 空气压缩机的选择

在正常模式下空气压缩机根据奇偶日来确定运转方式。在对应日的空气压缩机出现故障的情况下，TIMS 允许工作的空气压缩机切换。列车在运行时，空气压缩机在正常模式或辅助模式下工作。

当一个空气压缩机得到“奇偶日”信号时，它在正常模式下工作；当“奇偶日”信号无效时，空气压缩机工作在辅助模式下。表 2-3 为空气压缩机的选择模式。

表 2-3　空气压缩机的选择模式

奇　数　日	偶　数　日	空气压缩机 1	空气压缩机 2
0	0	辅助模式	辅助模式
0	1	辅助模式	正常模式
1	0	正常模式	辅助模式
1	1	正常模式	正常模式

3. 空气压缩机的操作

在正线运行时，如果压力低于恢复阈值（840kPa），对应奇偶日的空气压缩机开始工作，当压力低于辅助阈值（750kPa）时，起动第二个空气压缩机。主风管压力和拖车转向架制动管压力经过压力测量提供给相对的司机室。

4. 空气干燥器运行

在空气干燥器每一个塔上都安装了压力开关，这些开关由 BCE 监测。无论空气压缩机什么时候需要工作，根据空气干燥器运行时序，其中一个压力开关将关上。

一般情况下，当空气压缩机开始送气，仅有一个干燥塔有压力。一旦干燥塔空气被干燥了2min，那么干燥器的计时器将会停止该干燥塔，第一个干燥塔的压力将消失，第二个干燥塔将充气。在两个干燥塔转换过程中，两个干燥塔压力阀的压力开关在一定时间内都得电。故障监视器允许其重叠，但如果其重叠时间过长，空气干燥器将被认为出现了故障。

如果空气压缩机在2min的干燥时间内停止，计时器将记录下这个干燥塔的工作时间，以后当空气压缩机重新开起时，计时器将继续计时。用这种办法，保证每个干燥塔干燥空气的时间都为2min。在空气压缩机停止工作期间，两个干燥塔都排气，压力开关不得电。

值得一提的是西安地铁每辆Mp车上都配备一套风源模块起动装置。当任意风源模块起动装置内的压力开关检测到主风压力低于800kPa时，两台空气压缩机将同时起动。当压力上升到900kPa时，两台空气压缩机将同时关闭。

由于列车编组两台空气压缩机是同步工作的，因此可以确保它们的均衡使用。当列车上一台空气压缩机发生故障时，仍可正常运行（空气压缩机需以两倍工作周期的时间工作除外）。

【实践与训练】

学习工作单

工　作　单	风缸、其他空气管路部件以及风源系统的工作模式		
任　　务	熟知风缸和其他空气管路部件的作用；熟知风源系统的工作模式。		
班　　级		姓　　名	
学习小组		工作时间	
【知识认知】			
1. 分析风缸和其他空气管路部件的结构。 2. 简要分析风源系统各工作模式的异同点。			
【能力训练】			
1. 按照安全阀的结构示意图，分析其组成结构和各部件的作用。 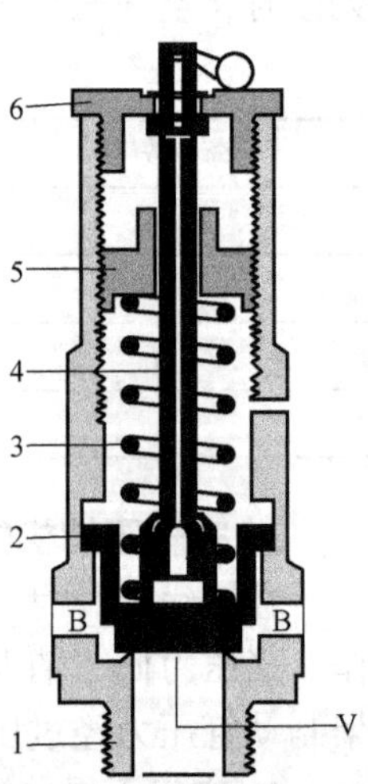 			

（续）

2. 根据不同压力时空气压缩机的工作模式，说明是根据哪些指标选择空气压缩机工作的。 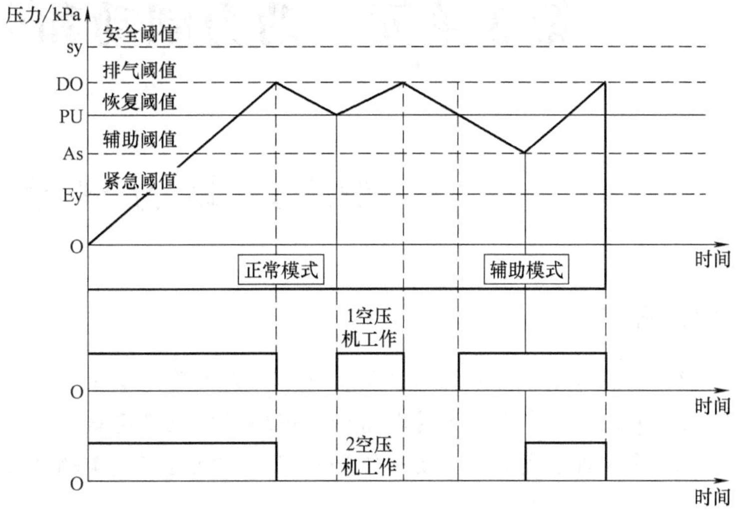
任务学习其他说明或建议：
指导老师评语：
任务完成人签字：　　　　　　　　　　　　日期：　年　月　日 指导老师签字：　　　　　　　　　　　　　日期：　年　月　日

第3单元　动力制动和电磁制动

课题1　动 力 制 动

【知识要点】

1. 掌握动力制动系统的分类、基本原理和基本要求；
2. 掌握新干线700系动车组和我国城市轨道交通车辆再生制动的构成和工作原理；
3. 掌握新干线100系动车组和我国城市轨道交通车辆电阻制动的构成和工作原理。

列车的制动能量和速度的平方成正比，只使用空气制动已不能满足现代列车的制动要求，因空气制动受制动材料的摩擦性能对黏着利用的局限性、制动热容量和机械制动部件磨耗寿命的限制。因此现代列车采用电制动与空气制动联合作用的方式，且以电制动为主。应用在城轨列车上的电制动有电阻制动和再生制动两种。电阻制动和再生制动习惯上也称为动力制动。

一、动力制动系统的基本原理和基本要求

所谓动力制动，就是在列车制动时，将所有牵引电机的电动机工况转变为发电工况，将列车动能转化为电能再通过两种方式（反馈给接触网或消耗在电阻器上的方式）将电能消耗掉。通过转换电路和受电器（受电弓）将电能反馈给供电接触网，提供给本车辅助电源或同一电网中相邻运行的列车使用的方式，就是再生制动，又称为反馈制动。如果接触网电压太高，不能接受反馈电能，电能只能通过列车上的电阻器发热消耗，转变成热能散发到大气中去，这种方式就是电阻制动，又称为能耗制动。

对于现代城市轨道交通车辆的设计来说，每列车都必须具有动力制动系统，而且在正常运行制动中应优先使用动力制动，尽量发挥动力制动的再生作用，以减少摩擦制动产生的热量和粉尘。这是节能和环保的基础原则。从理论上说，即使列车在高速行进时，常用制动也都从动力制动开始，直至列车完全停止。但是实际上，动力制动在列车较高速度时（80km/h）很难实现。有时为了在满载的情况下获得最大的轮轨黏着力，列车也需要使用部分拖车上的摩擦制动力。当列车速度降到很低时（约10km/h以下），动力制动的作用迅速减弱，也需要摩擦制动力逐渐补充以将车完全停止。

一个安全可靠的动力制动（电气制动）系统应满足以下基本要求：

1）应具有机械的稳定性，即电气制动时，如果列车速度增加，制动力也应随之增加。

2）应具有电气上的稳定性。电气制动时如果发生瞬时电流波动，系统能自动恢复到原来的平衡状态。

3）各台电动机的制动力应相等。

4）制动过程中无论外界条件有什么瞬时变化，例如电网电压波动、黏着条件变化以及人为的调节等，都不应产生大电流的冲击和制动力的冲击。

5）电气制动电路的设计应简单。

上述要求应在审计、研制和生产车辆时充分考虑，否则列车运行中就不能实施动力制动（电气制动）。

二、再生制动

（一）日本新干线 700 系动车组再生制动的构成和工作原理

1. 系统构成

日本新干线 700 系动车组再生制动系统的组成与牵引传动系统一致，包括受电弓、主变压器、变流器和电动机等。由于不使用主电阻器，可使车辆的质量减轻。再生制动的原理图如图 3-1 所示（日本新干线 700 系动车组，3 辆车为一个单元）。

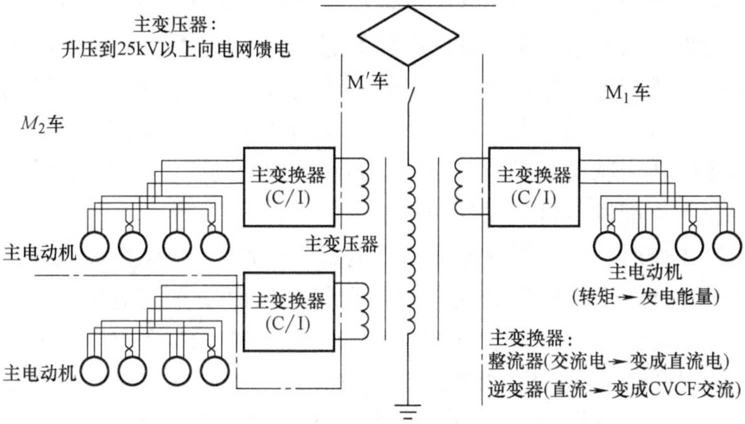

图 3-1　再生制动的原理图

2. 工作原理

再生制动与电阻制动相似，也是在制动时将牵引电动机变为发电机运行：交流电机将列车动能变为三相交流电，主变换器（包含整流器和逆变器）将此三相交流电转换为单相交流电，单相交流电再由主变压器变压后经受电弓回馈到电网，由正在牵引运行的动车组接受和利用。

（二）我国城市轨道交通车辆再生制动

1. 直流再生制动电路时的工作原理和电流控制

在各种形式的制动中，电气制动是一种较理想的动力制动方式，它是建立在电动机的工作可逆性基础上的。在牵引工况时，电动机从接触网吸收电能，将电能转换为机械能，产生牵引力，使列车加速或在上坡的线路上以一定的速度运行；在制动工况时，列车停止从接触网受电，电动机改为发电机工况，将列车运行的机械能转换为电能，产生制动力，使列车减速或在下坡线路上以一定的限速度运行。

车辆进行电气制动时，首先应该是再生制动，即向电网反馈电能。如果触网电压过高或在同一供电区无其他车辆吸收反馈能量，则电路转为电阻制动，把能量消耗在电阻器上。图 3-2 所示为上海地铁 1 号线直流制列车的再生制动示意图。该列车主电路采用直流斩波器调压和串接直流电动机的方式。直流斩波器调压和串接直流电动机的牵引方式将在列车牵引技术课程中讲述，这里只介绍制动工况。当一个直流斩波器控制的“两串两并”四个电动机的主电路由牵引工况转换成电制动工况时，原先的各自电枢和励磁绕组串联的两个支路，现在转换成交叉励磁，也就是电动机的励磁绕组去激励另一支路的电动机电枢，而另一支路电动机的励磁绕组来激励本电动机电枢。采用这种交叉励磁方法的目的是提高电路的电气稳定性。虽然这种交叉励磁电路看起来具有他励（对每一组的电枢绕组而言）的性质，但由于电动机型号和参数相同，实际上还是具有串励的特性，因为励磁绕组与电枢还是串联连接，只不过不是同一电动机的罢了。在制动回路中还需介入一个预励磁电路，因为当回路由牵引工况转为制动工况时，原先的剩磁方向必须改变，为此必须对电机预先他励励磁，以便使电机建立起发电机工况的初始电压。

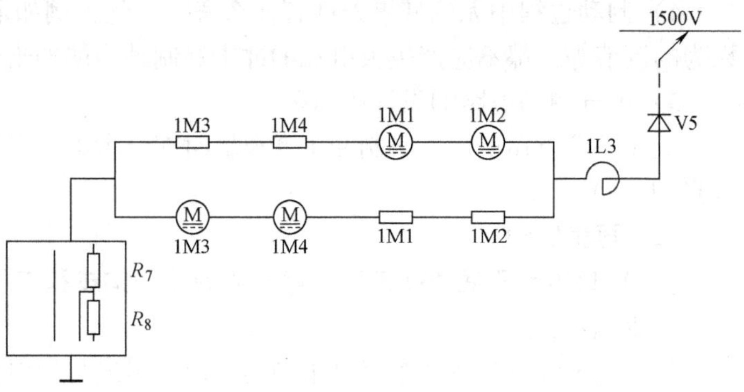

图 3-2　直流制列车的再生制动示意图

再生制动电路工作时，斩波器导通，制动电流流过各个电机电枢、励磁绕组、平波电抗器（1L3）和制动电阻，使电机建立起电枢电动势，从而使平波电抗器也建立起感应电动势；当斩波器关闭，电路通过二极管（V5）续流，电枢电动势与平波电抗器上的感应电动势（此时感应电动势的方向改变）叠加，向电网馈电。如果这时电网上有负载（如本列车的辅助电源）或其他列车在附近，则可以作为负载吸收电能，再生制动成功；如果电网不吸收电能（因网压太高），则再生制动失败，由制动电阻吸收电能，转为电阻制动。

最近十几年，由于城市轨道交通车辆乘坐舒适性的提高，列车客室空调消耗的能量大大增加，车厢内乘客服务设施（如报站显示器、广告电视屏）的耗能也日渐增多，使得列车辅助电源用量大为增加。因此，再生制动的能量被本车辅助电源消耗吸收的比例已占到80%左右，而反馈到电网上可供其他列车使用的能量已经很少了。这样一来，再生制动的节能效果非常明显，由制动电阻消耗的能量也相对减少。

从上述描述中可以看到，实施再生制动必须满足以下两个条件：

1）再生（反馈）电压必须大于电网电压。

2）再生电能可由本列车的辅助电源吸收，也可以由同一电网的其他列车吸收。这一条件不能由再生制动车辆自己创造，而取决于外界运行条件。

再生制动电路建立后，电机接通负载就会有制动电流，然后制动电流产生制动力使列车减速。但列车减速会使电机电枢转速下降，引起电机的电枢电动势下降，从而使制动电流和制动力下降。制动电流的下降还会使平波电抗器的感应电动势减小，达不到再生制动的第一个条件。为了保证恒定的制动力矩和足够的反馈电压，在上述的直流制动列车制动时，直流斩波器按列车控制单元及制动控制单元的指令，不断调节斩波器导通比，无级、均匀地控制制动电流，使制动力和再生制动电压持续保持恒定。当车速较高时，制动电流较大，再生制动电路需串入较大的电阻，并且将斩波器导通角控制得较小，以控制制动电流不能太大；当车速太低时，制动电流较小，再生制动电路会在调节过程中逐级切断电阻，并将斩波器全导通，以提高制动电流并维持反馈电压。在列车进行再生制动时，再生制动产生的电能有时并不能完全反馈给电网，这时也需要将部分电能消耗在电阻器上，以保持制动恒定。

2. 直—交流再生制动电路的工作原理和电流控制

交流制列车进行再生制动时，主电路连接方式不需改变，因为异步电机的旋转磁场如果落后于转子速度，即转差小于 0，三相异步电动机工况就改变为三相交流发电机工况。在列车运行过程中，如果外力（如下坡时）使车轮（也就是电机转子）加速，或人为控制定子频率降低，使转子频率高于定子频率，即可改变其牵引状态而处于制动状态。制动时（如图 3-3 所示，右侧电动机为三相交流牵引电动机），牵引逆变器控制旋转磁场，定子中的感应电流经流二极管（VD1 ~ VD6）的整流向电容（C_d）及直流电源侧反馈。这样，牵引逆变器原来的输入端变为输出端，列车的运行电能转换成了新的电能。直流端输出的电能可以被本列车的辅助电源吸收或被相邻的列车牵引使用，这就是全部的再生制动。

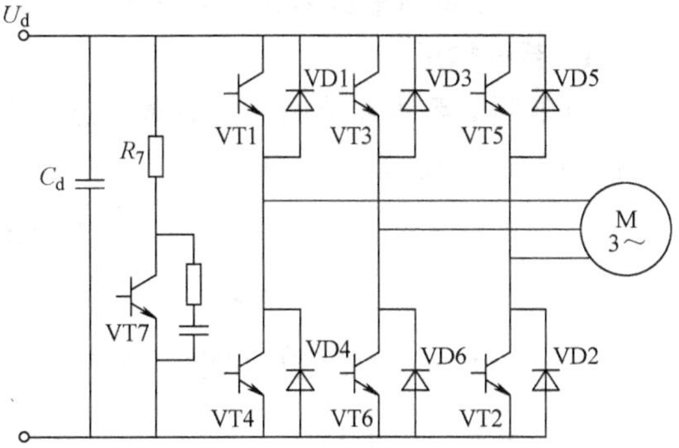

图 3-3　交流制列车的直—交逆变电路

但是如果反馈的电能不能被吸收，储存在三相逆变器中间环节电容（C_d）上的电能会造成直流电压（U_d）急剧升高，该电压称为泵升电压，有可能瞬时击穿逆变器元件。因此，必须在电容边并联一个斩波调阻电路（R_7和 VT7），当直流侧电压高于 1800V 时，斩波器（VT7）开通，将再生制动电流消耗在电阻器（R_7）上，这就变成电阻制动了。斩波器配合牵引逆变器，根据电机制动特性限制和调节制动电流，使电机保持恒转差率和恒转矩控制模式，这时电流制动转为部分电阻制动或全部电阻制动。

列车由运动状态逐渐减速直至停止的控制大致经历三个模式，即恒转差模式（恒电压、恒转差频率）、恒转矩 1（恒转矩 1、恒电压）模式和恒转矩 2（恒转矩 2、恒磁通）模式。

（1）恒转差模式　在高速时开始制动，此时三相逆变器电压保持恒定最大值，转差频率保持恒定最大值。随着列车速度的下降，逆变频率减小。电机电流与逆变频率成反比增加，制动力与逆变频率的平方成反比增加。当电机电流增大到与恒转矩相符合的值时，将进入恒转矩控制模式。但当电机电流增大到逆变器的最大允许值时，则从电机电流增大到该最大值的时刻起保持电机电流恒定，在一个小区段内用控制转差的方法进行恒流控制。在这种情况下，制动力将随逆变频率成反比增加。

（2）恒转矩 1 模式　逆变器电压保持恒定最大值，控制转差频率与逆变频率的平方成反比，随着速度的下降，减小逆变频率，则转差频率变小至最小值。电机电流与逆变器频率成正比减小，制动力保持恒定。

（3）恒转矩 2 模式　转差频率保持恒定最小值，此时电机电流亦保持恒定。随着车辆速度的下降，减小逆变频率。同时采用 PWM 控制减小电机电压，即保持电机电压与逆变频率（V/f_i）恒定，则磁通恒定，制动力恒定。

一般制动工况下，列车由高速减至 50km/h 期间，大约处于恒电压、恒转差频率区；由 50km/h 减速至完全停车期间，理论上大约处于恒转矩控制区。但实际上，在 10km/h 以下的某个点，再生制动力会迅速下降，所以当列车减速至10km/h以下后，为保持恒制动力，需要逐步补充摩擦制动力。

列车在下较长距离的坡道时，如果重力作用使列车加速运行，这种加速会使动车上的感应电机转子转速超过旋转磁场转速。此时列车会自动进入制动工况，制止转速的进一步增加。

三、电阻制动

（一）日本新干线100系动车组电阻制动的构成和工作原理

1. 系统构成

电阻制动系统在结构上的显著特点是主回路中有一个制动电阻，其主回路如图3-4所示（日本新干线100系动车组）。

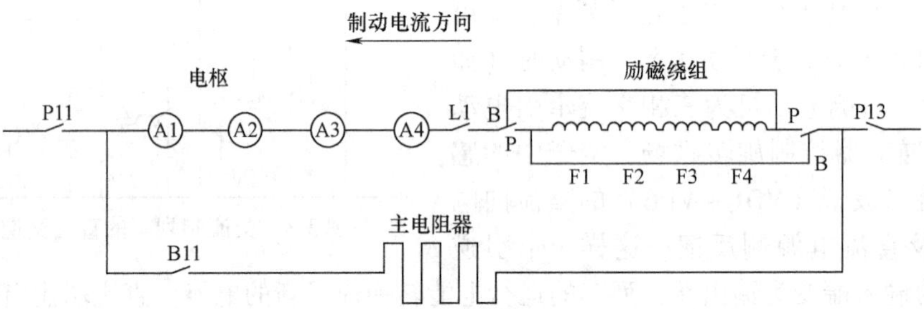

图3-4 电阻制动的原理图

2. 工作原理

司机制动控制手柄或列车自动控制系统ATC发出制动指令后，制动控制装置首先对列车运行速度进行判断。当速度大于5km/h时，构成制动主回路（PB转换器转为制动位置），然后制动接触器发生动作（B11闭合、P11打开、P13打开），随后依次是励磁削弱接触器打开、预励磁接触器投入，最后，断路器投入（L1闭合）。

此时，电枢绕组、励磁绕组和主电阻器构成电阻制动主回路，并使电流向增加原牵引剩磁的方向流动，再由主电阻器将电枢转动发出的电能变为热能消散掉。

（二）我国城市轨道交通车辆电阻制动

1. 直流制列车电阻制动的原理

再生制动失败，列车主电路会自动切断反馈电路转入电阻制动电路。这时由列车运行电能转换成的电能将全部消耗在列车上的电阻器中，并转变为热能散发到大气中去。因此，电阻制动又称为能耗制动。图3-5所示为一个直流制列车的直流斩波器控制电阻制动电路。斩波器（GTO）按制动控制指令不断改变导通角，调节制动电压和电流的大小。电路中的电阻（$R_7 \sim R_9$）也根据制动电流调节需要，按照车速的逐步减低而逐级短接，最后全部切除。

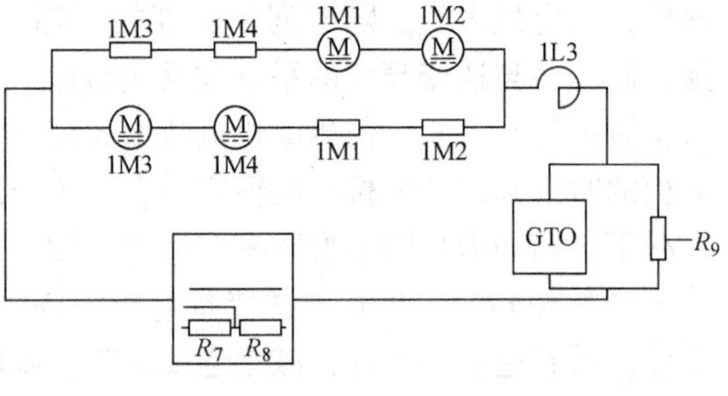

图3-5 直流制列车的直流斩波器控制电阻制动电路

但是直流斩波器控制电阻制动电路也有多种，不完全相同。北京地铁DK型列车的主电路采用的是直流斩波器调阻和串接直流电动机方式，其动力（电气）制动是纯电阻制动。

它的动力制动调节方法与上海直流制列车的直流斩波器控制电阻制动电路不同：斩波器通过控制导通角改变制动电路中某个制动电阻的电阻值，以此调节制动电流，使列车保持制动力恒定。这种制动电路的缺点是不能进行再生制动。

2. 交流制列车电阻制动的原理

交流制列车电阻制动的原理与直流制列车基本相同，只是控制设备不仅有直流斩波器，还有三相逆变器；不仅要调节制动电流、电压，还要调节频率。

如图 3-6 所示，城轨车辆每节动车装备有一个三相调频调压逆变器（VVVF）、一个牵引控制单元（DCU）、一个制动电阻、四个自冷式三相交流电动机 M_1、M_2、M_3、M_4（每轴一个，互相并联）。

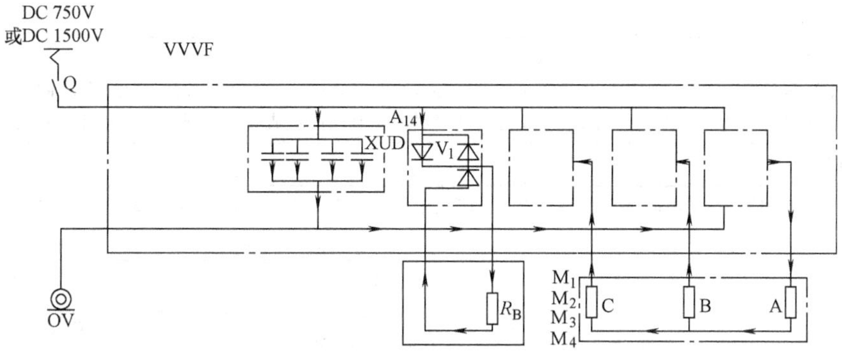

图 3-6　电阻制动结构示意图

如果制动列车所在的电网供电区段内无其他列车吸收电制动能量，VVVF 则将能量反馈在线路电容上，使电容电压 XUD 迅速上升，当 XUD 达到最大设定值 1800V 时，DCU 起动能耗斩波器模块 A_{14}的门极关断晶闸管 GTO：V_1，GTO 打开制动电阻 R_B，制动电阻 R_B与电容并联，将发电机上制动能量转变成热能消耗掉，此过程称为电阻制动（也称能耗制动）。电阻制动能单独满足常用制动的要求。

电阻制动承担电动机电流中不能再生的那部分制动电流。再生制动电流加电阻制动电流等于制动控制要求的总电流，此电流受电动机电压的限制。再生制动与电阻制动之间的转换由 DCU 控制，能保证它们连续交替使用，转换平滑。

制动电阻安装在车体底架上的牵引逆变箱外。制动电阻是由不会被磁化的镍铬合金制成的。制动电阻由一个 1500W 三相风机强迫风冷。制动电阻内有一个惠斯通电桥监测装置提供超温报警。监测装置的输出信号传送给牵引控制单元 DCU。

电制动具有独立的滑行保护功能。由于四台电动机是并联连接的，因此当 DCU 检测出任意一根轴发生滑行时，DCU 只能对四台电动机进行同步控制，同时降低或切除四台电动机的电制动力。

电制动是将列车运动的电能转变为新电能，再变成热能消耗掉或反馈回电网的制动方式。因为电气制动具有摩擦部件少（仅有轴承）、维修工作量少、可以反复使用等许多优点，所以担负着车辆制动减速时的大部分能量。但也有由于增加控制装置和制动电阻等设备使质量增加和如果条件不具备就不能产生制动作用（电气制动失效）的缺点。为提高可靠性，动车组或城轨车辆应该具有在由于某种原因使电制动系统不能工作时，能够切换到摩擦制动系统的控制功能。

【实践与训练】

学习工作单

<table>
<tr><td>工　作　单</td><td colspan="3">动力制动</td></tr>
<tr><td>任　　务</td><td colspan="3">掌握动力制动系统的基本原理和基本要求；掌握日本新干线 700 系动车组和我国城市轨道交通车辆再生制动的构成和工作原理；掌握日本新干线 100 系动车组和我国城市轨道交通车辆电阻制动的构成和工作原理。</td></tr>
<tr><td>班　　级</td><td></td><td>姓　　名</td><td></td></tr>
<tr><td>学习小组</td><td></td><td>工作时间</td><td></td></tr>
<tr><td colspan="4">【知识认知】</td></tr>
<tr><td colspan="4">1. 分析各种动力制动的基本原理和基本要求。
2. 分析新干线 700 系动车组和我国城市轨道交通车辆各种再生制动的构成和工作原理，比较其异同点。
3. 分析新干线 100 系动车组和我国城市轨道交通车辆各种电阻制动的构成和工作原理，比较其异同点。</td></tr>
<tr><td colspan="4">【能力训练】</td></tr>
<tr><td colspan="4">按照直流制和交流制列车的电阻制动电路结构图，归纳出两种城市轨道交通车辆电阻制动的异同点。
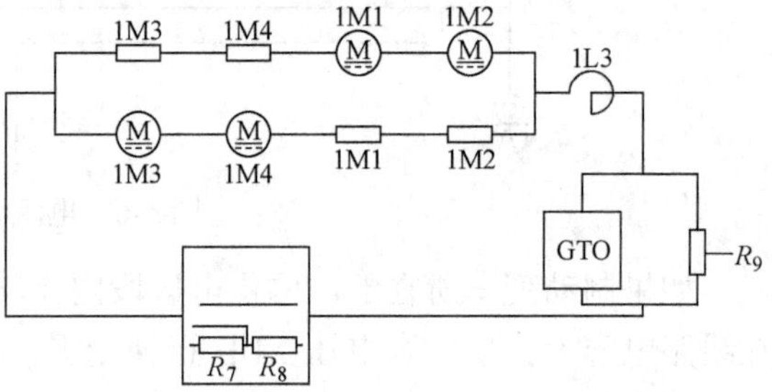

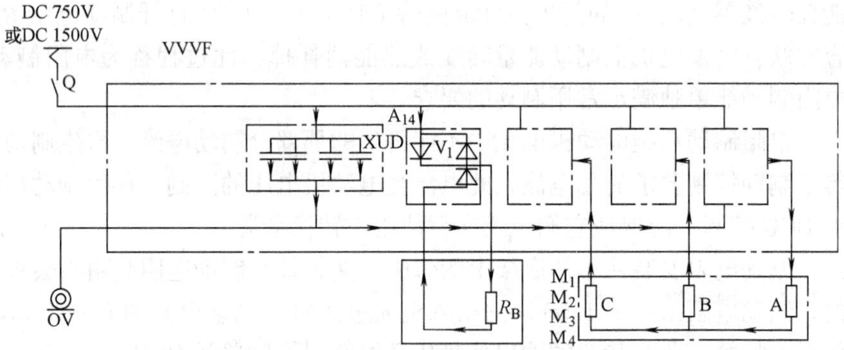
</td></tr>
<tr><td colspan="4">任务学习其他说明或建议：</td></tr>
<tr><td colspan="4">指导老师评语：</td></tr>
<tr><td colspan="4">任务完成人签字：　　　　日期：　年　月　日
指导老师签字：　　　　日期：　年　月　日</td></tr>
</table>

课题2　电磁制动

【知识要点】

1. 掌握磁轨制动的特点、构成和工作原理；
2. 掌握电磁涡流制动的特点、构成和工作原理。

一、磁轨制动

磁轨制动又称为轨道电磁制动（图3-7），是一种很传统的制动方式。这种制动方式是在转向架结构前后两轮对之间的侧梁下装置升降风缸，风缸顶端装有一个电磁铁靴。电磁铁靴包括电磁铁和磨耗板。电磁铁靴悬挂安装在距轨面适当高度处，制动时电磁铁靴落下，并接通励磁电源使之产生电磁吸力，电磁铁靴吸附在钢轨上，并通过磨耗板与轨道摩擦产生制动作用。这种制动不受轮轨间黏着系数的限制，能在保证乘客舒适性的条件下有效地缩短制动距离。但磨耗板与轨道摩擦会产生很大的热量，对钢轨的磨损较大。这种装置在有轨电车和轻轨上使用较多，其制动距离短，而且简单可靠。由于磁轨制动能获得较大的制动力并且与轮轨间黏着系数无关，所以在高速动车上通常装有磁轨制动，但仅在紧急制动时使用。

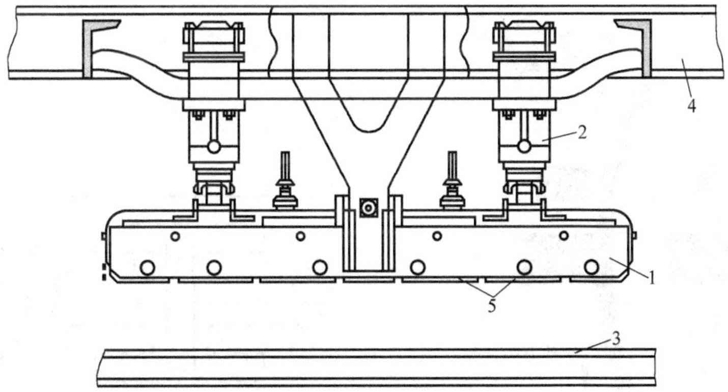

图3-7　轨道电磁制动器

1—电磁铁　2—升降风缸　3—钢轨　4—转向架结构侧梁　5—磨耗板

二、电磁涡流制动

磁轨制动的优点是制动力大、不受轮轨间黏着系数的限制，但是与钢轨的磨耗很大（这也是它的主要缺点）。为了发挥它的优点，避免它的缺点，人们又创造出了电磁涡流制动。

电磁涡流制动是利用电磁涡流在磁场下产生洛伦兹力，而洛伦兹力方向与物体运动方向相反的物理原理创造的一种电车电磁制动方式。电磁涡流制动具有无摩擦、无噪声、体积小、制动力大的优点。目前，车辆利用电磁涡流制动的方式主要有盘形涡流制动和轨道直线涡流制动。

1. 盘形涡流制动

盘形涡流制动利用安装在车轴上的圆盘切割磁力线产生涡流和洛伦兹力，根据产生磁场的机理可分为电磁涡流盘形制动和永磁涡流盘形制动。

在日本新干线100系、300系及700系的拖车上使用了盘形涡流制动。盘形涡流制动是将涡流制动线圈安装在制动盘的两侧，当线圈通以电流时在转动盘上就可以得到作用于轮对的制动转矩并在轮轨接触点处产生对列车的制动力。

使用直流电动机的日本新干线100系车辆，涡流制动线圈与主回路设备的电枢绕组、励磁绕组及主电阻器串联，这样在控制主电阻器阻值的同时也控制了涡流制动线圈的电流。对于日本新干线300系及700系车辆，通过涡流制动控制装置控制其电流，使其与制动要求相适应。使用Arago⊖圆盘产生与转动方向相反制动力的作用原理如图3-8所示。设图中的感应圆盘逆时针转动，如果磁极S和磁极N靠近感应圆盘，根据右手法则可知在感应圆盘上有涡流产生，对产生的涡流再应用左手法则，可知会产生顺时针转动的制动力。

如果把涡流制动盘当作感应盘，车轴当做轴，连接在主回路的涡流制动线圈当作磁极，那么在车轴上安装的涡流制动盘就会产生制动作用。

日本新干线的高速电动车组采用的电磁涡流盘形制动原理也可用图3-9说明。该图中I_F为励磁电流，使电磁铁心在制动工况下产生所需要的磁场，n为轮对旋转速度，T_B为制动力。电磁涡流盘形制动安装于电动车组的拖车上，利用相邻车辆牵引电机的主电路电源作为励磁电源。

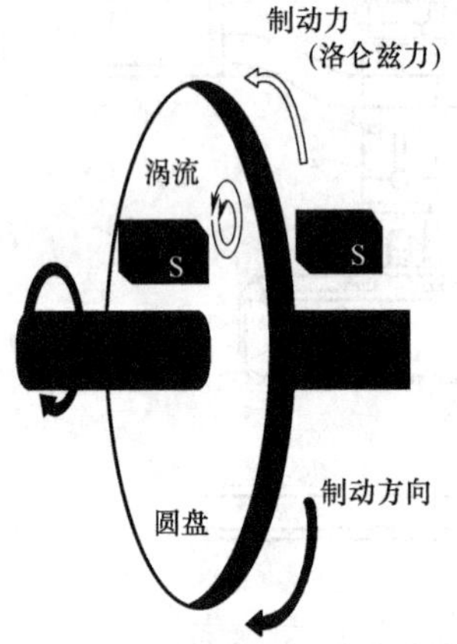

图3-8 圆盘涡流制动原理图

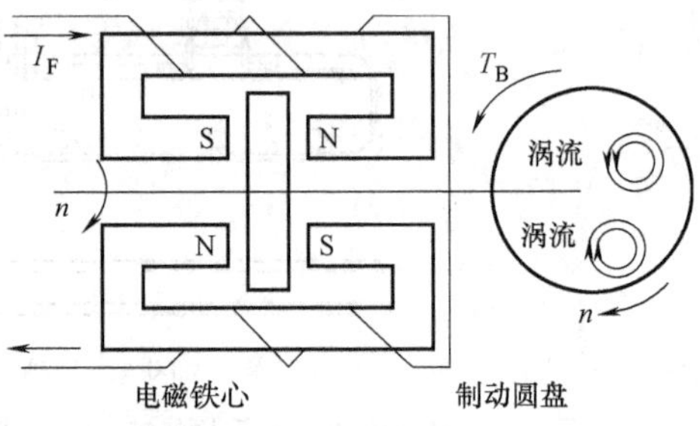

图3-9 电磁涡流盘形制动原理图

永磁涡流盘形制动利用永久磁铁代替电磁铁线圈产生电磁场，制动圆盘在磁场中产生涡流阻止磁场增加，产生制动转矩。日本铁道综合技术研究所试验的永磁涡流盘形制动原理如图3-10所示。永磁涡流盘形制动装置的制动圆盘安装于转轴上，定子为永磁圆盘。永磁圆盘分为内圈圆盘和外圈圆盘，配置有内、外两圈磁轭。两圈磁轭内均交错放置N极和S极的永久磁铁。车辆正常运行时，外圈和内圈永久磁场的异极排列在一起，磁通在极片和磁轭内构成闭合磁路，但不穿越制动圆盘，因而不产生制动转矩。车辆制动时，内、外圈永久磁

⊖ Arago圆盘是指法国科学家阿拉果（D. F. J. Arago）在1824年进行圆盘试验，用旋转圆盘得到了旋转磁场，此圆盘即被称为Arago圆盘。

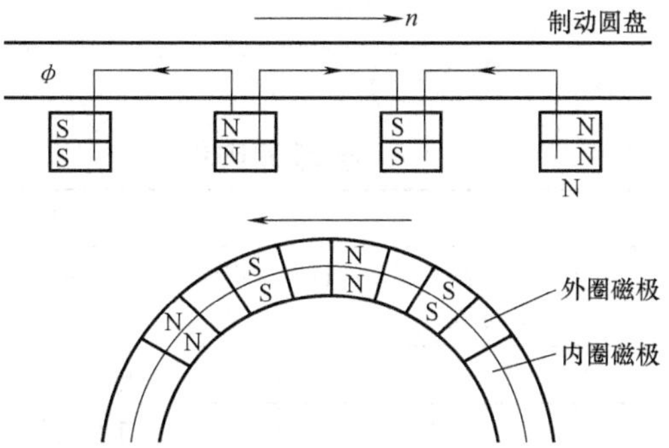

图 3-10　永磁涡流盘形制动原理图

场的同极排列在一起，永久磁铁通过极片和制动圆盘构成磁路。制动圆盘随转轴转动，切割磁力线产生涡流和制动转矩，改变极片相对位置可以调节制动转矩的大小。

两种盘形涡流制动中，电磁涡流盘形制动的制动功率较大，且设备较多，已在日本新干线列车上得以广泛使用；永磁涡流盘形制动结构简单，但由于目前制动功率受到一定限制，尚处于试验阶段。

在日本新干线 100 系、300 系、700 系拖车上使用的是盘形涡流制动。盘形涡流制动结构类似于机械盘形制动，但没有制动圆盘与闸片之间的磨耗。对列车制动来说，还需受到轮轨黏着系数的限制。虽然因没有摩擦部件而有利于实现无维修化，但在低速时制动力会急剧衰减。另外，由于是通过在制动圆盘中产生涡流来得到制动力的，所以高速时制动产生的热量很大，因此在制动圆盘的中间设有散热孔。

2. 轨道直线涡流制动

轨道直线涡流制动通过对安装于转向架两侧车轮之间的条形磁铁励磁，在钢轨上产生涡流使车辆制动，具有无摩擦、制动迅速等优点。同时，轨道直线涡流制动装置可增加车辆轴重，提高车辆黏着力，其原理如图 3-11 所示。当处于制动状态时，由于电磁铁的 N 极和 S 极相对于钢轨运动，在钢轨内产生交变的磁场，使钢轨头部产生涡流，涡流与电磁铁相互作用，产生一个垂直于钢轨面的吸引力和一个与车辆运动方向相反的制动力。垂直于轨面的力可增加车辆的黏着力，与车辆运动方向相反的力就是电磁涡流制动力。但轨道直线涡流制动如果要得到很大的涡流制动力，需要很庞大的制动装置。这种轨道直流涡流制动装置应用于上海磁悬浮列车的制动控制系统中。

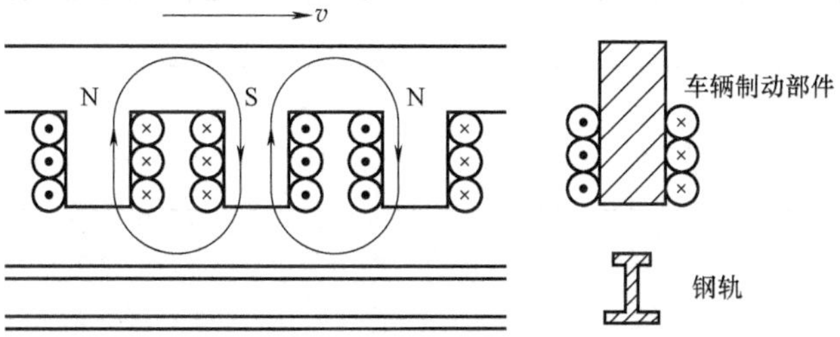

图 3-11　轨道直线涡流制动原理图

【实践与训练】

学习工作单

<table>
<tr><td>工　作　单</td><td colspan="3">电磁制动</td></tr>
<tr><td>任　　务</td><td colspan="3">掌握磁轨制动的特点、构成和工作原理；掌握电磁涡流制动的特点、构成和工作原理。</td></tr>
<tr><td>班　　级</td><td></td><td>姓　　名</td><td></td></tr>
<tr><td>学习小组</td><td></td><td>工作时间</td><td></td></tr>
<tr><td colspan="4">【知识认知】</td></tr>
<tr><td colspan="4">1. 分析磁轨制动的构成和工作原理。
2. 分析各种电磁涡流制动的构成和工作原理。</td></tr>
<tr><td colspan="4">【能力训练】</td></tr>
<tr><td colspan="4">1. 按照轨道电磁制动器的结构示意图，归纳出磁轨制动系统的构成、各部件的作用以及工作原理。
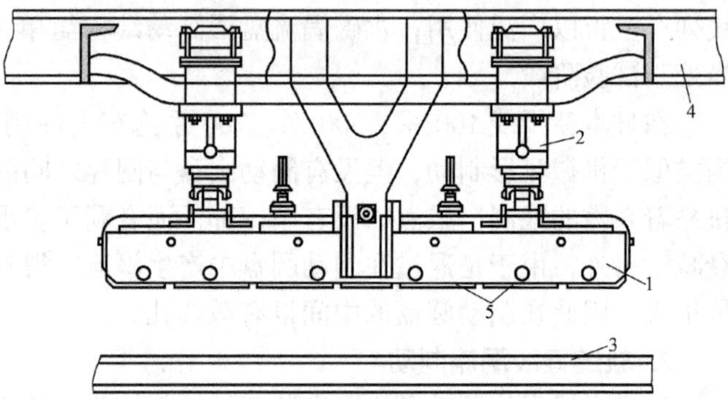
</td></tr>
<tr><td colspan="4">2. 按照电磁涡流盘形制动和轨道直线涡流制动原理示意图，归纳出电磁涡流盘形制动和轨道直线涡流制动系统的异同点。
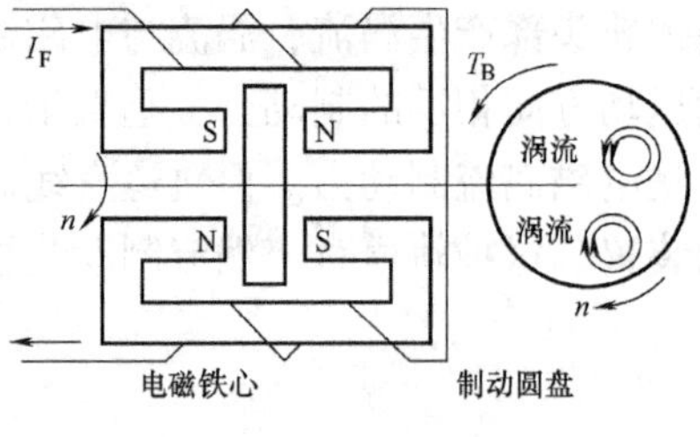

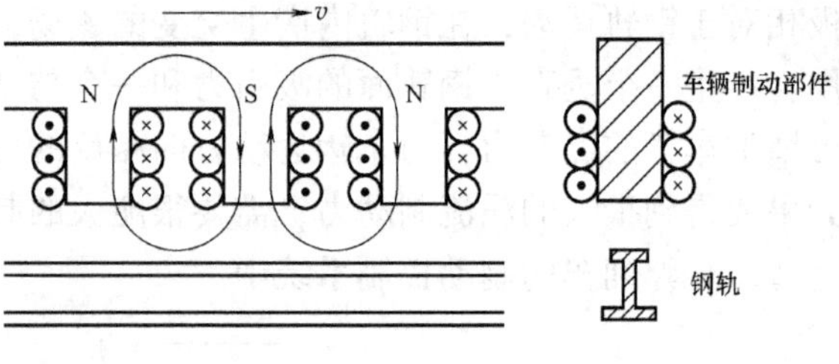
</td></tr>
<tr><td colspan="4">任务学习其他说明或建议：</td></tr>
<tr><td colspan="4">指导老师评语：</td></tr>
<tr><td colspan="4">任务完成人签字：　　　　　　　　日期：　年　月　日</td></tr>
<tr><td colspan="4">指导老师签字：　　　　　　　　日期：　年　月　日</td></tr>
</table>

第 4 单元　KBWB 型制动控制系统

课题 1　KBWB 型制动控制系统概述

【知识要点】

1. 了解 KBWB 型制动控制系统的设计、组成、特点及控制概述；
2. 了解 KBWB 型制动控制系统的发展。

KBWB 型制动控制系统是由原来英国 Westinghouse 公司设计的制动系统（现已被克诺尔收购）。该系统按照整车模块化原则设计，集成度较高。它将微机制动控制单元、空气制动控制单元、风缸和风源等全部安装在一个构架上，维护简单、质量轻，并具有自我诊断及故障保护显示功能，其结构如图 4-1 所示。

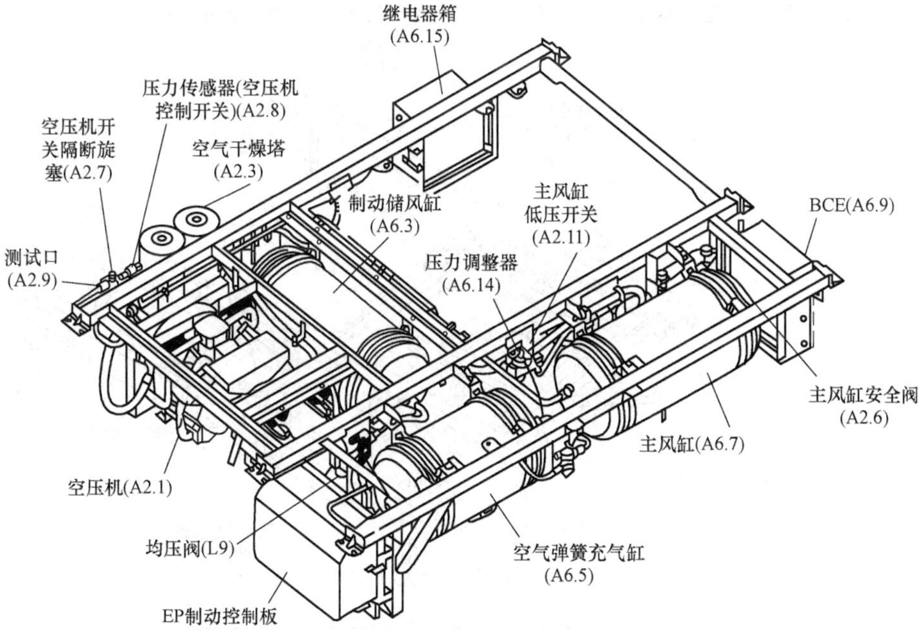

图 4-1　KBWB 模拟式电气指令制动系统集成化布置图

KBWB 型制动控制系统属于模拟指令式制动控制系统。所谓模拟指令式制动控制系统就是从司机室送往各车辆的制动电气指令是用模拟量传递的，该控制系统可获得无限级制动力，即可对制动进行细微调节，因此比较适宜于 ATC 控制的列车。该制动系统具有反应迅速、制动力大、制动距离短、停车精度高、安全可靠的特点。

模拟指令式制动控制技术是将变量输入微机，微机经过逻辑运算控制电磁阀，由电磁阀控制气阀，再由气阀直接控制制动缸压力，从而达到控制制动力的目的。这是一种先进的电空控制系统。其核心部分是电子控制单元，它输入制动命令、电制动施加信号、车体载荷信号、空气制动实际值的反馈信号，经综合运算后输出电-气模拟转换和防滑控制的电信号，控制各种电磁阀，并根据制动要求和实际情况不断调整制动缸压力。系统的另一个重要部件是制动控制单元，它由模拟控制阀、紧急制动阀、负载限流阀、中继阀等电磁阀组成，集成安装在一块内通管路的模板上，接受电子控制单元的指令，完成电-气转换，实现对制动风缸压力的控制。

【实践与训练】

学习工作单

<table>
<tr><td>工　作　单</td><td colspan="3">KBWB 型制动控制系统概述</td></tr>
<tr><td>任　　务</td><td colspan="3">了解 KBWB 型制动控制系统的设计、组成、特点及控制概述；了解 KBWB 型制动控制系统的发展。</td></tr>
<tr><td>班　　级</td><td></td><td>姓　　名</td><td></td></tr>
<tr><td>学习小组</td><td></td><td>工作时间</td><td></td></tr>
<tr><td colspan="4">【知识认知】</td></tr>
<tr><td colspan="4">1. 分析 KBWB 型制动控制系统的组成及控制技术。
2. 理解 KBWB 型制动控制系统部件组成、相互控制关系、控制技术以及发展方向。</td></tr>
<tr><td colspan="4">【能力训练】</td></tr>
<tr><td colspan="4">按照 KBWB 模拟式电气指令制动系统集成化布置图，认识各部件的外形、位置及相互关系。
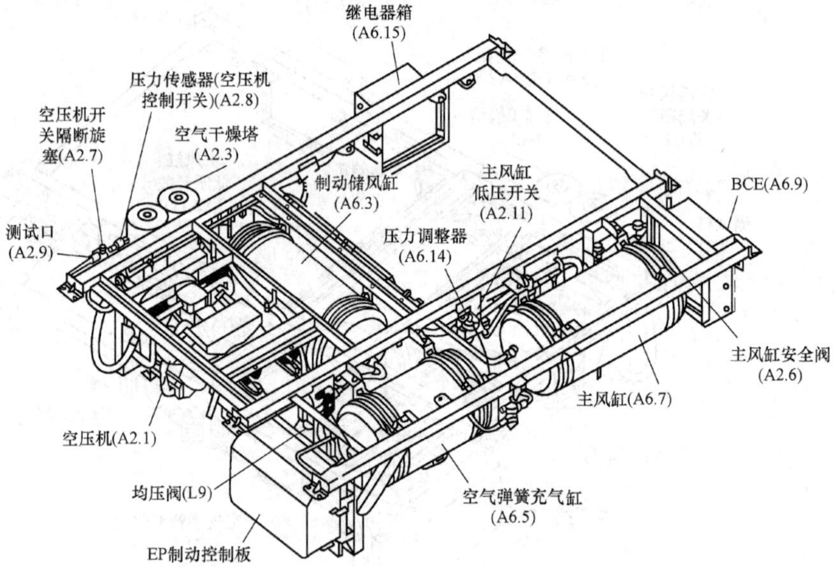
</td></tr>
<tr><td colspan="4">任务学习其他说明或建议：</td></tr>
<tr><td colspan="4">指导老师评语：</td></tr>
<tr><td colspan="4">任务完成人签字：　　　　日期：　年　月　日</td></tr>
<tr><td colspan="4">指导老师签字：　　　　日期：　年　月　日</td></tr>
</table>

课题 2 KBWB 型制动控制系统的组成

【知识要点】

1. 熟知 KBWB 型制动控制系统的组成；
2. 熟知 KBWB 型制动控制系统主要部件的结构及作用。

KBWB 型制动控制系统主要由供气单元、微机制动控制单元、空气制动控制单元、防滑控制单元、基础制动装置、空气悬挂辅助装置及各种控制线路等组成。

一、供气单元

每辆带司机室的拖车上都装有 1 套供气单元，每列车共有 2 套。供气单元按奇偶数日期定义为主供气单元或辅助供气单元。每套供气单元由空气压缩机组、空气干燥器及控制装置等组成，如图 4-2 所示。

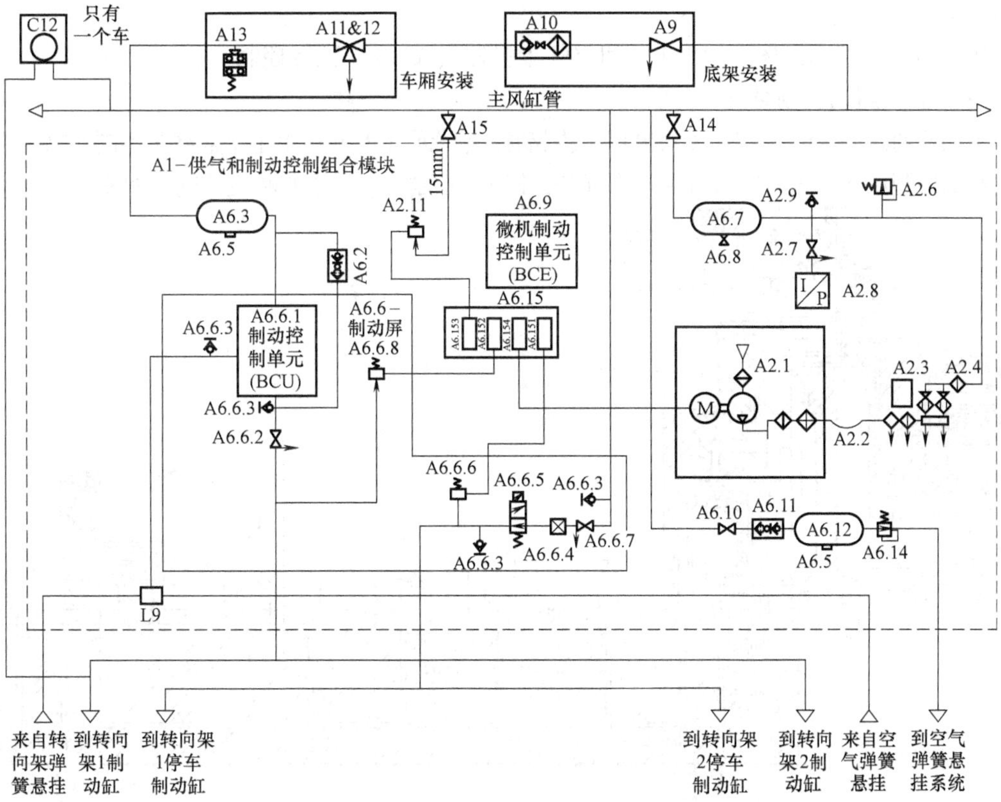

图 4-2 供气单元

A2. 1—空气压缩机 A2. 6—主风缸安全阀 A6. 6. 1—制动控制单元（BCU） A6. 6. 5—停放制动实施电磁阀 A6. 6. 6—停放制动缓解电磁阀 A6. 7—主风缸 A6. 9—微机制动控制单元（BCE） A13—制动实施和缓解电磁阀 A6. 15—继电器阀箱

二、微机制动控制单元

每节车都装有一套微机制动控制单元（BCE）用于制动控制，它是双列车线需求信号、空气制动控制单元（BCU）和牵引系统之间的界面和桥梁。BCE 控制所有空气制动的常用制动，包括随需求信号和车辆载荷变化而变化的压力值。如果使用电制动，BCE 为电制动和空气制动的混合控制提供了界面划分，以形成一个完整的制动系统。

BCE 还提供正常运行管理和故障检测功能，这些信息通过 FIP 数据线传给列车信息管理系统（TIMS）。

常用制动时，BCE 接受所有车辆的空气弹簧平均压力信号，根据该信号计算出该车辆制动所需的制动力，同时将反映车辆质量的载荷信号传送给 FIP 网络系统。拖车的载荷信号通过 FIP 网络传送到动车的 BCE 和牵引控制装置；动车的载荷信号也通过 PWM 线传送到相应的牵引控制电子装置，牵引控制电子装置经过综合计算后决定制动力的分配。对于动车，电制动系统和空气制动系统是同时存在的，这两种制动系统都是由司机控制器或 ATO 自动司机装置控制的。无论采用哪种控制，动车都能随时得到连续的电制动和空气制动。如果制动需求值超过电制动能力，这时空气制动会根据总的制动力要求补充电制动力不足的部分。混合制动要求的制动缸的压力可以不一样，只要电制动和空气制动的和达到制动所需求的值即可。

BCE 还对空气压缩机（A2.1）和空气干燥器（A2.3）进行控制。

三、空气制动控制单元

安装在拖车 A 和动车 B、C 上的空气制动控制单元（BCU）由于车辆载重不同而略有不同。空气制动控制单元（BCU）可分为三个部分，即 EP 控制板、称重阀和主控阀，如图 4-3 所示。

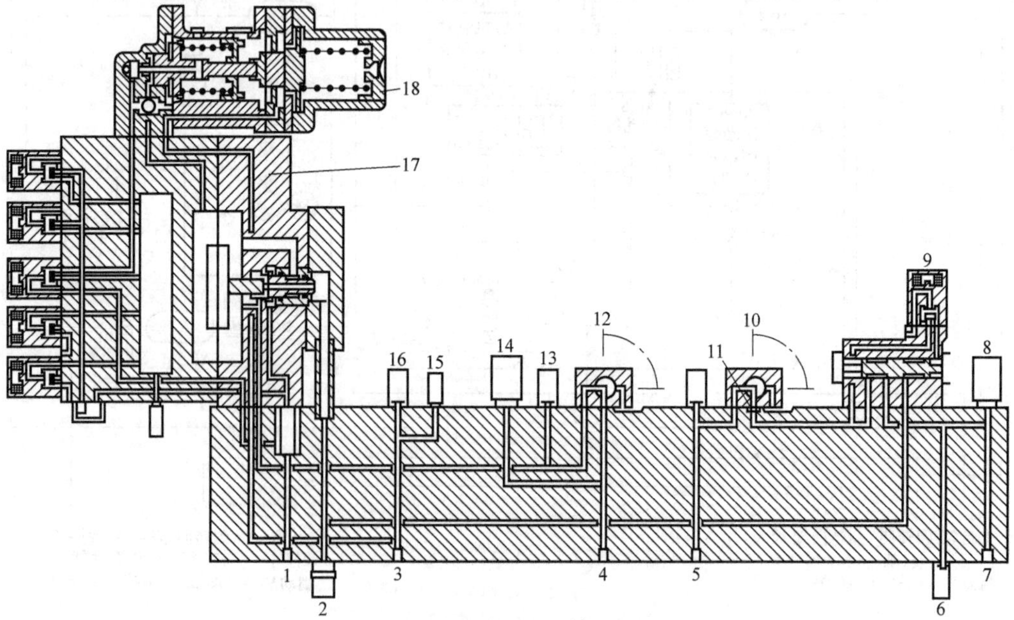

图 4-3 空气制动控制单元（BCU）

1—制动风缸接口 2—制动机消声器 3—空气弹簧接口 4—制动机压力接口 5—主风缸压力接口 6—停车制动测试点 7—停车风缸接口 8—停车制动缓解开关 9—停车制动消声器 10—停车制动截断塞门 11—主风缸测试点 12—主风缸截断塞门 13—制动机压力测试点 14—制动机压力开关 15—空气弹簧压力转换器 16—空气弹簧压力测试点 17—主控阀 18—称重阀

（一）EP 控制板

EP 控制板是空气制动控制单元（BCU）的基座。它是一个阳极氧化铝的管道接口座，除了管道接口外，座上还安装了称重阀、主控阀等其他部件。

EP 控制板的钢盖涂灰色油漆，装在管道接口座的前端，以保护其中的设备。钢盖由两个不锈钢插销定位锁住，钢盖上还有两个安全挂钩以保证在插销失效时钢盖不会跌落。

在管道接口座的背面有五个气路连接口，分别连接主风缸（MR）、空气弹簧（AS）、制动储风缸（BSR）、停放制动风缸（PB）和单元制动机风缸（BC）。每个接口都是内螺纹 BSP 型接口。除了这些接口，还有一个制动风缸排气端口，该端口前装有一个消声器。

管道接口座的背面有两个 19 路的电气接口插座，空气压力转换信号接口为 C_1，BCU 驱动信号接口为 C_2。

管道接口座的背面还有一个 M10 的安装孔，用于安装接地线；在端盖下部有两个 M6 的安装孔，用于元件接地的端口。

管道接口座有四个压力测试点，其中一个在背面，三个在前面。压力测试点可以在不拆除端盖的情况下使用。其测试对象为空气弹簧压力、单元制动机风缸压力、主风缸压力和停放制动风缸压力。

（二）称重阀

称重阀是一种混合压力限制装置，它接受来自空气弹簧系统的压力信号（车辆的载重信号），限制 BCU 向单元制动机输出的空气压力。如果空气弹簧压力信号因种种原因消失，称重阀就假定超载性能，BCU 给出最大超载信号使列车紧急制动。称重阀有三种规格，可根据车辆载重进行选择。

称重阀的构造如图 4-4 所示。其上部有一个进排气阀，与紧急电磁阀连通。来自制动储

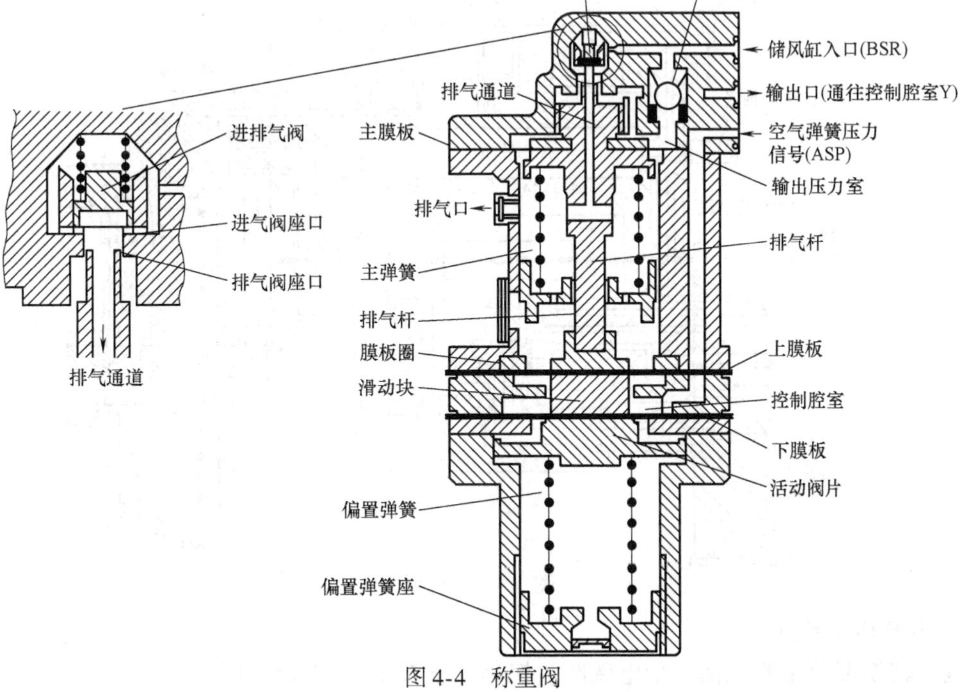

图 4-4　称重阀

风缸的压力空气通过紧急电磁阀进入进排气阀的进气阀座。进排气阀下是一个输出口，通往控制腔室 Y。此外，还有一个输出压力室和一个检测阀与输出口相通。阀体中间是两个膜板腔室，主膜板与上膜板之间是排气腔室，里面有一个可上下移动的排气杆。排气杆中间有排气通道，并有一个主弹簧使其具有恒定的向上作用力。上膜板与下膜板之间是一个控制腔室，来自空气弹簧的压力空气就进入这个控制室。下膜板下也有一个活动阀片，有个偏置弹簧使它具有向上的作用力。当称重阀无来自空气弹簧压力信号时，上膜板和下膜板都与中间一个滑动块密贴无间。因此，偏置弹簧、活动阀片、滑动块、上膜板、主弹簧、主膜板和排气杆叠加在一起，形成一个向上的力，用排气杆的排气阀座口顶开进排气阀，使从紧急电磁阀来的压力空气通过进气阀座口进入输出压力室并通过输出口进入控制腔室 Y。这时进入控制腔室 Y 的空气压力最大，可产生最大紧急制动力。

当称重阀接收来自空气弹簧压力信号时，上膜板和下膜板与中间滑动块分离，它们之间充满压力空气。压力空气对下膜板和偏置弹簧有向下反作用力，对上膜板和排气杆仍有向上作用力，但作用力减小，并与空气弹簧压力信号成正比。这时进入控制腔室 Y 的空气压力随空气弹簧压力变化，可以产生与车辆负载成正比的制动力。

（三）主控阀

主控阀与气-电转换器、制动储风缸、空气弹簧、单元制动机和称重阀等制动设备气路连接。

主控阀实际上由两个部分组成：一部分是电气转换部分，类似于 EP 阀；另一部分是输出放大部分，类似于均衡阀，如图 4-5 所示。

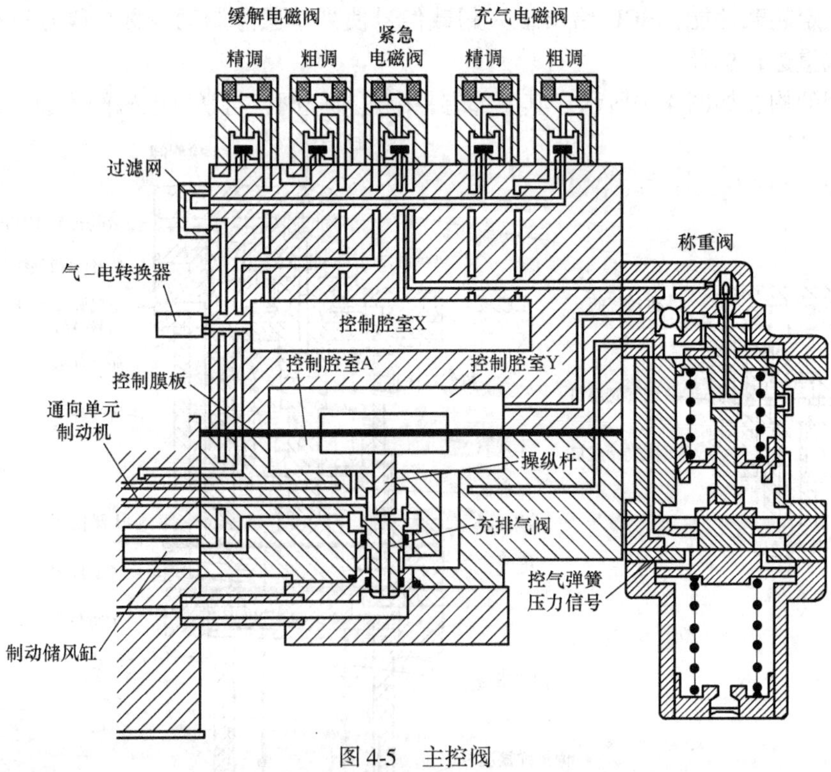

图 4-5 主控阀

1. 电气转换部分

电气转换部分主要包括五个电磁阀、控制腔室 X 和气-电转换器。

五个电磁阀分别是两个缓解电磁阀、两个充气电磁阀和一个紧急电磁阀。缓解电磁阀和充气电磁阀分粗调和精调两种。五个电磁阀的一端都与控制腔室 X 连接，两个缓解电磁阀的另一端通大气，两个充气电磁阀的另一端与制动储风缸连接，紧急电磁阀的另一端则与称重阀连接。

控制腔室 X 除了与电磁阀连通外，还接有一个气-电转换器，将腔室内的气压转换成电信号，反馈给微机制动控制单元（BCE）。

2. 输出放大部分

输出放大部分主要包括控制膜板、控制腔室 Y、控制腔室 A、操纵杆和充排气阀。

控制膜板将主控阀下部隔成两个控制腔室，即控制腔室 Y 和控制腔室 A。控制腔室 Y 通过称重阀与控制腔室 X 连接。

控制腔室 A 内上部有一个操纵杆固定在控制膜板下面，下部有一个充排气阀。操纵杆在控制膜板的作用下，向下可顶开充排气阀的上口并堵住充排气阀的排气通道；向上则关闭充排气阀并打开排气通道。当充排气阀上口被顶开时，制动储风缸和控制腔室 A 与单元制动机连接，根据控制腔室 Y 的压力向单元制动机输出给定的制动压力空气，施加制动；当充排气阀上口关闭时，制动储风缸和控制腔室 A 与单元制动机的连接被切断，排气通道被打开，单元制动机的制动压力空气从排气通道排出，制动缓解。

（四）BCE 的工作原理

常用制动时，BCE 发出充气指令，两个充气电磁阀得电，开始对控制腔室 X 充气。在充气过程中，气-电转换器不断地把控制腔室 X 内的空气压力转换成电信号并反馈给 BCE。BCE 也不断发出调整指令，直到控制腔室 X 内的压力与指令值精确一致。这时紧急电磁阀处于得电状态，控制腔室 X 与称重阀的进排气阀相通。如果有来自空气弹簧的压力信号，上膜板和下膜板都与中间滑动块分离，它们之间充满压力空气。排气杆将顶开进排气阀的进气阀座口，使控制腔室 X 的压力空气经输出口进入控制腔室 Y。控制腔室 A 的操纵杆在控制膜板的动作下，向下顶开充排气阀的上口并堵住充排气阀的排气通道，制动储风缸和控制腔室 A 与单元制动机连接，根据控制腔室 Y 的压力向单元制动机输出给定的制动压力空气，直到控制腔室 A 和控制腔室 Y 平衡。充排气阀的上口关闭并仍堵住充排气阀的排气通道，施加的制动力与 BCE 发出充气指令一致。

称重阀主要用来限制过大的制动力。由于控制腔室 X 内的压力受 BCE 的控制，而 BCE 的制动指令本身又是根据车辆的负载、车速和制动要求给出的。因此，在常用制动中称重阀几乎不起作用，仅起预防作用，以防主控阀的五个电磁阀控制失灵。常用制动时主控阀和称重阀的状态如图 4-6 所示。

称重阀的主要作用是在紧急制动时发挥。在紧急制动时，紧急电磁阀失电，压力空气从制动储风缸直接经紧急电磁阀到达称重阀，中间未受主控阀的控制，而紧急电磁阀也仅仅作为通路的选择，不起控制压力大小的作用。这时，如果有来自空气弹簧的压力信号，上膜板和下膜板都与中间滑动块分离，它们之间充满压力空气。称重阀的排气杆顶开进排气阀的进气阀座口，压力空气从制动储风缸进入输出控制室和控制腔室 Y。输出控制室里的压力克服主弹簧和上膜板与中间滑动块间的压力，将排气杆向下压，直到上膜板与中间滑动块间的压力消失，进排气阀的进气阀座口关闭。控制腔室 Y 的压力比常用制动时要高，并且空气弹簧的压力信号越大，控制腔室 Y 的压力也越高。控制腔室 A 的操纵杆在控制膜板的动作下，

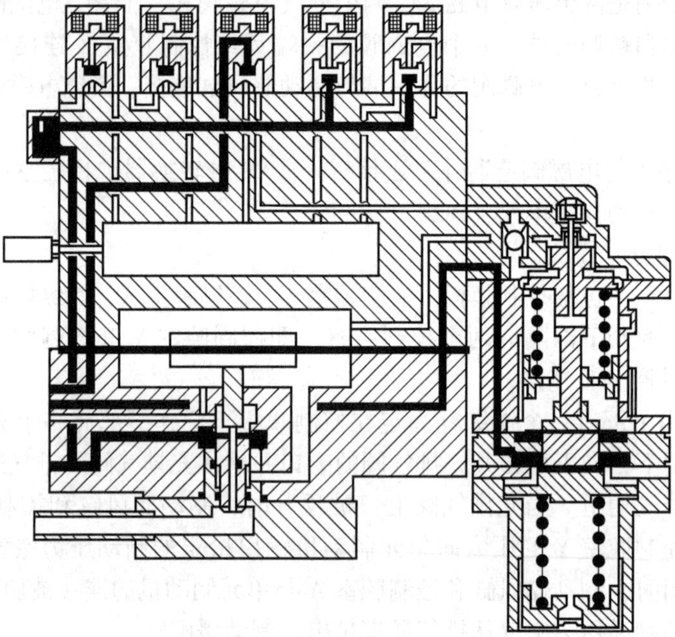

图 4-6 常用制动时主控阀和称重阀的状态

向下顶开充排气阀的上口并堵住充排气阀的排气通道，制动储风缸和控制腔室 A 与单元制动机连接，根据控制腔室 Y 的压力向单元制动机输出给定的制动压力空气，直到控制腔室 A 和控制腔室 Y 空气压力平衡，充排气阀的上口关闭并仍堵住充排气阀的排气通道，施加的制动力即为受称重阀限制的紧急制动压力。紧急制动时主控阀和称重阀的状态如图 4-7 所示。

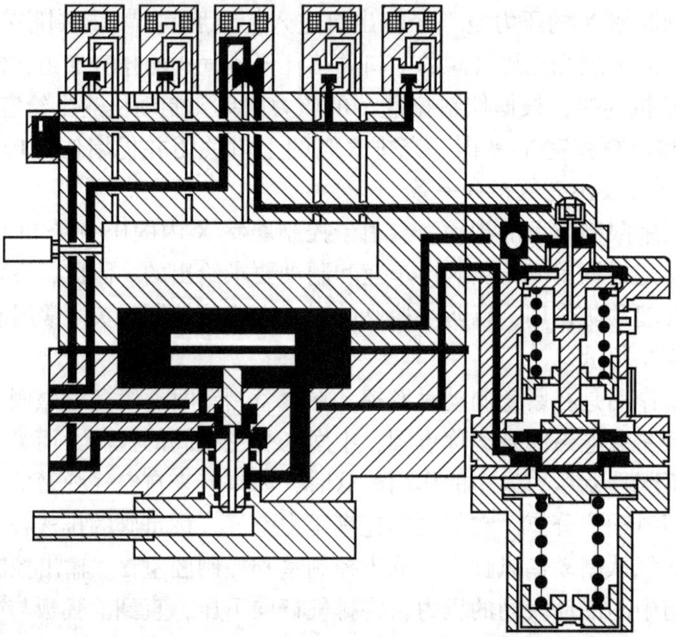

图 4-7 紧急制动时主控阀和称重阀的状态

四、防滑控制单元

防滑控制单元（WSP）是 BCE 中的一部分。

列车每根车轴的一侧轴箱内都装有一个速度传感器，列车制动时，速度传感器将检测到的速度信号送入 BCE。BCE 中的 WSP 接收到速度信号后进行以下两项计算和比较：

1）一根车轴的减速度是否超过了先前设定的参数。

2）所有车轴相对速度水平与预设值比较。

一旦 WSP 监测到某根车轴减速度过快或是某根车轴转速与最大转速的车轴转速之差超出某个值时，即判断该轴滑行，应进行防滑控制。

在进行防滑控制时，防滑控制单元通过减小该车轴的制动缸压力来控制车轮滑行的深度。WSP 通过对制动压力的修正能自动将车轮转速调整到最佳水平，以便最大限度地利用黏着系数。

实际上，列车的微机牵引控制（PCE）和 BCE 各有一套车轮滑行监测和防护系统。当实施电制动时，PCE 会通过减小电制动力来防止车轮滑行，同时向 BCE 提供一个 EDB 低电位信号，防止 BCE 用增加空气制动力的方法来补偿。但如果滑行信号的持续时间超过 2s，将取消电制动，只采用空气制动。

在空气制动时，防滑控制是通过 BCE 对安装在转向架上的双防滑阀的通气和排气的控制来实现的。双防滑阀实际上是两个完全对称的单防滑阀的组合，因此每个转向架只要配置一个，就能控制两个轮对。双防滑阀的结构如图 4-8 所示。

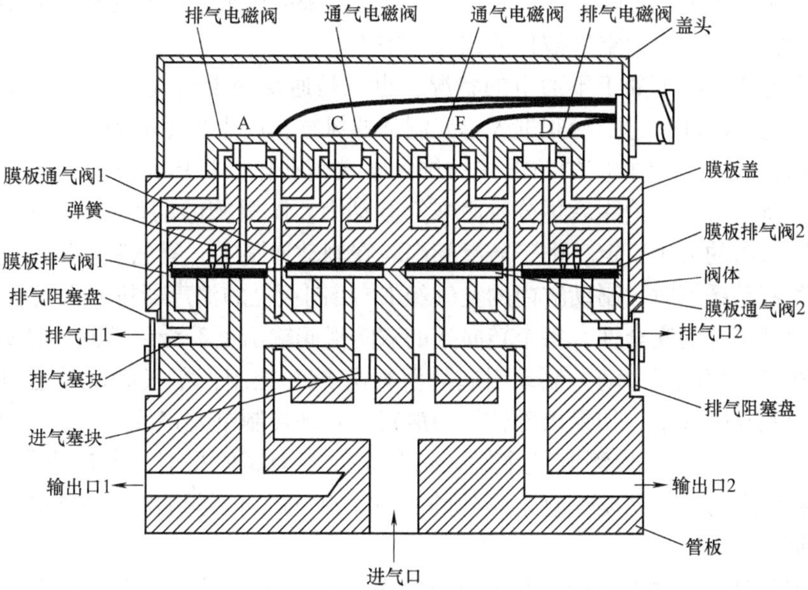

图 4-8　双防滑阀的结构

单防滑阀上部有两个电磁阀：一个称为通气电磁阀，另一个称为排气电磁阀。通过对通气电磁阀和排气电磁阀的得电和失电组合，可以形成防滑阀的三种工况，即通气、保压和排气。

1. 通气工况

排气电磁阀A失电，阀板向左，使压力空气穿过底部的进气口，再经过排气电磁阀作用到膜板排气阀1的顶部，加上弹簧的向下顶力，膜板排气阀1下压关闭排气口1和输出口1。同时，通气电磁阀C也失电，阀板向左，穿过底部进气口的压力空气不能进入通气电磁阀C。通气电磁阀C的另一端通排气口1，不能作用在膜板通气阀1上。进气口的压力空气顶开膜板通气阀1的底部，把阀芯抬离阀座，进气口和输出口1形成通路，从BCU来的压力空气通过防滑阀，被送到单元制动机的风缸内。

2. 保压工况

排气电磁阀A失电，阀板向左，压力空气从进气口穿过，作用在膜板排气阀1顶部。在弹簧的顶压下，该压力关闭膜板排气阀1，并关闭排气口1和输出口1。同时，通气电磁阀C得电，阀板向右，穿过底部进气口的压力空气进入通气电磁阀C，作用到膜板通气阀1顶部，关闭膜板通气阀1，并关闭了进气口和排气口的通路，使防滑阀保持压力，也就是保证了单元制动机风缸的压力。

3. 排气工况

通气电磁阀C得电，阀板向右，压力空气进入通气电磁阀C，作用到膜板通气阀1顶部，关闭膜板通气阀1，并关闭了进气口和排气口的通路。同时，排气电磁阀A得电，阀板向右，从膜板排气阀1顶部来的进气压力被切断。原先进入单元制动机风缸的压力反过来克服弹簧的向下顶力，顶开膜板排气阀1，使输出口的压力空气从排气口1排出。膜板排气阀1顶部的压力也经排气电磁阀A送入大气。从进气口来的压力空气不能通过防滑阀，而原先进入单元制动机风缸的压力空气被排放到大气中去。

防滑阀在通常情况下处于不通电的状况，也就是通常处于通气状态。这时，从BCU主控阀来的压力空气全部经过防滑阀进入单元制动器风缸，产生预定的制动力。如果哪个轮对出现滑行，那么BCE会使相应的防滑阀的排气电磁阀动作，将单元制动机风缸中的部分空气排向大气，待滑行现象消除后再分阶段恢复制动力。防滑阀的动作反应速度由安装在进、排气口内的阻塞盘的大小决定。由于防滑阀串联在制动通路上，紧急制动期间防滑功能依然有效。当紧急制动缓解时，制动缸内的空气经EP控制板上的消声器排向大气。

为确保制动系统的安全性，每个转向架的双防滑阀输出量都受到控制，且每个速度信号都被监视。在正常情况下，动力制动引起的滑行由PCE控制，空气制动引起的滑行由BCU控制。在动力制动模式下，如果出现较大的滑行，制动控制单元将发送信号给PCE的WSP，信号设为高电平。当PCE探测到这个输入信号正在变为高电平时，制动力就迅速降为零。当制动力保持为零时，电制动一直是失效的。当WSP输入信号再次变为低电平时，制动力就会逐渐恢复。

在防滑控制时，制动力分两个阶段逐渐回升：第一个阶段，以接近冲击极限的速率回升，直到制动力已经达到设定值；第二个阶段，制动力再逐渐回升到滑行出现时的制动力值，到达这一点时，防滑控制就完成了。这个滑行修正的参数能达到优化系统控制的目的，并将反复出现滑行的司能性降到最小。

五、基础制动装置

基础制动装置采用单侧双闸瓦踏面单元制动机，每个轮对设有两个，每台转向架设有四个，其中一半带有停放制动功能，在转向架上对角安装。

停放制动由单元制动机上的储能弹簧提供制动力。在车辆无电、无压缩空气的情况下，可使列车安全可靠地停放在 35‰的坡道上。司机可在司机室对整列车实施停放制动的操作，或进行充气缓解。检修作业或更换闸瓦时，也可通过拔出停放制动缸上的弹簧卸载销进行手动缓解。

【实践与训练】

学习工作单

<table>
<tr><td>工　作　单</td><td colspan="3">KBWB 型制动控制系统的组成</td></tr>
<tr><td>任　　务</td><td colspan="3">熟知 KBWB 型制动控制系统的组成；熟知 KBWB 型制动控制系统主要部件的结构及作用。</td></tr>
<tr><td>班　　级</td><td></td><td>姓　　名</td><td></td></tr>
<tr><td>学习小组</td><td></td><td>工作时间</td><td></td></tr>
<tr><td colspan="4">【知识认知】</td></tr>
<tr><td colspan="4">1. 通过分解、组装了解 KBWB 型制动控制系统的组成及各组成部件的结构、作用及工作原理。
2. 利用制动机试验台独立完成 KBWB 型制动控制系统各部件的检测，并掌握试验方法。</td></tr>
<tr><td colspan="4">【能力训练】</td></tr>
<tr><td colspan="4">按照 KBWB 型制动控制系统空气制动控制单元结构图，了解其组成及各部件之间的关系。
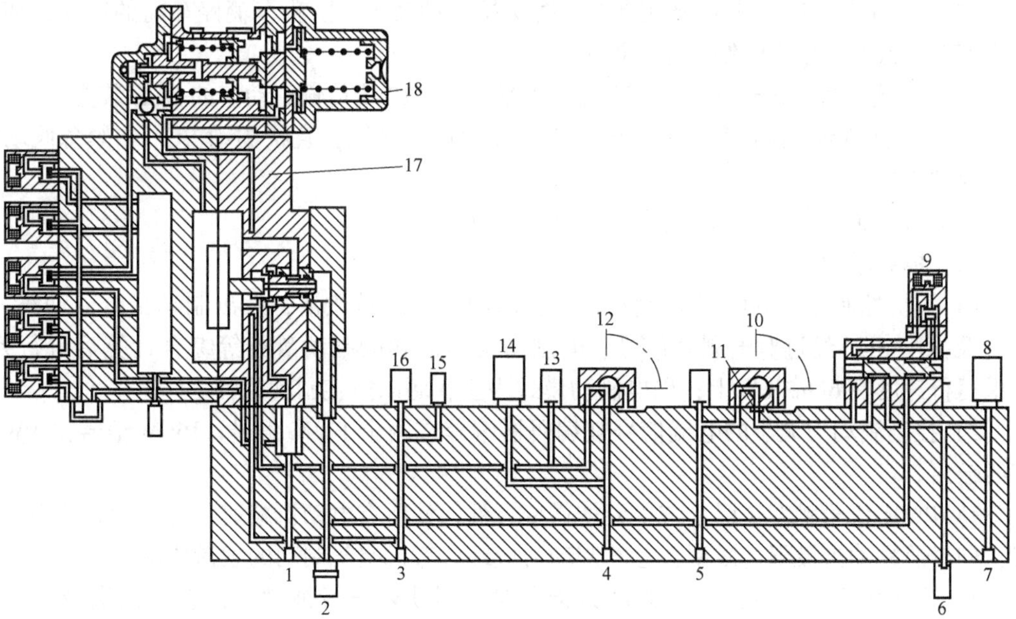
</td></tr>
<tr><td colspan="4">任务学习其他说明或建议：</td></tr>
<tr><td colspan="4">指导老师评语：</td></tr>
<tr><td colspan="4">任务完成人签字：　　日期：　年　月　日
指导老师签字：　　日期：　年　月　日</td></tr>
</table>

课题3 KBWB型制动控制系统的控制过程

【知识要点】

1. 熟知KBWB型制动控制系统的组成；
2. 熟知KBWB型制动控制系统各部件的关系；
3. 熟知KBWB型制动控制系统的控制过程。

KBWB型制动控制系统采用模拟电空联合制动控制方法，其控制原理如图4-9所示。电气指令由司机台上的司机控制器DCH发出，采用PWM（脉宽调制）方式调制，能进行无级控制。每个BCE控制同一节车的两个转向架。

一、输入信号

（1）制动指令线 根据司机手柄的位置由Encode编码器所下达的指令，是两个脉宽调制信号（2PWM）。

（2）制动信号LV 此信号在高电平时保持制动命令，防止车辆停车前的冲动，使车辆平稳停车。低电平出现时制动命令撤销。

（3）负载信号的传递线 拖车载重信号将通过FIP线传输到动车的BCE装置。

（4）紧急制动控制信号 跳过电子制动控制信号系统，直接驱动BCE中紧急阀动作的安全保护信号。

（5）保持制动信号 防止车辆在停止时溜车。

二、控制原理

1）司机控制器或ATO发出制动信号，制动列车线被激活，发出制动指令。动车PCE/BCE及拖车BCE经过对电制动信号、电制动实际值和电制动滑行等综合计算后进行判断，如果运行速度在6km/h以上，以电制动模式为主，而以空气制动为辅。

2）控制制动力大小的电流信号被编码器编译成两个PWM信号，PWM信号由PWM列车线输出。

3）PWM信号触发牵引系统单元的逆变元件，使所有电动机减速。为了使制动力效果最好，同时兼顾冲击极限的限制，总的制动力应综合考虑空气制动的载荷要求。

4）当司机手柄上发出最大制动力指令时，制动列车线被激活，它将提供最大制动力（快速制动），达到紧急制动的性能（1.3m/s^2的减速度）。除非列车线LV被设为低电平，否则快速制动将一直保持激活。但快速制动是可逆的。

5）当列车运行速度在6km/h以下时，电制动取消，BCU发出空气制动指令，制动控制功能由BCU独立完成。

三、控制过程

1. 常用制动和快速制动的实施

微机制动控制装置（BCE）和牵引控制电子装置（PCE）同时接收来自牵引和制动列车线的信号，并根据这些信号判定列车的运行工况。列车制动时，BCE和PCE会同时接收到

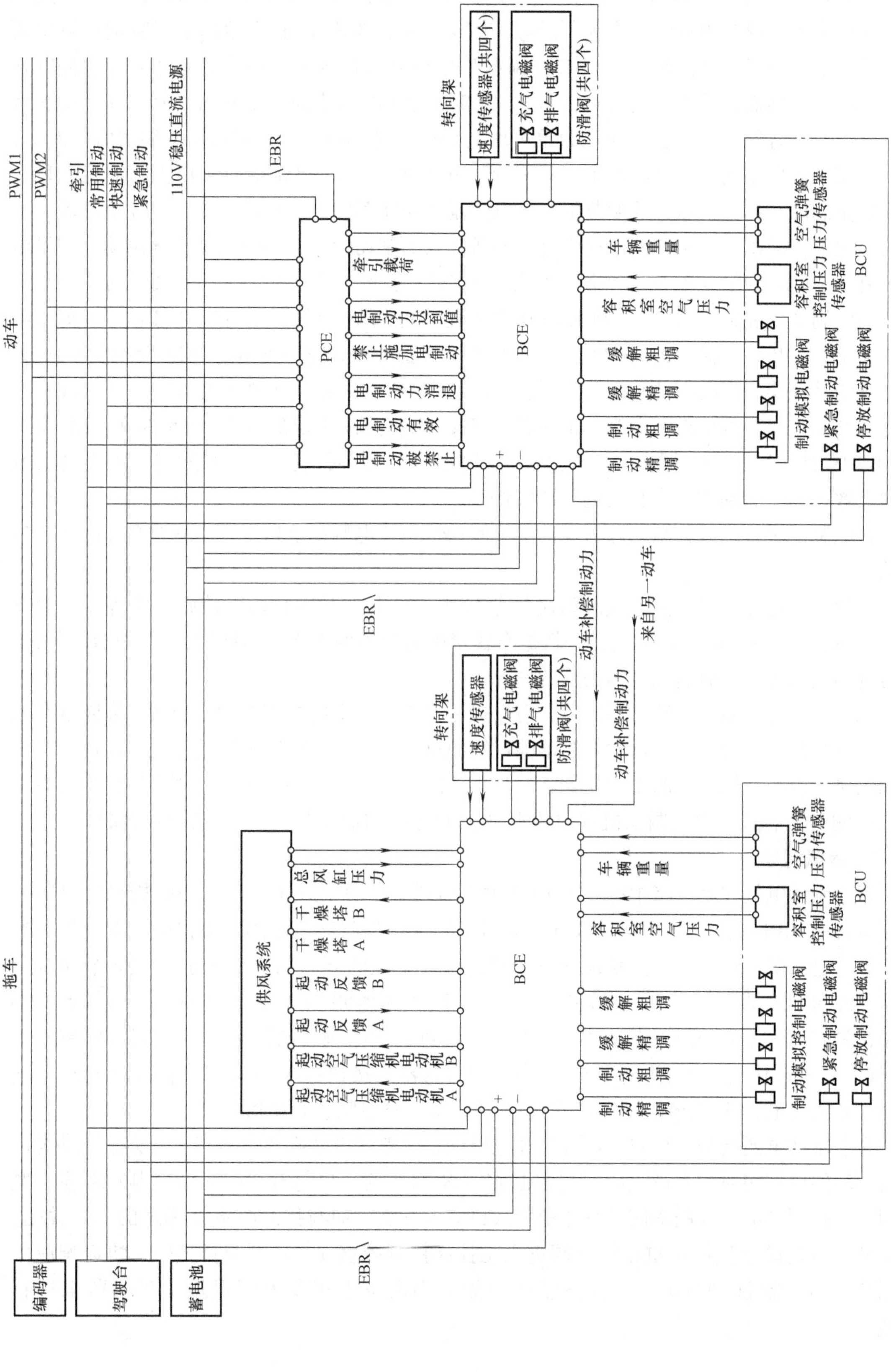

图 4.9　空气制动电子控制原理图

双份 PWM 制动减速度脉宽调制信号（一个来自 PWM1，另一个来自 PWM2），并判断这两个信号的大小，取其中较大值作为制动减速度需求值。拖车 BCE 则根据本车载重计算出所需制动力的大小，但是此时拖车 BCE 控制本车的 BCU 只施加一个极小的制动力（仅使闸瓦刚好接触车轮踏面，并不加到需求压力），同时通过 FIP 网络向动车 PCE 发送本车的载重信号（PWM）。动车 PCE 根据动车的载重再加上 50% 的拖车载重计算出所需电制动力的大小。

电制动时再生制动和电阻制动交替使用。在网压高于 DC1800V 时，再生制动能平稳地转到电阻制动。在整个运行速度范围内，电阻制动功能单独满足制动的要求。在电制动力不足的情况下，动车和拖车分别根据各自车辆所接收的制动指令，同时施加空气制动。如果电制动有效，PCE 会给本车 BCE 发送“电制动有效”指令，禁止 BCE 施加空气制动。

当电制动施加到需求值后，PCE 向 BCE 发送“电制动力已施加”的 PWM 信号。如果电制动力足够，BCE 控制 BCU 不动作。如果电制动力达不到减速度要求，BCE 会控制 BCU 进行空气制动补偿。当电制动开始关闭时，PCE 会向 BCE 发送“电制动关闭”信号，BCE 立即进行补偿，最终可实现电空制动的平滑过渡。如果电制动无效，PCE 会给本车 BCE 发送“电制动被禁止”指令，那么 BCE 立即施加空气制动，同时向拖车 BCE 发送“动车补偿制动力无效”指令，通知拖车自行施加所需制动力。

在电制动失效或紧急制动过程中，空气制动将替代电制动且根据列车载重全部施加空气制动。

当列车低速运行时，由空气制动代替电制动，实施“保持制动”使整列车停车。当车辆起动时，“保持制动”由牵引指令根据车辆牵引力的不断增大进行缓解，应防止牵引力不足时制动先完全缓解而造成列车倒退的情况。

如果某车空气制动缓解出现故障，可以操作安装在车端电器柜内的三通阀，隔断该车制动储风缸与总风管的通路。这时，制动储风缸的进气口会与车体底架下的排气口相通，排出制动储风缸内的空气。当制动储风缸空气压力下降后，制动控制单元主控阀旁通管上的单向阀（检测阀）打开，单元制动机缸内的压力空气经由三通阀排向大气，实现强迫缓解。

2. 紧急制动

紧急制动电气控制线路中有一个 EBR 触点与列车自动保护（ATP）及模式开关等联锁。列车运行中 EBR 触点始终吸合，紧急制动列车线与紧急制动电磁阀一般得电，BCE 不控制紧急制动电磁阀。但是，一旦触发紧急制动，EBR 触点断开，动车 BCE 接收到紧急制动信号后立即向 PCE 发出“禁止电制动”信号。在紧急制动期间，所有动车的牵引电源被立即切断，只有当列车完全停下来后才可以缓解。紧急制动的触发条件是：① 司机控制室内的“警惕”装置起作用；② 按下司机控制台上的紧急制动按钮；③ 列车脱钩；④ 紧急列车线环路中断或失电；⑤ 主风缸压力过低；⑥ ATC 系统发出紧急制动指令等。

紧急制动电磁阀是一种双入口大口径电磁阀，一般带电。在正常状态下，紧急制动电磁阀与制动储风缸相通的入口关闭，与控制腔室 X 相通的入口打开。一旦紧急制动触发，紧急制动电磁阀失电，与制动储风缸相通的入口立即开启，而与控制腔室 X 相通的入口关闭。制动储风缸内的空气经空重车调整阀进入主控阀控制腔室 Y，顶开充排气阀，快速响应紧急指令，施加紧急制动压力。紧急制动力的大小由空重车调整阀根据车辆载荷来进行调整。

3. 停放制动

停放制动不受 BCE 控制，司机按下停放制动按钮，停放制动列车线与停放制动电磁阀失电，立即施加停放制动。当司机再次按下停放制动按钮时，停放制动列车线得电，只要总风管空气压力高于某设定门槛值，将压力空气送入停放制动缸便能克服停车弹簧压力，使停放制动缓解。

EP 控制板内有一个停放制动缓解压力开关来显示停放制动的施加和缓解，司机可通过控制停放制动电磁阀来实施停放制动，以测试停放制动的性能及状态。

【实践与训练】

学习工作单

工　作　单	KBWB 型制动控制系统的控制过程		
任　　务	熟知 KBWB 型制动控制系统的组成；熟知 KBWB 型制动控制系统各部件的关系；熟知 KBWB 型制动控制系统的控制过程。		
班　　级		姓　　名	
学习小组		工作时间	
【知识认知】			
1. 利用模拟司机装置掌握 KBWB 型制动控制系统的控制方式、制动的类型和控制原则。 2. 利用制动机试验台独立完成 KBWB 型制动控制系统试验，理解其控制过程。			
【能力训练】			
按照 KBWB 型制动控制系统空气制动电子原理图，利用模拟司机装置进行不同情况下的制动机操作。			

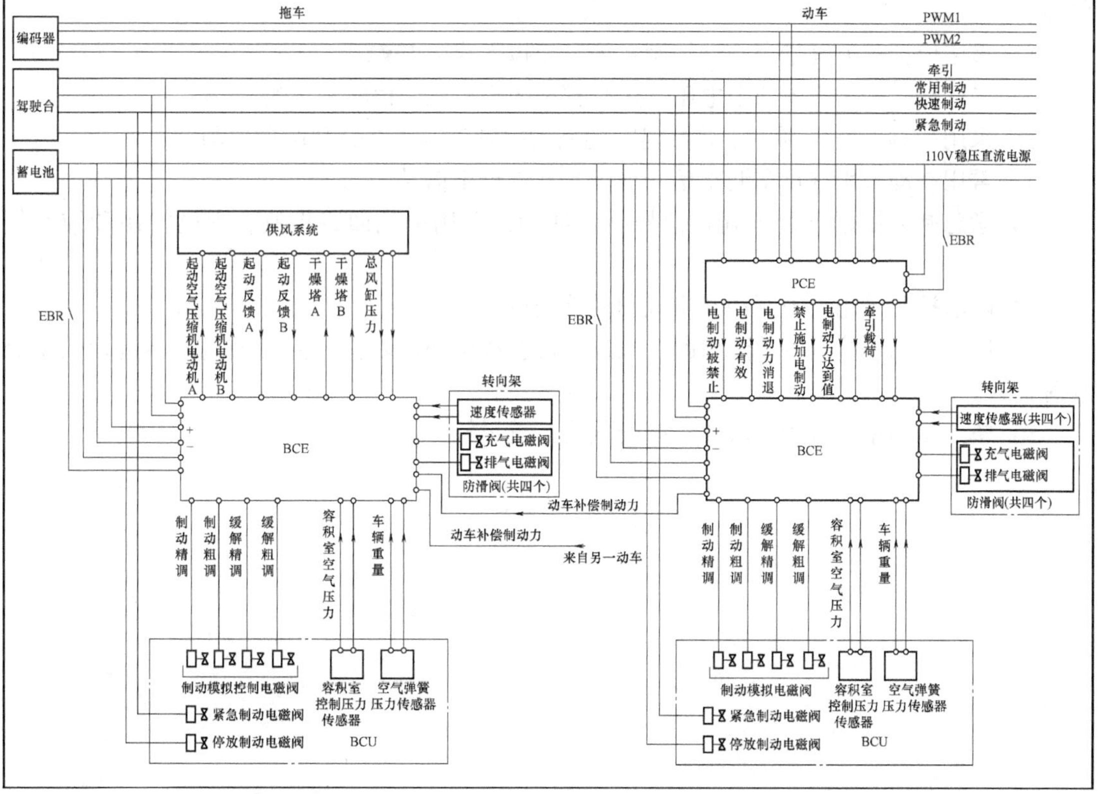

（续）

任务学习其他说明或建议：	
指导老师评语：	
任务完成人签字：	日期： 年 月 日
指导老师签字：	日期： 年 月 日

课题 4 KBWB 型制动控制系统的特点

【知识要点】

熟知 KBWB 型制动控制系统的主要特点。

KBWB 型制动控制系统实现了空气制动与电制动的高度结合，在系统上保证了车辆运行的安全。列车制动时不仅满足了电制动优先的要求还实现了电空混合制功的平滑过渡，还设有冲动限制以提高乘客乘坐舒适度。该系统的设计开发和应用是成功的，其主要有以下几个特点：

1）采用模拟式电气指令制动控制系统，模拟方式为 PWM。

2）采用充气、排气各两个电磁阀进行精确闭环控制，以实现 EP 信号转换。

3）采用“拖车空气制动滞后控制”的制动控制策略，充分利用动力制动。

4）常用制动采用空重车调整信号加微机计算给定信号。

5）紧急制动根据空重车调整信号限制冲动，采用单独回路控制、失电控制和纯空气制动。

6）防滑控制采用动力制动和空气制动分别控制。

7）制动控制系统具有故障诊断、故障存储及故障显示功能，并可通过网络进行数据交换和监控。

8）整个制动系统采用模块化，结构紧凑，重量轻。

第 5 单元　EP2002 型制动控制系统

课题 1　EP2002 型制动控制系统的组成

【知识要点】

1. 熟知 EP2002 型制动控制系统的组成；
2. 熟知智能阀、RIO 阀和网关阀的作用。

EP2002 型制动控制系统是由德国克诺尔公司研制生产的，为电气模拟指令式制动控制系统，其核心部件是 EP2002 阀，负责空气制动系统的控制、监控及与车辆控制系统的通信。

EP2002 制动控制系统与常规制动控制系统的最大区别在于设计思想不同：常规的制动控制系统采用车控式，即一个制动电子控制单元控制同一节车的两个转向架；而 EP2002 制动控制系统采用架控式，即一个 EP2002 阀控制一个转向架，这样当一个 EP2002 阀出现故障时，只有一个转向架上的空气制动失效，减小了对车辆产生的影响，同时对车辆轮滑保护时可以针对每根轴进行相应保护。

EP2002 制动控制系统主要由 EP2002 阀、制动控制模块以及其他辅助部件组成，部件集成化程度高，节省了安装空间，同时也便于安装、使用和维护。图 5-1 所示为广州地铁 3 号线车辆动车气路原理图，拖车除了不设有空气供给装置、升弓装置、双针压力表和汽笛外，气路原理基本与动车相同。

一、EP2002 阀

EP2002 阀相当于常规制动控制系统中的电子制动控制单元 EBCU（简写为 ECU）和制动控制单元 BCU（有时也作 BECU）的集成部件。根据功能的不同，EP2002 阀可以分为智能阀、RIO 阀（远程输入/输出阀）和网关阀三种。每节车设有两个 EP2002 阀，每个 EP2002 阀都安装在其控制的转向架附近的车体底架上，所有的 EP2002 阀上都提供了多个压力测试接口，可以方便地测量制动风缸压力、制动缸压力、载荷压力、停放制动缸压力等。EP2002 阀的主要技术参数见表 5-1。

表 5-1　EP2002 阀的主要技术参数

项　目	网　关　阀	RIO 阀	智　能　阀
最高工作压力/kPa	1030	1030	1030
允许环境温度/℃	-25 ~ +55	-25 ~ +55	-25 ~ +55
防护等级	IP66	IP66	IP66
额定工作电压/V	110	110	110
额定功率/W	85	85	70
质量/kg	18.5	18.5	17.2
外形尺寸/mm	210×210×324	210×210×324	210×210×268

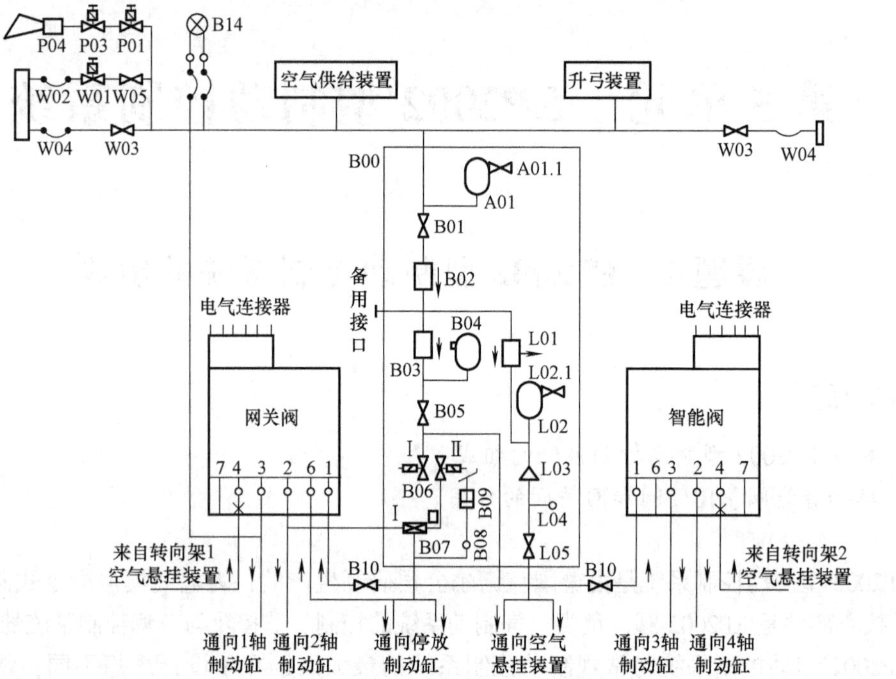

图 5-1 广州地铁 3 号线车辆气路原理图（动车）

B00—制动控制模块 B10—转向架空气制动切除塞门 P04—汽笛 W01—解钩电磁阀 W03—截断塞门

1. 智能阀

智能阀是机电一体化的产品，包括一个直接安装在气阀上的电子控制部件。智能阀产生电控制信号直接控制气阀，对其控制的转向架的电空制动和车轮滑行进行控制，并通过 CAN 总线与其余 EP2002 阀进行通信。智能阀通过硬连线与列车安全回路（紧急制动回路）相连，当列车安全回路失电时，智能阀将使其控制的转向架产生紧急制动。

2. RIO 阀

RIO 阀除了具有智能阀的所有功能外，还可以通过硬连线与其控制的转向架上的牵引控制单元进行通信，使电制动和空气制动协调工作。

3. 网关阀

网关阀除了具有 RIO 阀的所有功能外，还具有制动管理的功能。另外，EP2002 制动控制系统（包括网关阀、RIO 阀和智能阀）由网关阀的通信卡通过 MVB 总线（或其他总线）与列车控制系统进行通信。

EP2002 阀的外形图如图 5-2 所示。

二、制动控制模块

制动控制模块主要由风缸及其他一些辅助部件组成，上述装置也被集成到一个构架上，采用模块化结构，节省了安装空间，同时也便于安装、使用和维护。制动控制模块的主要作用是储存风源、施加和缓解停放制动以及向 EP2002 阀和空气悬挂装置供风。

三、其他辅助部件

1. 空气制动力切除装置

为了便于维护和隔离，在制动风缸向 EP2002 阀供风的气路中设有两个塞门（B10），一

a)　　　　b)

图 5-2　EP2002 阀的外形图

a）网关阀　b）智能阀

般将这两个塞门安装在座椅下，以便于进行操作。操作其中一个塞门，可以将其控制的转向架上的空气制动切除。

2. 双针压力表（B29）

在每个 A 车司机室内设有一个双针压力表（B29）用于显示主风缸压力和本车第一根轴上的制动缸压力，带有内照明并提供常规测试/校正用接口。

【实践与训练】

学习工作单

<table>
<tr><td>工　作　单</td><td colspan="3">EP2002 型制动控制系统的组成</td></tr>
<tr><td>任　　务</td><td colspan="3">熟知 EP2002 型制动控制系统的组成；熟知智能阀、RIO 阀和网关阀的作用。</td></tr>
<tr><td>班　　级</td><td></td><td>姓　　名</td><td></td></tr>
<tr><td>学习小组</td><td></td><td>工作时间</td><td></td></tr>
<tr><td colspan="4">【知识认知】</td></tr>
<tr><td colspan="4">1. 正确识别智能阀、网关阀和 RIO 阀。
2. 分析广州地铁 3 号线车辆的气路布置图。</td></tr>
<tr><td colspan="4">【能力训练】</td></tr>
<tr><td colspan="4">1. 在地铁车辆上能正确识别智能阀、网关阀和 RIO 阀。

a)　　　　b)</td></tr>
</table>

（续）

2. 能分析广州地铁3号线车辆的气路布置图。

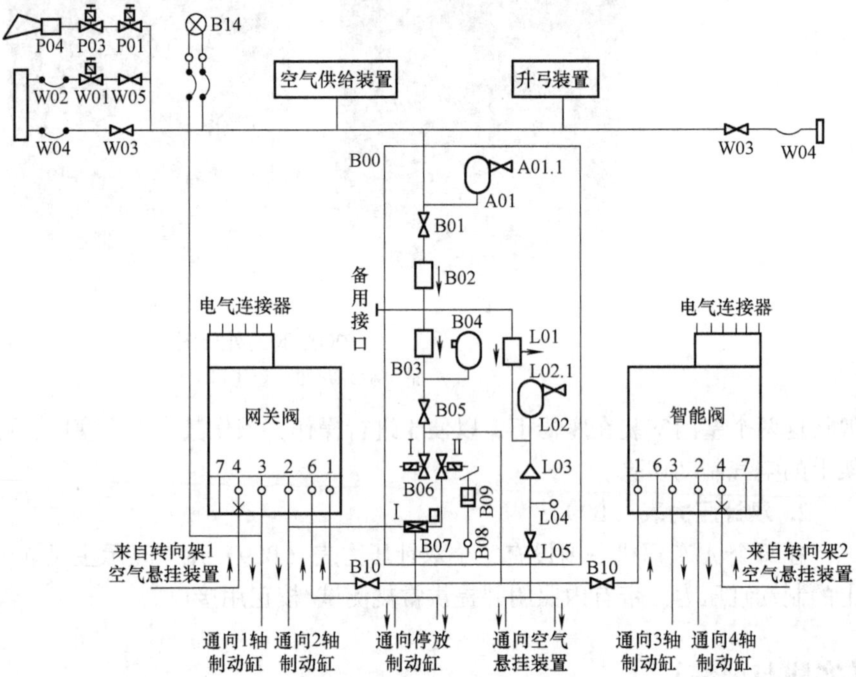

任务学习其他说明或建议：

指导老师评语：

任务完成人签字： 日期： 年 月 日

指导老师签字： 日期： 年 月 日

课题2 EP2002型制动控制系统作用原理

【知识要点】

1. 熟知EP2002阀的内部气路结构；
2. 熟知EP2002型制动控制系统的网络结构；
3. 熟知EP2002型制动控制系统的制动管理及工作逻辑；
4. 熟知EP2002型制动控制系统在各种模式下的制动控制。

一、EP2002阀内部气路结构

所有EP2002阀的内部气路结构是相同的，为了便于理解，将它的功能区域可分成如图

5-3 所示的几个区域来进行说明。

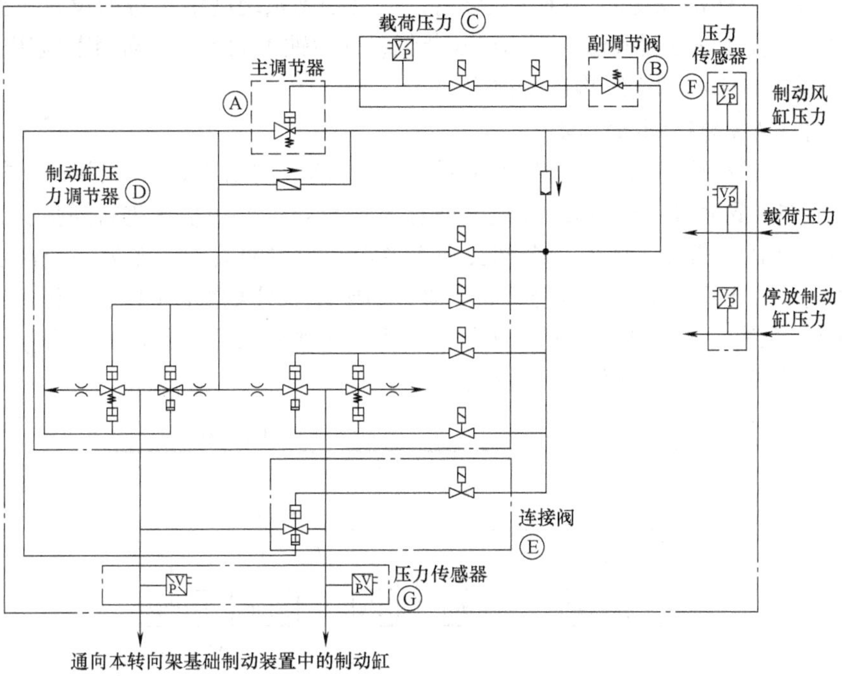

图 5-3　EP2002 阀内部气路原理图

1）主调节器（“A”区域）。由一个中继阀负责调整压力到相应载荷的紧急制动压力值。如果电子称重系统发生故障，该阀也负责提供一个最小的空载紧急制动压力。

2）副调节器（“B”区域）。在主调节器的上游，副调节器负责限制供给到制动缸的最大压力不超过超员载荷下紧急制动压力的水平。

3）载荷压力（“C”区域）。负责提供控制压力到主调节器中继阀。这个控制压力在常用制动和紧急制动时有效，并且与空气悬挂压力（ASP1．ASP2）成正比。

4）制动缸压力调整器（“D”区域）。负责将主调节器的输出压力调整成所要求的制动缸压力大小。制动缸压力调整区域也负责防滑保护功能激活时的制动缸压力调节。为了安全起见，紧急制动电路和常用制动控制电路是分开的。

5）连接阀（“E”区域）。连接阀可以使制动缸压力连接到一起或分开。在常用制动和紧急制动时，向两根轴上的制动缸输出气路连接到一起，以转向架为单位施加制动；在车轮防滑保护功能激活时，两根轴的制动缸压力被分离开来，每个轴上的制动缸压力是由制动缸压力调整阶段单独控制的。

6）压力传感器（“F”和“G”区域）。压力传感器用于内部调节或外部显示（制动风缸压力、载荷重量、制动缸压力、停放制动）。

按照上述功能区域进行划分，仅为了方便理解该阀内部气路特性。EP2002 阀是一种精密的机械电子阀，由上百个零件组成，供货时将以整体的形式提供给车辆制造商。

二、EP2002 型制动控制系统网络结构

EP2002 型制动控制系统的网络结构，关系到列车制动控制以及制动力分配等关键问题。

EP2002 型制动控制系统具有很高的可用性和灵活性，可与多种总线结构兼容，如 MVB 总线、RS485 总线、LONBUS 总线和 FIP 总线等。制动控制系统网络结构的设置主要应从安全性、可靠性、经济性等方面考虑，下面以 6 节编组的地铁车辆为例，对目前应用较多的两种 EP2002 型制动控制系统网络结构进行说明。

1. 半列车 CAN 总线网络结构

半列车 CAN 总线网络结构是将半列车所有的 EP2002 阀用 CAN 总线相连，并由 B 车和 C 车上的两个网关阀通过 MVB 总线（或其他总线）与列车控制系统进行通信，如图 5-4 所示。每半列车上 B 车和 C 车中的一个网关阀将被定义为主网关阀，而另一个被定义为从网关阀。当主网关阀出现故障时，从网关阀能够自动接替主网关阀的工作，保证了系统的冗余性。如果 MVB 总线（或其他总线）出现故障，则网关阀将按照默认状态工作。另外，CAN 总线由两对双绞线组成，具有较好的冗余性。

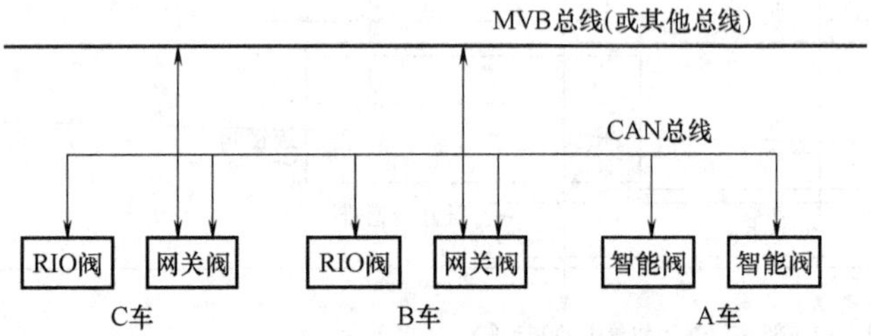

图 5-4 半列车 CAN 总线网络结构图

在 B 车和 C 车上各设置一个 RIO 阀的目的是 RIO 阀可以通过硬连线与其控制的转向架上的牵引控制单元进行通信，使电制动和空气制动协调工作。根据每个项目的实际情况，在充分研究网关阀与车辆总线信息传输量的情况下，可以考虑用网关阀与 MVB 总线（或其他总线）之间的通信来代替 RIO 阀与其控制的转向架牵引控制单元的通信工作。这样 B 车和 C 车上的 RIO 阀就可以用智能阀来代替，增强了部件的互换性，同时也减少了备品备件的种类，经济性更好。

2. 单节车 CAN 总线网络结构

单节车 CAN 总线网络结构是将每节车上的两个 EP2002 阀用 CAN 总线相连，并由每节车上的网关阀通过 MVB 总线（或其他总线）与列车控制系统进行通信。如果 MVB 总线出现故障，则网关阀将按照默认状态工作。单节车 CAN 总线网络结构如图 5-5 所示。

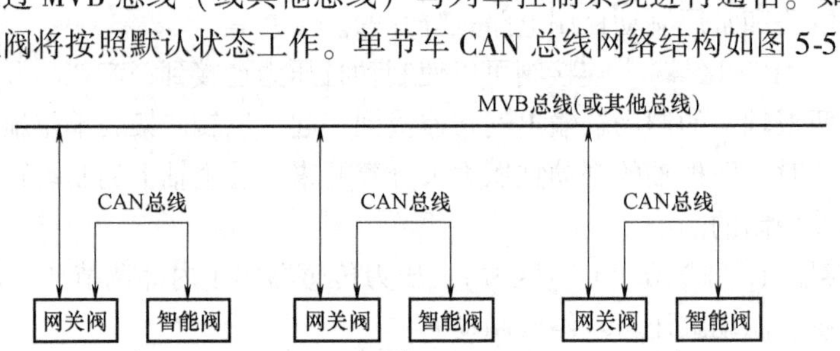

图 5-5 单节车 CAN 总线网络结构图

从安全性和可靠性的角度进行分析，半列车 CAN 总线网络结构中的从网关阀作为主网关阀的备份，具有较好的冗余性，如果 CAN 总线在 A、B 两车之间断开，将导致 A 车的空气制动失效，但发生这种故障的概率是比较低的。而在单节车 CAN 总线网络结构中，如果某节车上的网关阀出现故障，则本节车空气制动失效；如果某节车上的 CAN 总线断开，则一个转向架上的空气制动失效。经过上述对比可见，半列车 CAN 总线网络结构的安全性和可靠性略高于单节车 CAN 总线网络结构。

从经济性角度进行分析，半列车 CAN 总线网络结构比单节车 CAN 总线网络结构少使用一个网关阀，多使用了一个 RIO 阀或智能阀。如单纯从 EP2002 阀的总价格来考虑，半列车 CAN 总线网络结构的价格要低于单节车 CAN 总线网络结构的价格，但是由于半列车 CAN 总线网络结构比单节车 CAN 总线网络结构所使用的 CAN 总线更长，所以从综合成本考虑，两者基本相同。

三、EP2002 型制动控制系统的制动管理及工作逻辑

在单节车 CAN 总线网络结构的 EP2002 型制动控制系统中，一般选择由列车上的主车辆控制单元（VCU）负责列车的制动管理。除紧急制动外，主 VCU 控制列车电制动力与空气制动力的分配。制动力指令由列车总线传输给 VCU 和网关阀，主 VCU 连续循环计算车辆系统所需制动力的大小，实际总制动力值由车辆的载荷所决定。主 VCU 再根据网压、电制动/空气制动分配特性将总制动力合理地分配给电制动控制单元和空气制动控制单元。另外，为了使列车具有载荷补偿功能和制动故障时车辆内部制动力能合理分配，VCU 和网关阀之间通过列车和车辆总线进行实际制动力施加值的数据交换。

在半列车 CAN 总线网络结构的 EP2002 型制动控制系统中，可以选择由列车上的主车辆控制单元（VCU）负责列车的制动管理；也可以设置两个半列车 CAN 总线网络结构中的任何一个主网关阀作为整列车的主网关阀，负责列车的制动管理，另一个半列车 CAN 总线网络结构中的主网关阀作为备份。

广州地铁 3 号线车辆采用由 VCU 来负责列车的制动管理的工作模式，其制动控制系统的工作逻辑图如图 5-6 所示。

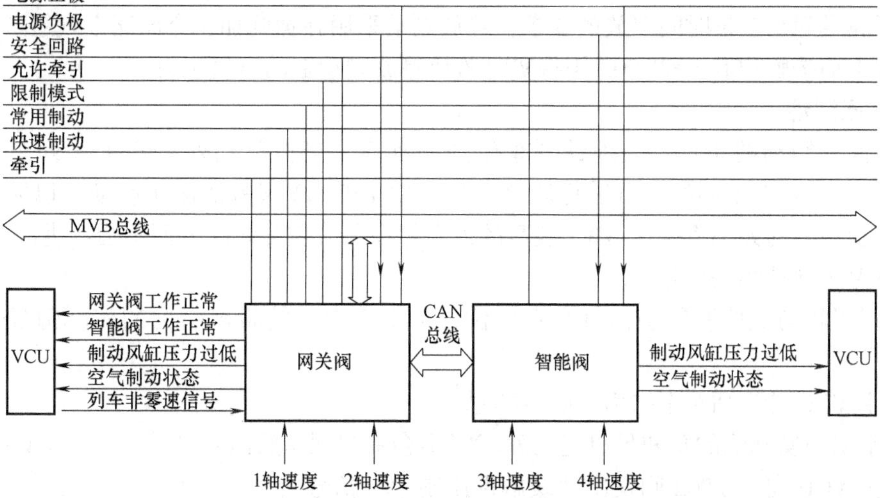

图 5-6　广州地铁 3 号线车辆制动控制系统工作逻辑图

四、制动控制

1. 常用制动

在常用制动模式下，电制动和空气制动一般都处于激活模式，以便电制动和空气制动之间的及时转换。常用制动优先采用电制动，当电制动故障或电制动力不足时由空气制动补充，以达到要求的常用制动减速度。常用制动具有防滑控制功能并且受到冲击极限的限制。

每个 EP2002 阀测量其控制的转向架的载荷，并通过局部制动控制卡传输数据到 CAN 总线。CAN 总线内的主网关阀通过 MVB 总线（或其他总线）与列车控制系统进行通信，根据列车控制数据和转向架载荷为本节车的每个转向架产生单独的、与载荷信号相关的空气制动力指令，并通过 CAN 总线将指令发给各个 EP2002 阀。上述过程考虑到了每个转向架的黏着限制情况，每个局部制动控制卡通过气动阀和气动阀单元内的传感器反馈信号提供闭环摩擦制动控制。

2. 快速制动

当司机操作司机控制器手柄使其处于快速制动位时，快速制动被触发。快速制动是一种特殊的制动模式，快速制动与紧急制动的制动率相同。快速制动优先使用电制动，当电制动故障或电制动力不足时由空气制动补充，快速制动命令是可以恢复的，快速制动时具有防滑控制功能并且受到冲击极限的限制。快速制动时 EP2002 型制动控制系统的工作原理基本与常用制动时相同。

3. 紧急制动

紧急制动是列车在紧急情况下而采取的制动方式。紧急制动是通过列车安全回路来控制的，一般情况下紧急制动可以由以下系统或元件触发：紧急按钮、列车超速、警惕按钮、车钩断钩、ATP 系统等。紧急制动一经触发，列车安全回路中断，触发信号传输给列车控制单元和牵引控制单元，牵引控制单元中断牵引系统工作。紧急制动是按照比常用制动更高的制动率而设计的。紧急制动仅仅由空气制动提供，且制动命令在停车之前是不可恢复的，紧急制动时具有防滑控制功能但不受冲击极限的限制。

4. 停放制动

为了满足列车较长时间停放的要求，停放制动采用弹簧施加，充压缩空气缓解方式，另外还具有手动缓解功能。EP2002 阀将实时监控停放制动缸的空气压力。

5. 保压制动

激活保压制动的条件：当地铁列车施加制动后，当检测到列车停车（列车速度约为 0.5km/h，可以根据不同的项目进行调整）后，由 EP2002 阀激活保压制动，以防止列车溜车。保压制动力的大小将保证 AW3 载荷的列车停在最大坡度线路上而不会产生溜车。

缓解保压制动的条件是：

1）司机将司机控制器手柄打在牵引位，每个牵引系统将牵引力的实际值发送给列车主 VCU。

2）主 VCU 计算列车牵引力实际值的总和。

3）牵引力实际值的总和足以起动列车（不会引起列车后溜）。

4）主 VCU 向 EP2002 阀发出“缓解保压制动”信号。

空气制动的状态信号将反馈给 VCU，VCU 通过该信号确认制动是否缓解。如果空气制动在某一时间段内没有完全缓解，则主 VCU 将向各牵引系统发出中断牵引的指令，并再次施加保压制动。

6. 车轮防滑保护功能

车轮防滑保护系统采用轴控防滑方式，包括防滑阀、测速齿轮、速度传感器、防滑电子控制单元，防滑电子控制单元和防滑阀都集成在 EP2002 阀内。

车辆防滑保护控制集成在 EP2002 型控制系统内。系统通过控制制动力来检测和校正车轮的滑行。安装于每根轴上的速度传感器用来监控轴速，这个信息共享于 CAN 区域内的 EP2002 阀。

如果 EP2002 阀检测到滑行，它将控制制动缸压力来校正该轴上的车轮滑行。当列车制动并且检测到滑行存在时，车轮防滑保护控制能独立控制每根轴的制动力。以下两种检测车轮滑行的方法用于确定低黏着情况的存在：

1）单个轴过大的减速度变化率。

2）每根轴和旋转速度最高的轴的速度偏差。

当由上述任意一条件检测到车轮滑行时，则负责其控制的转向架的 EP2002 阀将快速沟通该轴制动缸与大气之间的通路，通过减小制动缸的压力来消除滑行现象；同时控制系统将定期执行地面速度检测，以便更新计算真实的列车速度。系统能根据轨道条件精确地控制滑行深度，这将改进后面车轮的黏着条件，在低黏着情况下使用最大制动力，同时确保没有车轮擦伤。当车轮防滑保护装置计算确定黏着条件回到正常状态时，系统将返回到最初的状态，地面速度检测将结束。

实际上，列车的防滑控制使用了两套完全独立的防滑系统：电制动防滑系统和空气制动防滑系统。电制动防滑控制由列车控制单元 VCU 中的牵引控制功能模块 TCF 执行，其控制以转向架为基础。一旦检测到滑行发生，施加在滑行转向架的制动力将减少。空气制动防滑控制由 EP2002 型控制系统执行。当滑行发生时，施加在滑行轴上的制动力将减少。在任何轴上空气制动的滑行时间不超过 5s，否则，空气制动将自动恢复。

除此之外，EP2002 型制动控制系统还具有空气制动和停放制动状态检测功能、制动风缸压力过低检测功能、自测功能以及故障记录功能等。

【实践与训练】

学习工作单

<table>
<tr><td>工　作　单</td><td colspan="3">EP2002 型制动控制系统作用原理</td></tr>
<tr><td>任　　务</td><td colspan="3">熟知 EP2002 阀的内部气路结构；熟知 EP2002 型制动控制系统的网络结构；熟知 EP2002 型制动控制系统的制动管理及工作逻辑；熟知 EP2002 型制动控制系统在各种模式下的制动控制。</td></tr>
<tr><td>班　　级</td><td></td><td>姓　　名</td><td></td></tr>
<tr><td>学习小组</td><td></td><td>工作时间</td><td></td></tr>
<tr><td colspan="4">【知识认知】</td></tr>
<tr><td colspan="4">1. 分析 EP2002 阀内部气路区域的功能。
2. 分析半列车和单节车的总线网络结构、比较其异同点。
3. 分析广州地铁 3 号线车辆制动控制系统的工作逻辑。
4. 分析 EP2002 型制动控制系统在各种模式下的制动控制过程，比较其异同点。</td></tr>
</table>

（续）

【能力训练】

1. 分析半列车的总线网络结构。

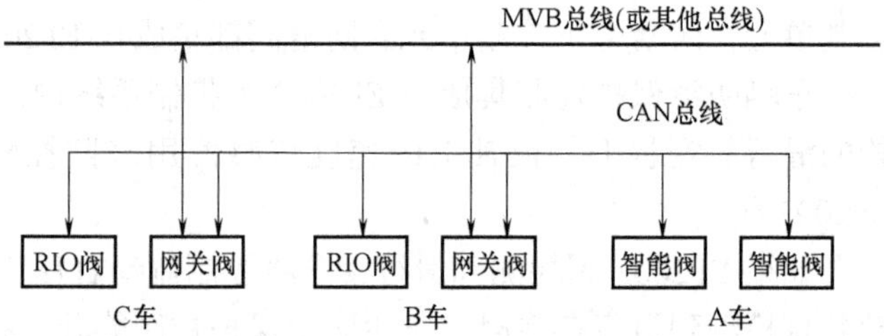

2. 分析广州地铁3号线车辆制动控制系统的工作逻辑。

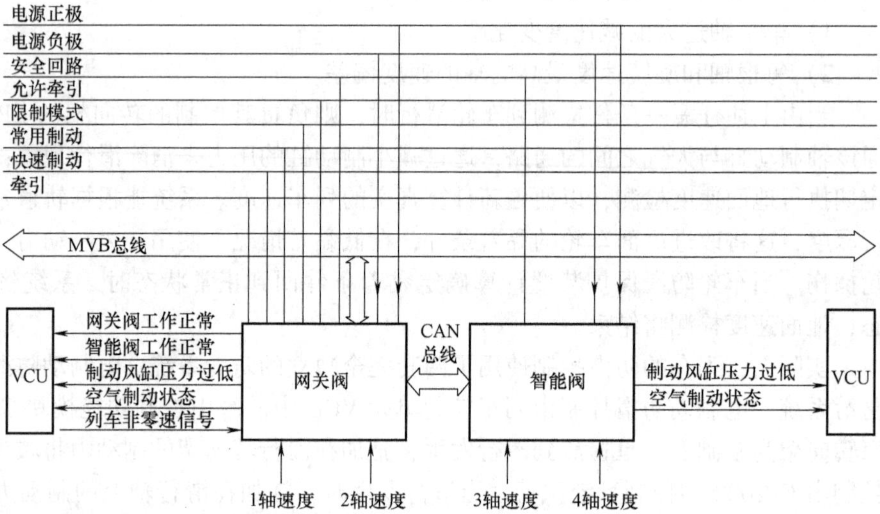

任务学习其他说明或建议：

指导老师评语：

任务完成人签字： 日期： 年 月 日

指导老师签字： 日期： 年 月 日

课题3　EP2002型制动控制系统的特点

【知识要点】

1. 熟知EP2002型制动控制系统的优点；
2. 熟知EP2002型制动控制系统的缺点。

一、EP2002型制动控制系统的优点

1）减小了故障情况下对列车的影响。如果一个EP2002阀出现故障，则只有一个转向架的常用制动失效，地铁列车只需要对此转向架损失的常用制动力进行补偿即可；而如果常规制动控制系统中的微机制动控制单元EBCU（简写为ECU）出现故障，地铁列车需要对本节车损失的制动力进行补偿。所以使用架控方式的EP2002型制动控制系统尤其适合于短编组的地铁列车（紧急制动力无法补偿）。

2）缩短了制动响应时间。根据克诺尔的试验数据，EP2002型制动控制系统的响应时间比常规制动控制系统的响应时间缩短约0.2s。

3）提高了制动精确度。常规制动控制系统的精确度约为±20kPa，而EP2002型制动控制系统提供给制动缸制动力的精确度可以达到±15kPa。

4）空气消耗量减少。由于EP2002阀靠近转向架安装，从EP2002阀到制动缸的管路长度缩短，所以在制动时的空气消耗量将减小，同时空气泄漏量也将减小。

5）节省安装空间、减轻重量、减少布管和布线数量。

6）更高的可靠性和可用性，降低了故障率，根据克诺尔的计算，EP2002型制动控制系统的故障率比常规制动控制系统的故障率减少了约50%左右。

7）维护工作量小。EP2002型制动控制系统部件集成化程度较高，需要维护的部件较少，大修期从常规制动控制系统规定的6年提高到9年。

8）缩短了安装和调试时间。

9）可以根据每个转向架的载荷压力调整施加在其控制的转向架上的制动力，比常规制动控制单元以每节车载荷压力进行制动力控制更加精确和优化。

二、EP2002型制动控制系统的缺点

1）关键部件维护难度增大。由于EP2002阀的技术含量和集成化程度很高，如果EP2002阀出现故障，基本上都需要将整个阀送回制造厂家进行维修，维修周期长；而常规制动控制系统出现故障，有经验的工作人员可以直接查找并更换故障部件（如压力传感器、防滑阀、印刷电路板等），可大大缩短维护周期，减少对车辆产生的影响。

2）互换性差。在EP2002型制动控制系统中如果一个EP2002阀出现故障，只能够用相同类型的阀进行更换；而常规制动控制系统中的微机制动控制单元EBCU甚至EBCU中单独的印制电路板出现故障，在所有车上的设备中都可以互换。

3）无直观的故障显示码。常规制动控制系统中的微机制动控制单元EBCU安装在车上的电器柜内，可以提供4位数字的故障码显示，有利于工作人员查找故障；而EP2002型制

动控制系统没有直观的数字故障码显示功能，工作人员只能通过专用软件才能查找故障。

【实践与训练】

学习工作单

<table>
<tr><td>工　作　单</td><td colspan="3">EP2002 型制动控制系统的特点</td></tr>
<tr><td>任　　务</td><td colspan="3">熟知 EP2002 型制动控制系统的优点；熟知 EP2002 型制动控制系统的缺点。</td></tr>
<tr><td>班　　级</td><td></td><td>姓　　名</td><td></td></tr>
<tr><td>学习小组</td><td></td><td>工作时间</td><td></td></tr>
<tr><td colspan="4">【知识认知】</td></tr>
<tr><td colspan="4">1. 分析 EP2002 型制动控制系统的优缺点。
2. 对 EP2002 型制动控制系统与常规制动控制系统进行比较，分析其使用性能。</td></tr>
<tr><td colspan="4">【能力训练】</td></tr>
<tr><td colspan="4">1. 分析 EP2002 型制动控制系统的优缺点。</td></tr>
<tr><td colspan="4">2. 对 EP2002 型制动控制系统与常规制动控制系统进行比较，分析其使用性能。</td></tr>
<tr><td colspan="4">任务学习其他说明或建议：</td></tr>
<tr><td colspan="4">指导老师评语：</td></tr>
<tr><td colspan="4">任务完成人签字：　　　　日期：　年　月　日
指导老师签字：　　　　日期：　年　月　日</td></tr>
</table>

第 6 单元　KBGM 型制动控制系统

课题 1　KBGM 型制动控制系统概述

【知识要点】

1. 了解 KBGM 型制动控制系统的设计、组成、特点及控制概述；
2. 了解 KBGM 型制动控制系统的发展。

KBGM 型制动控制系统是由德国克诺尔（Knorr）公司生产的一种控制系统。该系统用一条列车线贯通整个列车，形成连续回路，其电气指令采用脉冲宽度调制（PWM），能进行无级控制。它的制动方式有三种，即再生制动、电阻制动和空气制动，分别为第一、第二和第三优先制动。其电空制动控制系统如图 6-1 所示。

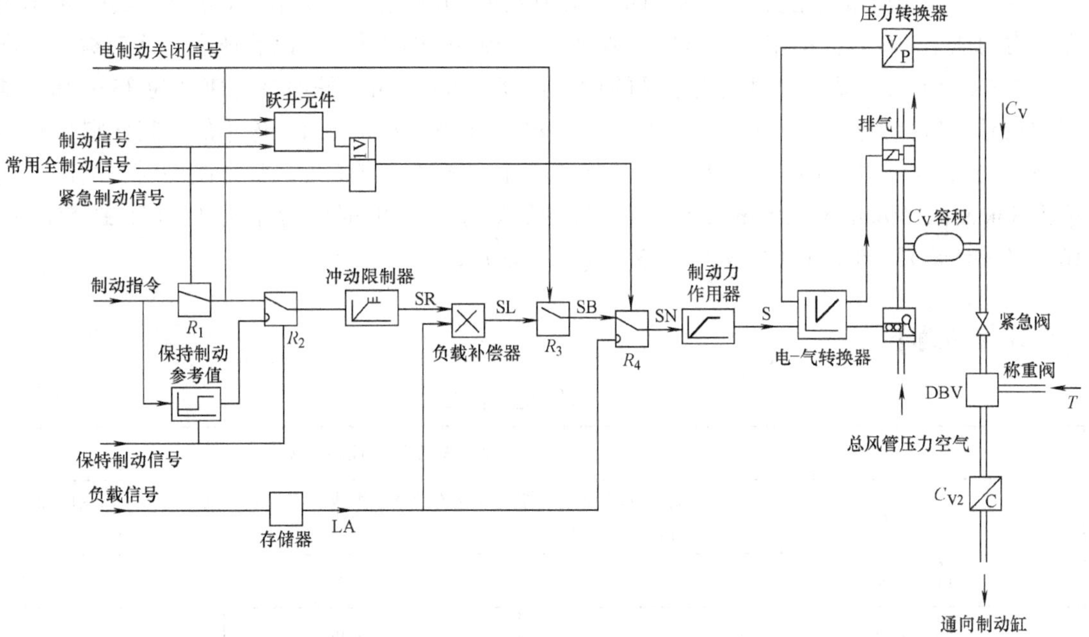

图 6-1　KBGM 型电空制动控制系统

图 6-1 中输入信号的功能如下：

1）制动指令。此指令是微机根据变速制动要求，即司机施加制动的百分比（常用制动为 100%）所下达的指令。

2）制动信号。这是制动指令的一个辅助信号，它表示运行的列车即将要制动。

3）负载信号。这个信号来自于空气弹簧。

4）电制动关闭信号。此信号为信息信号，它的出现意味着空气制动要立即替补即将消失的电制动。

5）紧急制动信号：这是一个安全保护信号，它可以跳过电子制动控制系统，直接驱动制动控制单元（BCU）中的紧急阀动作，从而实施紧急制动。

6）保持制动（停车制动）信号。这个信号能防止车辆在停车前的冲动，能使车辆平稳地停止。

当列车开始制动时，首先是动力制动，即再生制动和电阻制动。每个动车的电制动为主制动，且优先于空气制动，由于在电制动时不存在制动闸片或制动盘的磨损，因此这种方式更经济。电制动力对于特定速度和负载条件，可以满足列车单元（MC + TC）在没有摩擦制动系统支持条件下的减速。电阻制动用于承担不能再生的那部分制动电流。如果再生制动失败，则由电阻制动承担全部动力制动。一旦电制动不能提供司机主控制器所要求的制动力，那么不能提供的部分制动力将由空气制动补充。当列车速度降低到6km/h以下时，电制动将被全部切除，所有给定的制动力全由空气制动提供。

在一般常用制动模式中，每个动车的电制动都能使自己的动车和拖车减速到特定的速度和负载条件相对应的制动参考值。如果相对应的参考值和负载的制动力设定值超过最大可用的电制动力，那么剩余的制动力最先由相应的拖车的电空制动补充，其余的由动车补充。

目前，许多城市轨道交通车辆由四节编组改为六节编组，即A-B-C-C-B-A，其中A车为无动力的拖车，B车为动车，C车为带制动空气压缩机组的动车；以后还会有八节编组，即A-B-C-B-C-B-C-A。城市轨道交通车辆的设计速度为80km/h，平均旅行速度为35km/h。常用制动时，当制动初速为80km/h、60km/h、40km/h和20km/h时，停车的时间分别为19.3（±15%）s、14.5（±15%）s、11.1（±15%）s和5.6（±15%）s。紧急制动时，当制动初速为80km/h、60km/h、40km/h和20km/h时，紧急停车的时间分别为17.1（±15%）s、16.7（±15%）s、8.6（±15%）s和5.6（±15%）s。

【实践与训练】

学习工作单

工　作　单	KBGM型制动控制系统概述		
任　　务	了解KBGM型制动控制系统的设计、组成、特点及控制概述；了解KBGM型制动控制系统的发展。		
班　　级		姓　　名	
学习小组		工作时间	
【知识认知】			
1. 收集KBGM型制动控制系统的相关资料，分析KBGM型制动控制系统的组成和特点。 2. 理解KBGM型制动控制系统的部件组成及相互关系。			
【能力训练】			

（续）

按照 KBGM 型电空制动控制系统示意图，掌握各输入信号的功能及传递关系。

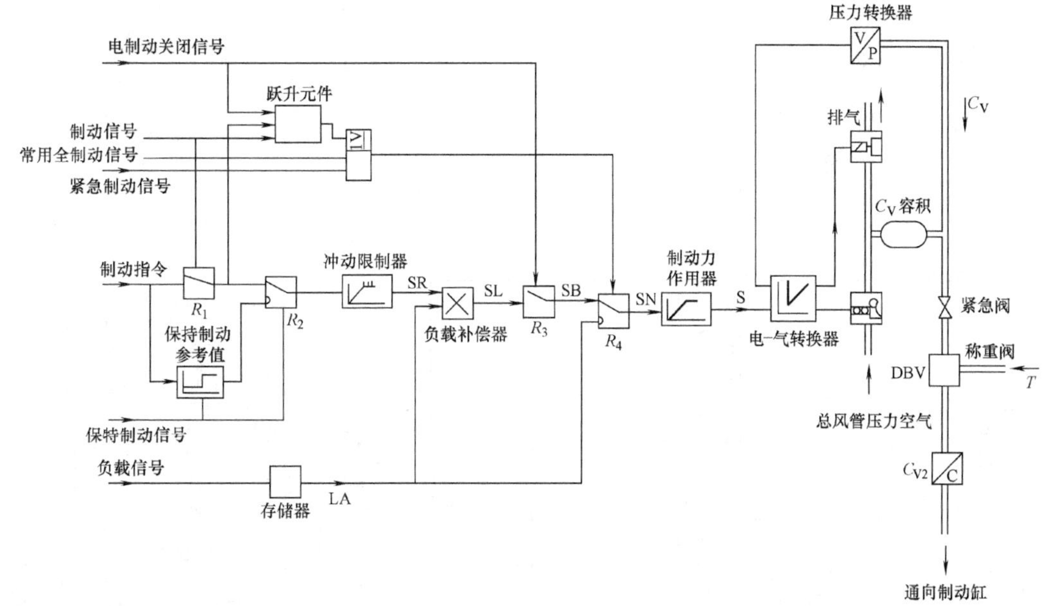

任务学习其他说明或建议：

指导老师评语：

任务完成人签字：　　日期：　年　月　日

指导老师签字：　　日期：　年　月　日

课题 2　KBGM 型制动控制系统的组成

【知识要点】

1. 熟知 KBGM 型制动控制系统的组成；
2. 熟知 KBGM 型制动控制系统主要部件的结构及作用。

图 6-1 所示为 KBGM 型电空制动控制系统，它由供气单元、制动控制单元（BCU）、微机制动控制单元（ECU）、防滑系统和单元制动机五个部分组成。

一、供气单元

该系统的供气单元主要由 VV120 型或 VV230 型活塞式空气压缩机组、空气干燥器和多个风缸组成。空气压缩机组和空气干燥器只在 C 车上安装，即一个六节编组列车有两套供气机组，而一个八节编组列车有三套供气机组。图 6-2 所示为模拟空气制动管路系统图。

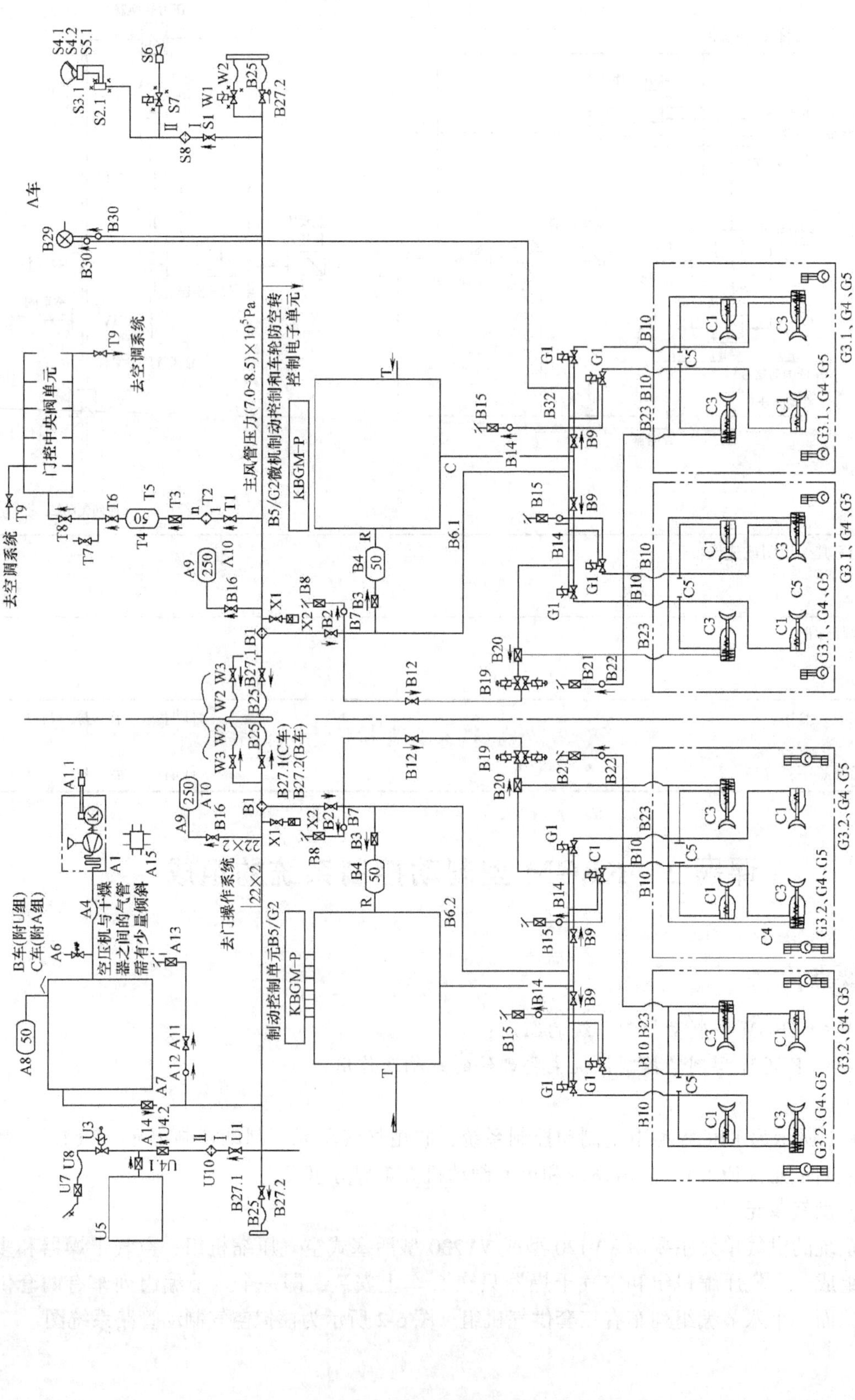

图 6-2 模拟空气制动管路系统图

A—供气装置 B—制动控制设备 C—基础制动装置 G—防滑保护设备 L—空气悬挂装置 S—气喇叭和刮水器装置
T—门操作装置 U—受电弓驱动装置 W—车钩操纵装置 X—车间供气

空气压缩机组为每个车组提供足够所需的干燥压缩空气，在供气过程中由安全阀和压力继电器对空气压力进行监控。安全阀的锁定值为 1000kPa；压力继电器是空气压缩机组电动机的控制元件，它的开起压力为 700kPa，切断压力为 850kPa。整个供气系统除了为空气制动供气外，还为受电弓、客室气动门、空气悬挂系统和刮水器等提供所需的压缩空气。

在空气制动系统中，由制动储风缸进入制动控制单元的压力空气，在微处理机和制动控制单元的控制下，进入各个单元制动机，中间要经过数个截断塞门和排气阀等。排气阀仅受微处理机的防滑系统控制，在制动和缓解过程中，排气阀仅作为进出制动缸的压力空气的通道而已，不产生任何动作。

此外，总风管还通过截断塞门、减压阀、电磁阀及双向阀通向具有弹簧（停车）制动器的单元制动机。这条通路是由司机在司机室内操纵电磁阀 B19 来控制停放制动的施行或缓解的，而双向阀 B20 的另一端与单元制动机相连，这主要是为了防止因常用制动与停放制动同时施加而造成制动力过大而设置的安全回路。

二、制动控制单元

制动控制单元（BCU）是电空制动的核心，主要由模拟转换阀（EP 阀）、紧急阀、称重阀和均衡阀等组成。这些部件都安装在一块铝合金的气路板上。同时，气路板上还配备了一些测试接口，如果要测量各个控制压力和制动缸压力，只要在这块气路板上测试就可以了。这块气路板被安装在车底的一个箱子里，打开箱盖便可以进行整机或部件的测试及检修。

1. 模拟转换阀（EP 阀）

模拟转换阀又称为电-气转换阀或 EP 阀，由一个电磁进气阀、一个电磁排气阀和一个气-电转换器组成，如图 6-3 所示。

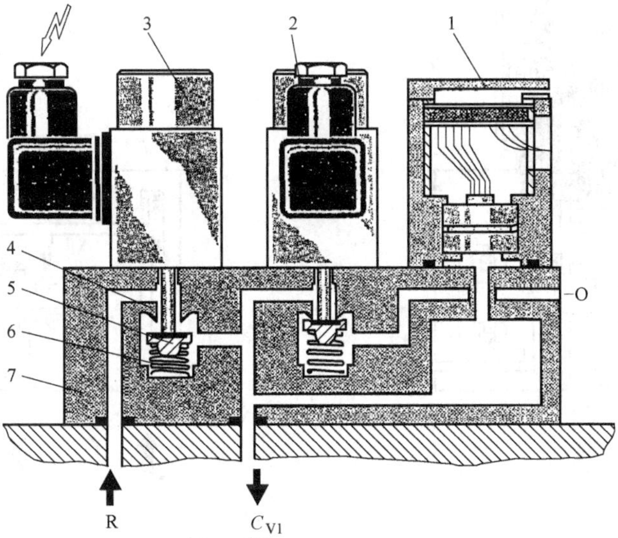

图 6-3 模拟转换阀

1—气-电转换器 2—电磁排气阀 3—电磁进气阀（图 6-3 所示绕组处于励磁状态） 4—阀座 5—阀 6—弹簧 7—阀体 R—由制动储风缸引入压力空气 C_{V1}—预控制压力空气引出 O—排气口

当电磁进气阀的励磁绕组接收到微处理机要求提供一定的摩擦制动的电指令时，励磁绕组吸开进气阀，使 R 口引入的制动储风缸的压力空气通过该进气阀转变成与电指令要求相符的压力，即预控制压力 C_{V1}，并送向紧急阀。与此同时，具有 C_{V1} 的压力空气也送向气-电转换器和电磁排气阀。气-电转换器将压力信号转换成相对应的电信号，马上反馈送回微处理器，让微处理器将此信号与制动指令比较。如果电信号大于制动指令，则关小进气阀并开起排气阀；如果电信号小于制动指令，则继续开大进气阀，直到预控制压力 C_{V1} 与制动电指令的要求相符为止。从模拟转换阀出来的 C_{V1} 压力空气通过气路板内的气路进入紧急阀的 A2 口。

2. 紧急阀

紧急阀实际上是一个二位三通电磁阀，它有三条通路：A1 与制动储风缸相连接，A2 与模拟转换阀的输出口相连接，A3 与称重阀的输入口相连接。

在紧急制动时，紧急阀不励磁，滑动阀受弹簧压力滑向右侧，使 A1 与 A3 之间的通路畅通，即制动储风缸与称重阀相通，而切断模拟转换阀与称重阀的通路，使压力空气直接通过称重阀作用在单元制动机上。

在常用制动时，如图 6-4b 所示，紧急阀励磁，滑动阀受空气压力控制滑向左侧，使 A1 与 A3 之间的通路断开，A2 与 A3 之间的通路畅通，即模拟转换阀与称重阀相通，而切断称重阀与制动储风缸的通路，这时预控制压力 C_{V1} 经过紧急阀进入称重阀。当预控制压力 C_{V1} 经过紧急阀时，由于阀的通道阻力使预控制压力略有下降，这个从紧急阀输出的预控制压力称为 C_{V2}。因此，进入称重阀的压力空气为 C_{V2}。

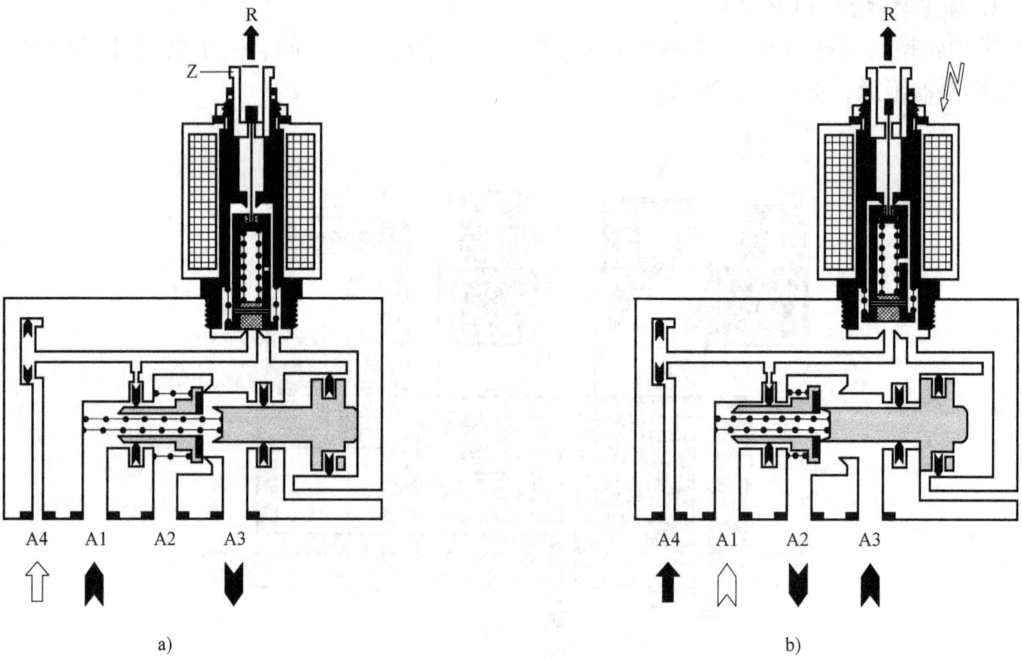

图 6-4 紧急阀的两种工况

a）未励磁工况 b）励磁工况

A1—通制动储风缸 A2—通模拟转换阀 A3—通称重阀 A4—控制空气的通路 Z—手柄 R—排气口

3. 称重阀

称重阀即空重车调整阀，为杠杆膜板式，主要用来限制过大的制动力。它根据车辆的负载情况来限制预控制压力 C_{V1} 的升高，从而限制制动储风缸内压力的形成，以此防止车辆在紧急制动时产生过大的制动力。因此，在常用制动中称重阀几乎不起作用，仅起预防作用，以预防模拟转换阀控制失灵。而称重阀主要是在紧急制动时作用，压力空气直接从制动储风缸经紧急阀到达称重阀，中间未受模拟转换阀的控制，而紧急阀也仅仅作为通路供选择，不起压力大小的控制作用。因此，在紧急制动时，预控制压力只受称重阀的限制，即为最大的预控制压力，如图 6-5 所示。

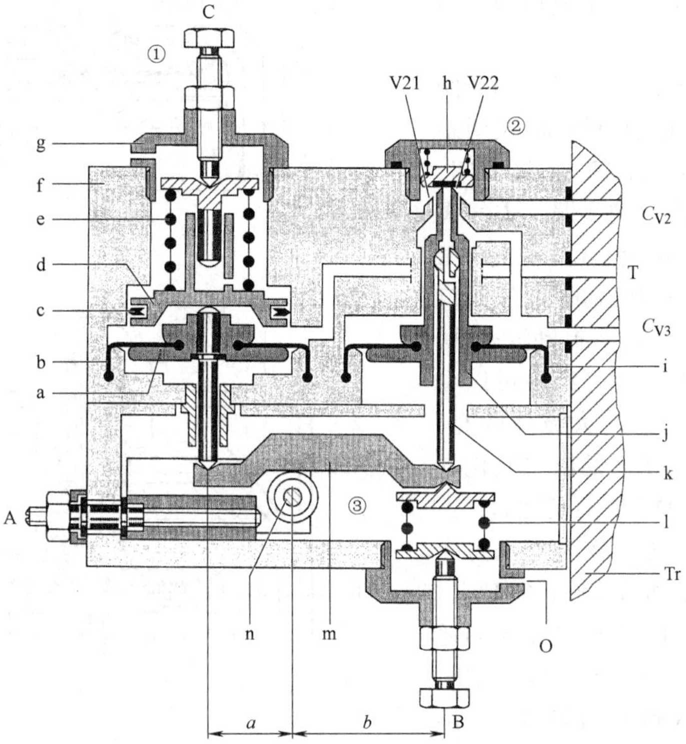

图 6-5　称重阀

a—膜板　b—活塞　c—克诺尔密封圈　d—从动活塞　e—压缩弹簧　f—阀体　g—螺盖　h—橡胶夹心阀　i—膜板活塞　j—活塞　k—空心杆　l—弹簧　m—杠杆　n—支点滚轮　A、B、C—调整螺栓　V21—充气阀座　V22—排气阀座　Tr—管座　O—排气口　T—气动负载信号　C_{V2}、C_{V3}—预控制压力

称重阀由左侧的负载指令部分①、右侧的压力调整部分②和下方的杠杆部分③组成。

与车辆负载（车重）成正比的由空气弹簧所输出的压力空气，经称重阀管座的接口 T 充入膜板 a 和活塞 b 的上侧，形成向下的力，该力通过与活塞连接的作用杆作用在杠杆 m 的左端。由于杠杆左端受向下的力，使杠杆失去平衡，通过杠杆右端推动空心杆 k 上移，使橡胶夹心阀 h 离开其充气阀座 V21 而被顶开，于是，具有预控制压力 C_{V2} 的压力空气经开起的夹心阀阀口充入活塞 j 和膜板活塞 i 的上侧，当作用在活塞和膜板上的向下作用力达到某一值，从而使杠杆处于平衡状态时，夹心阀阀口关闭，活塞和膜板上的空气压力为预控制压力 C_{V3}，经管座的接口及气路板内的通路引向均衡阀，因此，均衡阀动作的控制压力为 C_{V3}。

杠杆的支点滚轮 n 的位置可通过调整螺栓进行调整，从而改变力臂 a、b 的大小。

4. 均衡阀

均衡阀如图 6-6 所示。均衡阀 KR-5 和 KR-6 在功能上是相同的，唯一的区别在于预控制压力 C_V 对 KR-5 有效，而对 KR-6 无效。它们是将预控室内的空气压力 C_V 变化同步地、以约 1∶1 的比例传至与 C 相连的单元制动缸内。

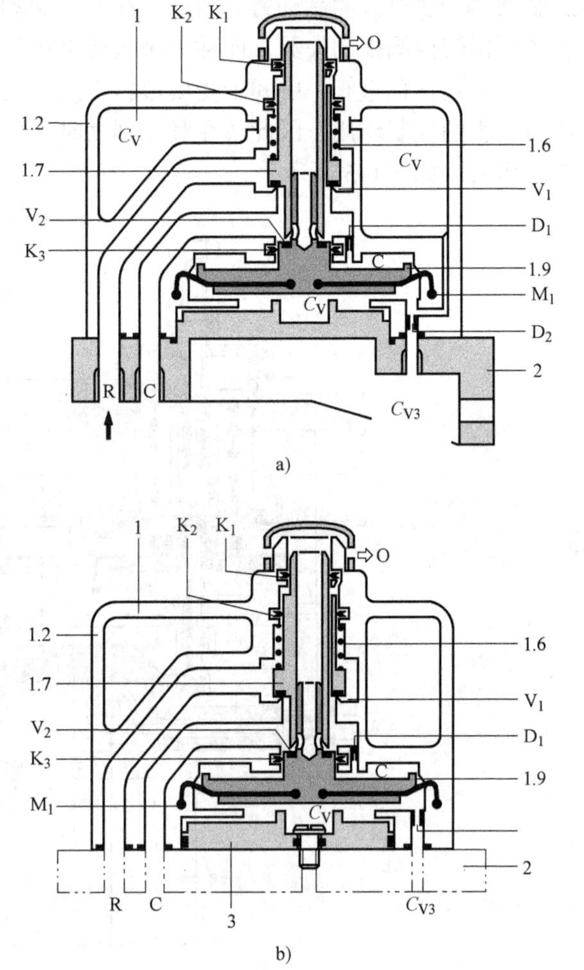

图 6-6　均衡阀

a) KR-5（带有效的 C_V 室）　b) KR-6 So（不带有效的 C_V 室）

1—控制室 C_V　2—气路板　3—均衡阀安装面　D_1、D_2—节流孔　V_1—进气阀座　V_2—排气阀座　M_1—膜板　1.2—阀体　1.6—弹簧　1.7—带橡胶阀面的空心导向杆　1.9—活塞　K_1、K_2、K_3—克诺尔密封圈　R—通向制动储风缸　C—通向各个单元制动缸　C_{V3}—来自称重阀的预控制压力　O—排气口

从称重阀经节流孔 D_2 进入均衡阀的 C_{V3} 压力空气，推动膜板 M_1 及活塞 1.9 上移，由此排气阀座 V_2 被关闭，压缩弹簧 1.6 的弹力被克服，进气阀座 V_1 被打开。使制动储风缸经接口 R 进入均衡阀的压力空气通过进气阀口与接口 C 相通，向各单元制动缸充风，产生制动作用。从上述介绍中可以看出，均衡阀能迅速进行大流量的充、排气。大流量压力空气的压力变化是随预控制压力 C_{V3} 的变化而变化的，进气阀上所产生的压力可作为 *C* 压力同时加在单元制动缸和活塞的表面 C 上。所产生的 *C* 压力和压缩弹簧 1.6 的弹力共同起作用，控制活塞回到其中间位置。这样，进气阀 V_1 将关闭，且排气阀 V_2 保持关闭状态，*C* 和 C_{V3} 的压力相等，并且互相间的压力传递比为 1∶1。因此，可以把均衡阀看作是一个气流放大器。

如果 C_{V3} 压力空气消失，均衡阀活塞在其上腔压力空气的作用下向下移动，于是空心导向杆的下橡胶阀面离开排气阀座 V_2，排气阀口开起，使各单元制动缸中的压力空气经开起的排气阀口 O，并经空心导向杆中空通路排入大气，列车缓解。

三、微机制动控制系统

制动控制系统中有一个用于控制电空制动和防止车轮滑行控制的微处理机，称为制动控制单元 BCU。制动控制单元 BCU 各部件在气路板上的安装位置如图 6-7 所示。该图是按气路连通关系绘制的展开图，不仅显示出了各部件之间的气路关系、气路板内的通路，也简略显示出各部件的外形。

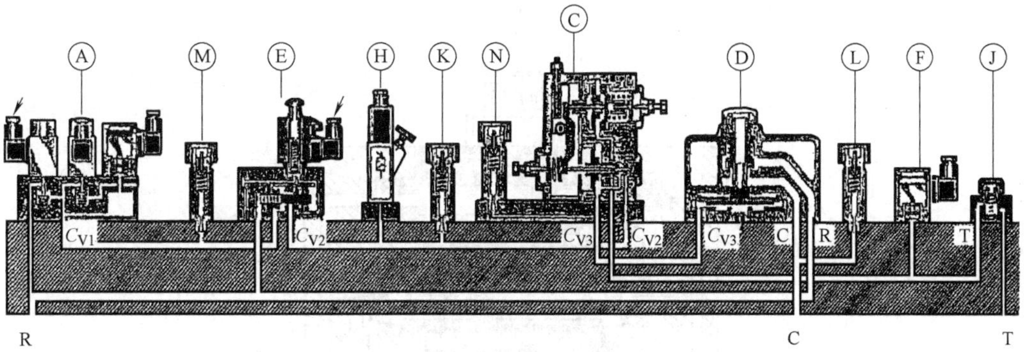

图 6-7　BCU 各部件在气路板上的安装位置展开图

Ⓐ—模拟转换阀　Ⓜ、Ⓚ、Ⓝ、Ⓛ—电磁阀　Ⓔ—紧急阀　Ⓗ—限压阀　Ⓒ—称重阀　Ⓓ—均衡阀　Ⓕ—压力传感器　Ⓙ—均压阀　R—通往制动储风缸的压力空气　C—通往各单元制动缸的压力空气　T—通往空气弹簧的压力空气

当列车在运行中施行制动时，所有与制动有关的参数信号将被输送到该微处理机中，微处理机立即计算出一个当时所需制动力的制动指令，这个指令由模拟转换阀转换成一个与电指令呈一定比例的预控制空气压力，然后再由预控制空气压力通过均衡阀使单元制动缸充入压力空气，并使单元制动缸压力与预控制空气压力相对应。这个制动控制系统对每一辆车的控制都是独立的。

此外，微机制动控制系统还具有整个制动控制系统的故障自诊断和故障储存功能。

四、防滑系统

防滑系统是制动控制系统的一部分，它也是独立工作的，在每根车轴上都设有一个对应的排气阀 G1，它们由防滑系统所控制。当某一轮对上车轮的制动力过大而使车轮滑行时，防滑系统所控制的与该车轮所对应的排气阀 G1 迅速连通单元制动缸与大气的通路，使单元制动缸迅速排气，从而解除该轮的滑行现象。防滑系统通过车轮测速装置 G3. 1、G4 及 G5 始终监视着同一车辆上四个轮对的转速，并控制着四个对应的排气阀 G1。

防滑系统一般由微机制动控制单元（B）、防滑阀、测速传感器组成。

防滑阀是城市轨道交通车辆中电子防滑系统的重要组成部分，它是防滑控制回路中的执行机构。防滑阀由电子开关装置控制。借助防滑阀，单元制动气缸中的空气压力能够逐级降低或者再次升高到设定的数值。GV12 防滑阀如图 6-8 所示。

防滑阀主要由一个带有两个换向隔膜的外壳、一个双阀用电磁铁、两个将阀用电磁铁与外壳连接在一起的侧板和一个阀门支架组成。外壳有两个阀座（VD 和 VC）。每个阀座都能够通过隔膜打开或关闭。D 隔膜可以接通或者断开从 D 室到 C 室（到单元制动缸）的连接。C 隔膜可以使 C 室和 O 排气口相连。双阀用电磁铁由两个二位三通换向阀（VM1 和 VM2）组成，其线圈在一个共用的塑料外壳里。

在未励磁状态下两个电枢通过电枢弹簧的弹力将外面的阀座密封，内部的阀座被打开（图 6-8）。两个侧板中包括隔膜控制室 SD 和 SC 以及通向双阀用电磁铁的输入管路。

（一）未通过防滑系统的制动和缓解

阀用电磁铁 VM1 和 VM2 不励磁。

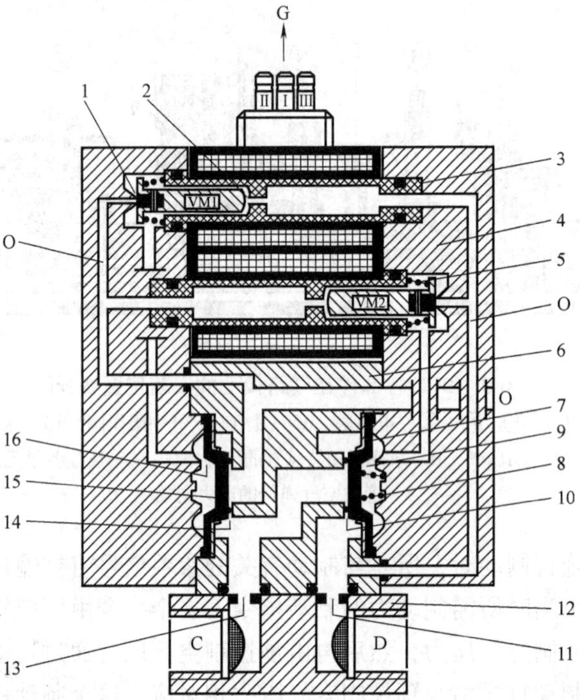

图 6-8 GV12 防滑阀

1—外部阀座 2—内部阀座 3—双阀用电磁铁 4—侧板 5—电枢弹簧 6—外壳 7—D 隔膜 8—锥形弹簧 9—控制室 SD 10—阀座 VD 11—喷嘴 dD 12—阀门支架 13—喷嘴 dC 14—阀座 VC 15—C 隔膜 16—控制室 SC C—通向单元制动缸 D—通向控制阀或压力转换器 G—通向防滑开关装置 O—排气口

1. 缓解（图 6-8）

阀门处于无压状态。D 隔膜通过锥形弹簧保留在阀座 VD 上。

2. 制动（图 6-9）

D 压力作用于 D 隔膜。由于控制室 SD 仍然没有压力，隔膜顶着锥形弹簧压向右侧末端，阀座 VD 开起。与此相反，通过开启的 VM1 内部阀座给控制室 SC 加载 D 压力。D 压力（与阀座 VC 的面积有关）作为一种闭合力作用于 C 隔膜，阀座 VC 被关闭，D 到 C 的通道开通，车辆可以无阻碍地进行制动。

3. 制动的解除（图 6-9）

在制动解除时阀门仍保持制动时的位置，即 D 和 C 之间的通道是开通的。一旦锥形弹簧的弹力超过了 D 压力（与隔膜的有效面积有关），在 D 压力小的情况下 D

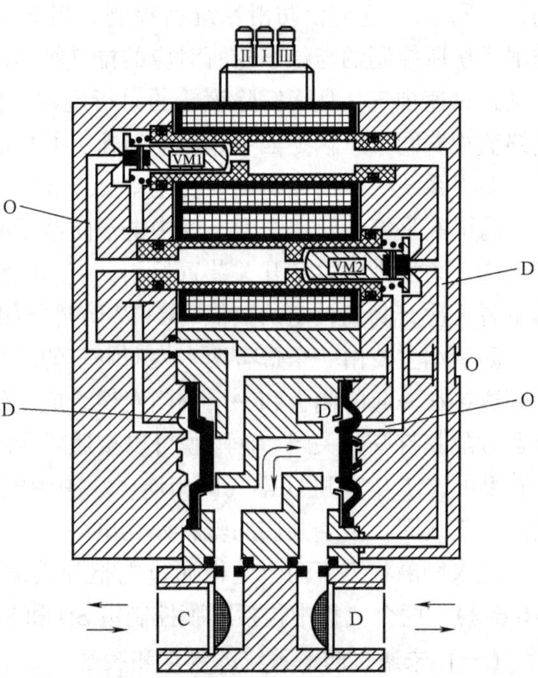

图 6-9 防滑阀（阀用电磁铁 VM1 和 VM2 不励磁）

隔膜就关闭。这样随着 D 压力不断降低 VC 阀座上的 C 压力也会降低。

（二）通过防滑系统制动与缓解

1. 缓解（图 6-10）

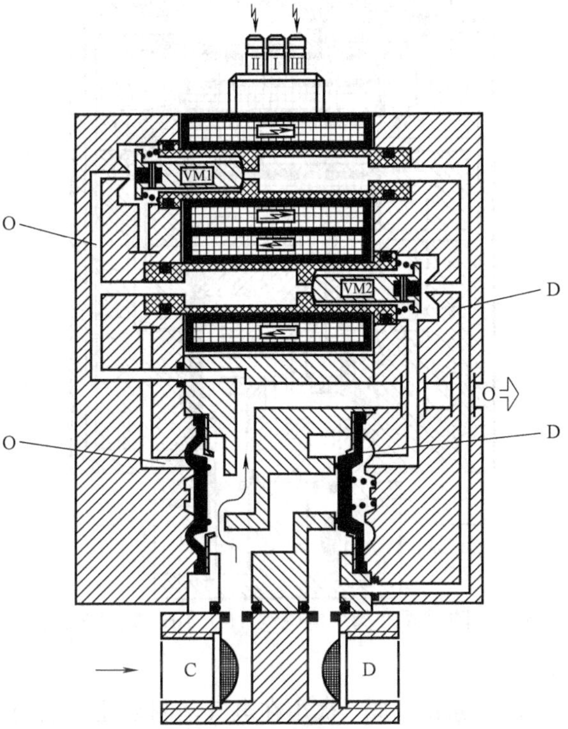

图 6-10　防滑阀（阀用电磁铁 VM1 和 VM2 励磁）

两个阀用电磁铁励磁。通过 VM2 给控制室 SD 加载 D 压力。在 D 隔膜上压力平衡，锥形弹簧将隔膜压到阀座 VD 上，压力 D 被阻断；通过 VM1 给控制室 SC 排气，C 压力将 C 隔膜压向左面，阀座 VC 打开，C 压力通过 VC 流向 O。

2. 通过防滑系统再次制动（图 6-9）

两个阀用电磁铁不励磁，控制室 SD 排气，SC 进气。其作用与未通过防滑系统的制动相同。

3. 通过防滑系统保持压力恒定（图 6-11）

阀用电磁铁 VM1 不励磁，VM2 励磁。给两个控制室 SD、SC 加载 D 压力，隔板将阀座 VD 和 VC 关闭，C 压力与 D 和 O 的通道关闭。通过有效操作阀用电磁铁的控制，不仅可以在排气阶段也可以在进气阶段产生恒压等级。

因此，可以根据防滑系统调节逻辑的要求，快速（无级地）或慢速（一级一级地）增压及降压。进气或排气的压力梯度（无级）是由喷嘴 dD 和 dC 决定的。喷嘴的大小取决于需控制的 C 容积（但并非所有型号都配有喷嘴）。

五、单元制动机

一般情况下，在每个转向架上都安装有两个不带停车制动功能的单元制动机和两个带有停车制动功能的单元制动机。同一类型的单元制动机成对角线安装，即每个轮对各有一个不带停车制动功能的单元制动机和一个带有停车制动功能的单元制动机。

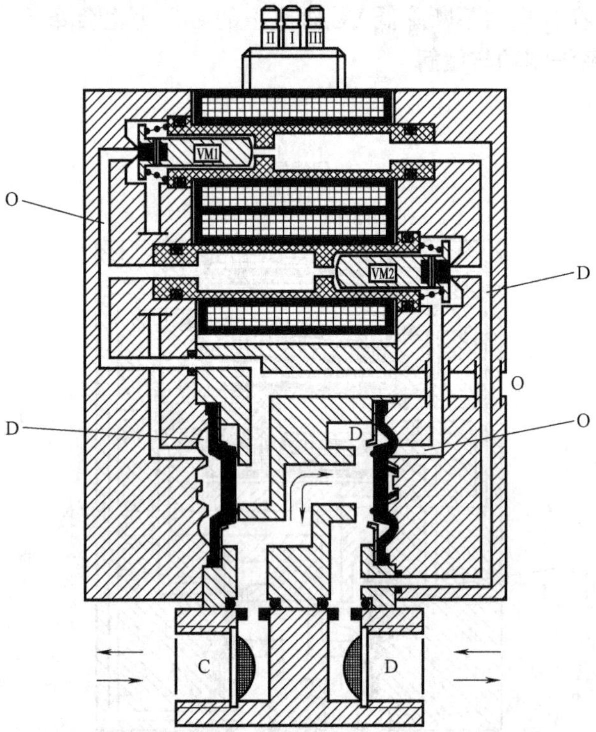

图 6-11 防滑阀（阀用电磁铁 VM1 不励磁、VM2 励磁）

1. 停放制动控制阀

停放制动控制阀为二位五通换向阀，被用在电气动制动控制系统中，该阀通过电脉冲触发，控制气量的交互充气和排气，如图 6-12 所示。

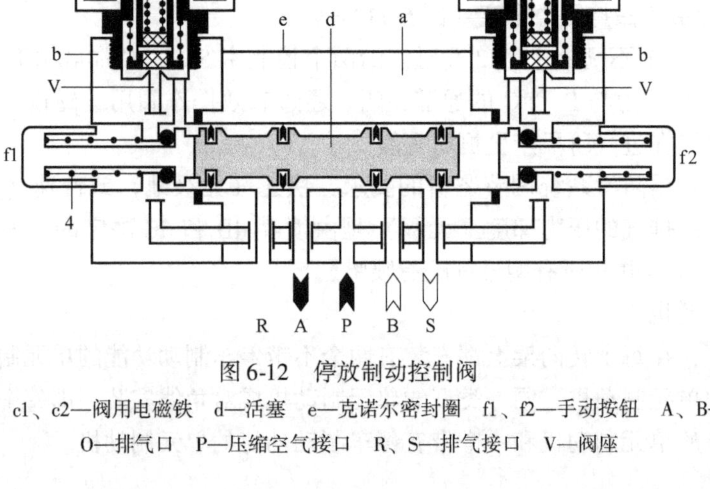

图 6-12 停放制动控制阀

a—底阀 b—盖 c1、c2—阀用电磁铁 d—活塞 e—克诺尔密封圈 f1、f2—手动按钮 A、B—用气单元接口 O—排气口 P—压缩空气接口 R、S—排气接口 V—阀座

2. 踏面制动单元

闸瓦制动装置是气动操纵的制动设备，它由制动气缸、变速机构和磨耗调节器组合而成。因其具有紧凑、节省空间的卧式和立式结构，因此特别适于安装在空间狭窄的转向架上。无论是带半悬挂的弹簧式储能器类型还是带驻车制动杆的类型，都可以作为常用制动器或驻车制动器使用。弹簧式储能器由压缩空气控制，这使得列车中所有的驻车制动器都可以从司机台上集中起动和松开。

常用闸瓦制动装置的结构如图 6-13 所示。

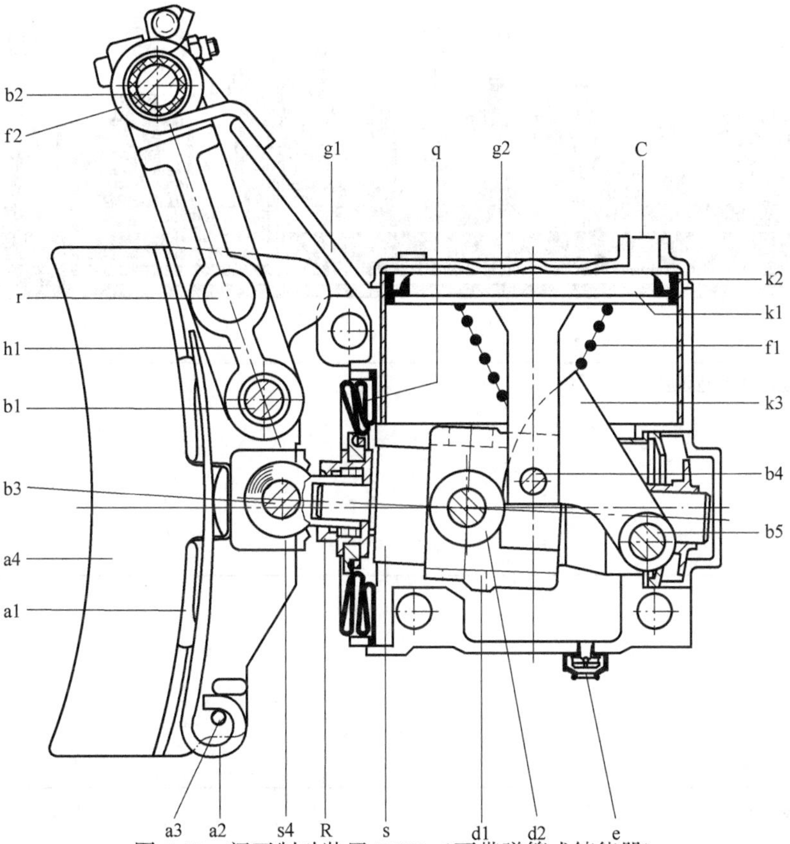

图 6-13　闸瓦制动装置 PEC7（不带弹簧式储能器）

a1—制动蹄片　a2—楔式制动块　a3—楔形闩　a4—制动闸瓦　b1—连接销　b2—吊耳螺杆　b3—销钉　b4—活塞销　b5—轴承销　d1—止推环　d2—凸轮滚柱　e—通气塞　f1—活塞回位弹簧　f2—扭转弹簧　g1—外罩　g2—气缸盖　h1—吊耳　k1—活塞　k2—活塞垫圈　k3—凸轮盘　q—波纹管　r—摩擦件　s—调节机构　s4—连杆头　C—通单元制动缸　R—复位六角头

【实践与训练】

学习工作单

工　作　单	KBGM 型制动控制系统的组成		
任　　务	熟知 KBGM 型制动控制系统的组成；熟知 KBGM 型制动控制系统主要部件的结构及作用。		
班　　级		姓　　名	

（续）

学习小组		工作时间	
【知识认知】			
1. 通过分解、组装了解 KBGM 型制动控制系统的组成及各组成部件的结构、作用及工作原理。 2. 利用制动机试验台独立完成 KBGM 型制动控制系统各部件的检测，并掌握试验方法。			
【能力训练】			
按照 KBGM 型制动控制系统各部件在气路板上的安装位置展开图，了解其组成及各部件之间的关系。 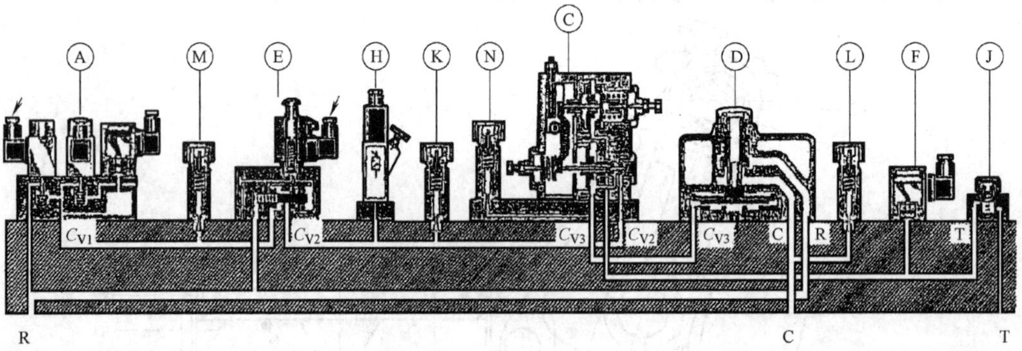			
任务学习其他说明或建议：			
指导老师评语：			
任务完成人签字：		日期： 年 月 日	
指导老师签字：		日期： 年 月 日	

课题 3 KBGM 型制动控制系统的控制过程

【知识要点】

熟知 KBGM 型制动控制系统的控制过程。

KBGM 型制动控制系统的主要作用是将来自微机制动控制单元 ECU（B5/G2）的电子模

拟信号通过 B6 制动控制单元中的模拟转换阀转换成一个与其相对应的预控制压力，这个预控制压力是呈线性变化的，以后还受到称重阀和防冲动检测装置的检测和限制，最后使单元制动缸 C1 和 C3 获得符合制动指令的空气制动压力。

KBGM 型制动控制系统的控制过程如下：

一、常用制动

当模拟转换阀的电磁进气阀的励磁绕组接收到摩擦制动的电指令时，吸开进气阀，使压力空气从制动储风缸接口 R 进入模拟转换阀，并通过该进气阀转变成与电指令要求相符的压力，即预控制压力 C_{V1}。由于是常用制动，这时紧急阀处于励磁工况，滑动阀在左侧，接口 A2 和 A3 导通，C_{V1}经紧急阀成为 C_{V2}并由接口 A3 进入称重阀。称重阀根据车辆负载对 C_{V2}再次进行调整，输出预控制压力 C_{V3}。C_{V3}进入均衡阀后推动活塞上移，打开进气阀，使制动储风缸经接口 R 进入均衡阀的压力空气通过该开起的进气阀口，经输出口 C 充入各单元制动缸，产生制动作用。

同样，制动缓解指令也由微处理机发出，模拟转换阀接到缓解指令后，将其电磁排气阀打开，使预控制压力 C_{V1}通过此阀排向大气。C_{V2}、C_{V3}压力空气也都在紧急阀和称重阀输出口消失，均衡阀活塞向下移动，排气阀口开起，使各单元制动缸中的压力空气经开起的排气阀口和空心导向杆中空通路及排气口 O 排向大气，列车得到缓解。

二、紧急制动

紧急制动时，紧急阀处于不励磁工况，滑动阀在右侧，接口 A1 和 A3 导通，即制动储风缸与称重阀相通，而切断模拟转换阀与称重阀的通路，从制动储风缸接口 R 来的压力空气绕过模拟转换阀直接进入称重阀。称重阀根据车辆负载输出最大预控制压力，送入均衡阀后使制动储风缸的压力空气通过该开起的进气阀口和输出口 C 充入各单元制动缸，产生紧急制动作用。

三、防滑控制

防滑系统用于车轮与钢轨黏着不良时，对制动力进行控制。其作用如下：

1）防止车轮即将抱死。

2）避免滑动。

3）最佳地利用黏着，以获得最短的制动距离。

当黏着状态不好时，列车速度和车轮速度之间将产生一个速度差，防滑控制系统就是用来控制车轮速度，消除该速度差的。其作用原理如图 6-14 所示。

列车起动后，防滑系统就对每个轮对的圆周速度进行检测，然后形成一个参考速度以取代列车速度，并用排气阀 G1 来控制车轮的滑行和减速度。轮对的速度和减速度与设定的标准相比较就形成控制排气阀的指令。

由于轮对踏面加工直径和磨耗的差别，轮对的线速度有稍微差别，所以在防滑控制系统中设置了人工的轮径调整装置。这个装置就是线路图图 6-14 中的五个开关，利用这些开关分和合的不同位置，将车轮直径分成 32 档。将每辆车中的一根轴调整到它的规定标准，而其他轴也将会根据轴端的速度传感器输出的速度信号进行自动调整。

1. 空转/滑行的判断

1）空转。牵引力大于黏着力，发生空转的轮对转速大于列车速度。

2）滑行。制动力大于黏着力，发生滑行的轮对转速小于列车速度。

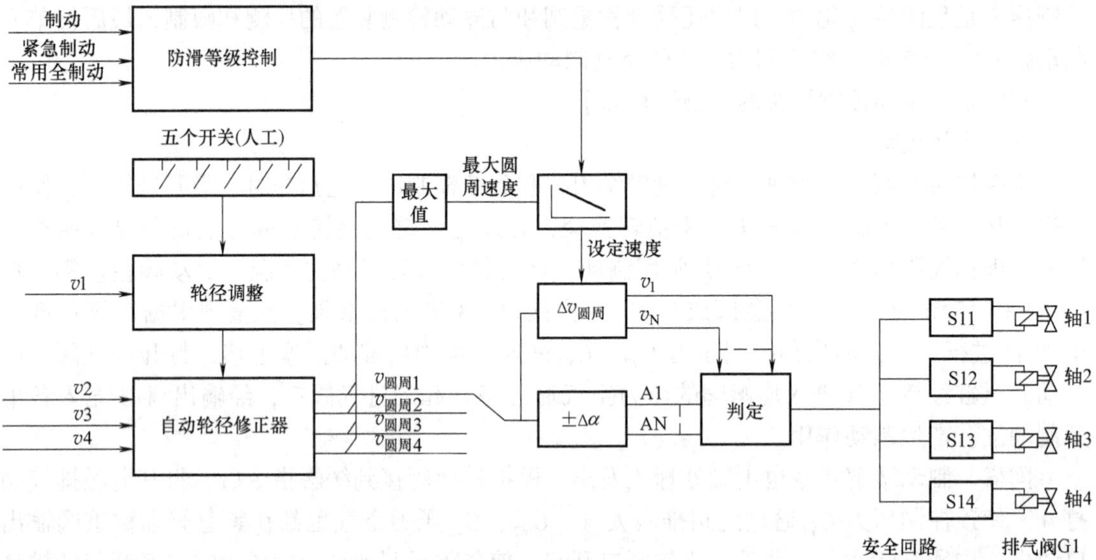

图 6-14 防滑控制系统作用

列车的实际速度由 A 车轮轴上的速度传感器提供，与动车上的电动机速度信号分别比较，判断轮对是否发生空转或滑行。

2. 摩擦制动滑行控制

ECU 实时监控每根轴的转速，一旦任一轮对发生滑行，都能迅速向该轮轴的防滑阀发出指令，沟通单元制动缸与大气的通路，使单元制动缸迅速排气，从而解除该轮对的滑行现象，实现 ECU 对各轮对滑行的单独保护控制。

3. 电制动滑行控制

由于一辆动车中的一台 VVVF 逆变器并联向 4 台牵引电动机供电，当 DCU 监测到任一轮对出现电制动滑行时，会向 VVVF 发出降低电制动力的指令，使本车的 4 个轮对的制动力矩同时下降，待滑行消除后再恢复。

电制动滑行时，如果黏着力小于50%并超过3s 时，DCU 将切除电制动，由 ECU 补充气制动。

【实践与训练】

学习工作单

工 作 单	KBGM 型制动控制系统的控制过程		
任 务	熟知 KBGM 型制动控制系统的控制过程。		
班 级		姓 名	
学习小组		工作时间	
【知识认知】			
1. 利用模拟司机装置，进一步掌握 KBGM 型制动控制系统的控制方式、制动类型和控制原则。 2. 利用制动机试验台独立完成 KBGM 型制动控制系统的试验，理解其控制过程。			

（续）

【能力训练】

按照 KBGM 型制动控制系统防滑控制系统作用图，分析防滑控制作用原理。

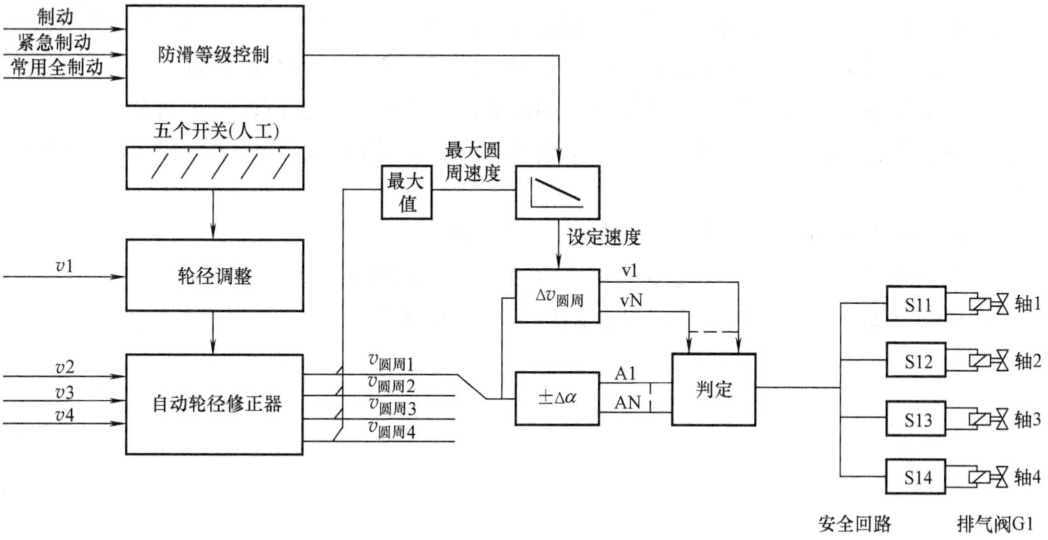

任务学习其他说明或建议：

指导老师评语：

任务完成人签字：　　　　日期：　年　月　日

指导老师签字：　　　　日期：　年　月　日

课题 4　KBGM 型制动控制系统的特点

【知识要点】

熟知 KBGM 型制动控制系统的主要特点。

KBGM 型制动控制系统实现了空气制动与动力制动的高度结合，在系统上保证了车辆运行的安全。列车制动时不仅满足了动力制动优先的要求并实现了电空混合制功的平滑过渡。该系统主要由风源及管路系统、控制部分和执行部分三个主要部分组成。控制部分是制动装置的核心，由带有防滑控制的微机制动控制单元 ECU、制动控制单元 BCU、空气控制屏（阀类的集中安装屏）等组成。其主要特点有以下几个：

1）采用脉冲宽度调制（PWM），能进行无级控制。

2）采用预控制压力的传递，能做到制动压力均衡。

3）微机制动控制系统还具有本车控制系统故障自诊断和故障存储功能。

4）制动控制系统有一个用于控制电空制动和防止车轮滑行控制的微处理机。

5）设有紧急阀，当列车发生分离和断电故障时，能自动施行紧急制动以保证行车安全。

6）防滑控制采用动力制动和空气制动分别控制。

7）制动和缓解作用快，空走时间短，从而可以缩短制动距离。

8）整个制动系统采用模块化设计，结构紧凑，重量轻。

第 7 单元　SD 型制动控制系统

课题 1　SD 型制动控制系统概述

【知识要点】

1. 了解 SD 型制动控制系统的设计、组成、特点及控制概述；
2. 了解 SD 型制动控制系统的发展。

城市轨道交通车辆普遍采用电气指令式制动控制系统，而电气指令式制动控制系统分为数字指令式制动控制系统和模拟指令式制动控制系统两种类型。

SD 型制动控制系统用于北京地铁电客车上，属于直通式电空制动模式。按指令传递系统区分，其为数字电气指令式；按制动执行装置区分，其为七级膜板中继阀控制。

SD 型制动控制系统属于数字指令式制动控制系统。

课题 2　SD 型制动控制系统的组成

【知识要点】

1. 熟知 SD 型制动控制系统的组成；
2. 熟知 SD 型制动控制系统主要部件的结构及作用。

一、SD 型制动控制系统的组成部件

SD 型制动控制系统由制动控制器、空重车调整阀、七级中继阀、控导阀、空电转换器、紧急电磁阀、备用电磁阀、双向阀、故障缓解电磁阀以及各种控制线路等组成。

二、SD 型制动控制系统各组成部件的作用

1. 空重车调整阀

空重车调整阀相当于一个称重装置，它根据空气弹簧压力的大小（空气弹簧的压力是随客车载重而变化的）而输出具有相应压力的压力空气，再通过七级中继阀的作用，来调整进入制动缸的压力空气，使车辆保持恒定的制动率，即空气弹簧的压力变化直接反映了乘客多少的变化。考虑到车辆载重的不平衡，采取前、后转向架对角的两个（即 1、4 位或 2、3 位）空气弹簧为空重车调整阀的输入信号，这样就能准确地使空重车调整阀输出压力与乘客多少相适应。

2. 七级中继阀

七级中继阀相当于一个空气加减法运算器，是一个用电气控制的，并能进行加减法运算

的中继阀。它根据制动控制器指令，直接控制制动缸的充气和排气，以实现制动和缓解作用。它根据空重车调整阀所输出的压力，自动地控制制动缸，使其具有七种不同的压力值。即来自制动控制器的指令信号，通过七级中继阀的三个电磁阀交替励磁和失磁，将空重车调整阀输出的压力空气充入七级中继阀的各个膜板室内，按不同的组合方式相加减，以输出七个压力逐级增加的压力空气供给制动缸，或制动缸压力空气经七级中继阀排向大气，从而发生制动或缓解作用。

3. 控导阀

控导阀用来将电制动力的信号变为空气压力信号输入到七级中继阀的混合器里，通过该混合器的减法运算，使电制动力不足的部分由空气制动来补充。

控导阀是一个电-空转换装置，也称 EP 阀。当空气制动和电制动配合使用时，它将电制动检测出的电流信号（代表电制动力的大小）按一定比例关系转换为空气压力信号。将此空气压力信号输进七级中继阀与指令信号比较，以实现空气制动与电制动的协调配合。

4. 空电转换器

空电转换器是把车辆载重变化的信号转变为电信号输送到电制动和牵引系统，使电制动和牵引电流能与车辆载重相适应。

5. 紧急电磁阀

紧急电磁阀是为保证安全而设置的。当施行紧急制动，或当制动装置发生故障，以及发生列车意外分离时，此电磁阀便因失磁而动作，并通过七级中继阀发生紧急制动作用。

6. 备用电磁阀

备用电磁阀包括备用制动电磁阀和备用保压电磁阀，用于当正常制动装置发生故障时，仍能正常操纵列车制动、缓解作用，保证列车能继续运行。

7. 双向阀

双向阀是为正常制动装置与备用制动装置转换使用而设置的一个切换阀。

8. 故障缓解电磁阀

故障缓解电磁阀是在正常制动装置发生故障而施行紧急制动后，为改用备用制动装置，对列车制动机施行缓解的装置。

三、SD 型制动控制系统主要部件的结构及作用原理

（一）空重车调整阀

1. 空重车调整阀的结构

空重车调整阀由上面的压力供排部，中间的弹簧调整部和下面的空气弹簧压力平均运算部共同组成。其结构如图 7-1 所示。

弹簧、给排阀、均衡活塞杆、节流孔、均衡活塞和膜板组成。弹簧调整部主要由上调整弹簧、上调整螺母、下调整弹簧和下调整螺母组成。空气弹簧压力平均运算部主要由活塞杆、大活塞、大膜板、小活塞和小膜板组成。

空重车调整阀的通道：

24 通道：输入通道，其压力空气来自于制动储风缸（总风缸）。

27 通道：输出通道，压力空气流向七级中继阀与紧急电磁阀。

中间通道：通大气。

P1/P2 通道：输入通道，其压力空气来自于 1、4 位或 2、3 位空气弹簧。

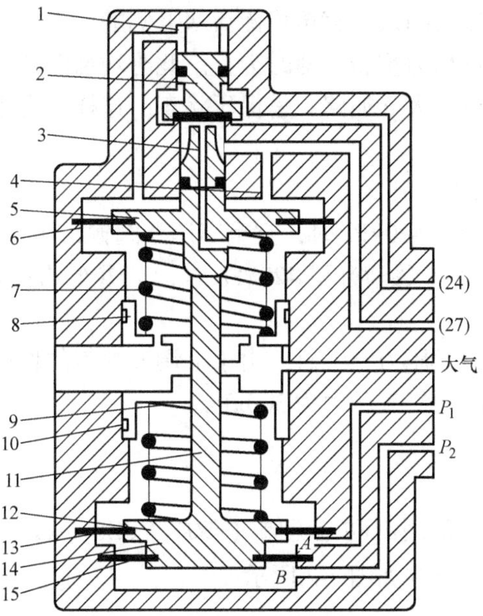

图 7-1　空重车调整阀结构图

1—弹簧　2—给排阀　3—均衡活塞杆　4—节流孔　5—均衡活塞　6—膜板　7—上调整弹簧　8—上调整螺母　9—下调整弹簧　10—下调整螺母　11—活塞杆　12—大活塞　13—大膜板　14—小活塞　15—小膜板压力供排部主要由

2. 空重车调整阀的作用原理

1）当电客车处于空车状态时，空气弹簧的压力空气作用于大、小膜板，其向上的作用力恰与下调整弹簧的张力平衡，故空气弹簧压力与输出压力无关。此时的输出压力由上调整弹簧进行调整。在上调整弹簧的作用下，均衡活塞上移，均衡活塞杆的小阀口首先与给排阀接触，关闭通大气的通路，继而顶开给排阀。因此，总风缸的压力空气经给排阀口及通路（27）供给七级中级阀、紧急电磁阀及空电转换器。同时经节流孔供至均衡活塞上侧，当均衡活塞上侧的压力空气作用力与上调整弹簧的作用力相平衡时，均衡活塞下移，给排阀在其弹簧作用下关闭，停止总风缸向七级中继阀等处供给压力空气，而通大气的通路此时仍然关闭。这时输出压力值相当于上调整弹簧的调整压力值。当空车状态时，空气弹簧压力为 260kPa，空重车调整阀的输出压力调整为 300kPa。运行中，当输出压力低于 300kPa 时，空重车调整阀发生动作，自动补充至 300kPa。

2）当电客车处于重车状态时，空气弹簧压力随乘客增加而升高，作用在大、小膜板下面的空气压力也随之增加，大、小活塞在增加的空气压力作用下，压缩下调整弹簧而上移，其活塞杆推动均衡活塞及其均衡活塞杆上移，顶开给排阀，使总风缸向七级中级阀等处供气，并经节流孔向均衡活塞上侧供气，当均衡活塞上侧的压力空气作用力与空气弹簧压力空气作用力及调整弹簧作用力平衡时，均衡活塞下移，给排阀在其弹簧作用下关闭，空重车调整阀停止输出压力空气。当两个空气弹簧压力均为 420kPa 时，空重车调整阀输出压力设计值为 420kPa；当空气弹簧压力由 260kPa 逐渐升至 420kPa 时，空重车调整阀的输出压力由 300kPa 呈线性关系增至 420kPa。

3）当电客车乘客减少时，空气弹簧压力随之下降，均衡活塞在压力差作用下向下移动，均衡活塞杆的空心杆阀口离开给排阀，通路（27）的压力空气及均衡活塞上侧的压力空气随即排向大气，输出压力降低，直至均衡活塞上侧的压力空气作用力与空气弹簧压力空气作用在大小膜板上的的作用力重新平衡时为止。此时均衡活塞上移，其均衡活塞杆上的空心杆阀口与给排阀接触，遮断大气通路，呈保压状态。这样，空重车调整阀的输出压力就与新的车辆载重相适应。

3. 空重车调整阀的特点

当两个空气弹簧压力均为420kPa时，空重车调整阀输出压力设计值为420kPa。

当空气弹簧压力由260kPa逐渐升至420kPa时，空重车调整阀的输出压力由300kPa呈线性关系增至420kPa。

如果空气弹簧因破损而无压力空气时，由于上调整弹簧的作用，能在任何载重情况下保证空重车调整阀输出空车时的空气压力为300kPa。

（二）七级中继阀

1. 七级中继阀的结构

七级中继阀上部为三个常用制动电磁阀（CZF_1、CZF_2、CZF_3）和压力给排阀，中间为混合器，下部为膜板组。其结构如图7-2所示。

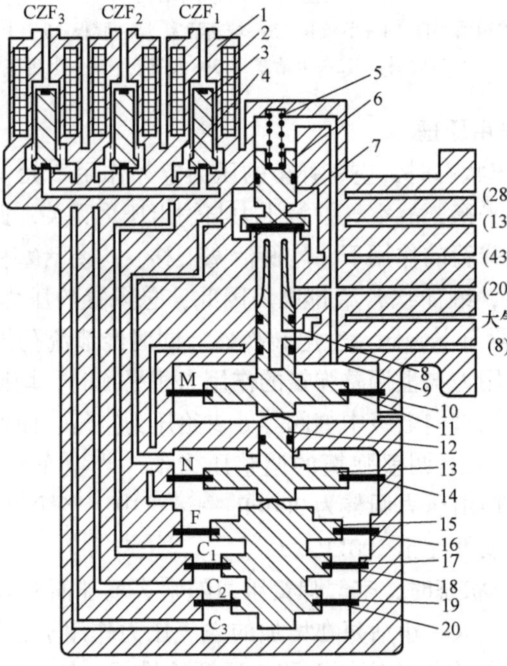

图7-2 七级中继阀的结构图

1—阀体 2—线圈 3—铁心 4—弹簧 5—给排阀弹簧 6—给排阀 7—大阀口 8—作用杆 9—节流孔 10—均衡活塞 11—均衡膜板 12—活塞杆 13—活塞 14—混合器膜板 15—常用制动膜板组活塞 16—常用上膜板 17—中活塞 18—常用中膜板 19—下活塞 20—常用下膜板

常用制动电磁阀是三个Q23×D型电磁阀，工作电压为110V，它由阀体、线圈、铁心和弹簧组成。它有三个空气通路：空重车调整阀的压力空气由通路（28）通至各电磁阀下部阀口，上部阀口通大气，侧面通路分别通至各膜板室。

压力给排阀是连通总风缸到制动缸或制动缸通大气的机构。它由给排阀弹簧、给排阀、大阀口、作用杆、节流孔、均衡活塞和均衡膜板组成。作用杆的空心通路与大气相通，均衡活塞下侧通大气。作用杆下端与混合器活塞杆相接触。

混合器由活塞杆、活塞和混合器膜板组成。混合器膜板上侧N室通控导阀，下侧E室通紧急电磁阀。混合器是将控导阀输出的空气压力（此压力与电制动力相当）与常用制动膜板组的作用力进行减法运算的机构。

常用制动膜板组由上、中、下三个膜板及活塞组成。膜板活塞的有效作用面积比为

$$S_{上}:S_{中}:S_{下}=7:6:4$$

膜板组构成C_1、C_2和C_3三个气室，他们分别与CZF_1、CZF_2和CZF_3三个常用电磁阀相通。膜板组的作用是根据制动控制器的电气指令，变为相应的指令空气压力，以使制动缸得到应有的空气压力。

七级中继阀的通道：

28通道：输入通道，其压力空气来自于空重车调整阀。

13通道：输入通道，其压力空气来自于控导阀。

43通道：输入通道，其压力空气来自于制动储风缸。

20通道：输出通道，其压力空气流向制动缸。

8通道：输入通道，其压力空气来自于紧急电磁阀。

2. 七级中继阀作用原理

（1）常用制动　以一级制动为例，司机操纵制动控制器，使三个常用电磁阀CZF_1、CZF_2和CZF_3交替励磁和失磁，三个常用膜板室分别充气或排气，根据其组合的不同，制动缸可得到逐级增加的七个压力值。

当发出一级制动指令信号时，仅CZF_1电磁阀励磁。此时，空重车调整阀的输出压力空气经CZF_1的下阀口进入C_1室，空气压力同时作用在膜板16和18上。由于上膜板和中膜板的有效面积比为$S_{上}:S_{中}=7:6$，故常用膜板组受到一级向上的作用力，它通过活塞杆传递给作用杆，使该作用杆向上移动，顶开给排阀，使总风缸压力空气经通路（43）、大阀口、通路（20）进入制动缸，同时经节流孔进入均衡活塞上侧M室，以平衡膜板组的作用力。

（2）保压　当制动缸的空气压力也即作用在均衡活塞上侧的空气压力所产生的向下的作用力与作用在膜板组上的空气压力所产生的向上作用力相平衡时，均衡活塞带动作用杆向下移动，给排阀在其弹簧作用下关闭大阀口，七级中继阀处于保压状态，制动缸压力停止上升而保压。制动缸压力如有泄漏可自动得到补充。

（3）缓解　司机移动制动控制器手柄于运转位时，CZF_1电磁阀失磁，C_1室的压力空气经CZF_1上方排气孔排向大气，均衡活塞在制动缸空气压力作用下向下移动，作用杆离开给排阀，沟通制动缸到大气的通路，制动缸的压力空气经通路（20）、作用杆内的空心通路排向大气，车辆随之呈缓解状态。

一至七级的常用制动及缓解作用的动作过程完全一样，只是不同级别的常用制动可以得到不同的制动缸压力。

七级中继阀作用情况见表7-1。

表 7-1 七级中继阀作用情况

制动控制器手柄位置		电磁阀励磁、失磁				充气膜板室	输出压力等级	
		CZF	CZF_3	CZF_2	CZF_1			
运转位		○	—	—	—	无	无	无
常用制动区	1	○	—	—	○	C_1	7 ~ 6	1
	2	○	—	○	—	C_2	6 ~ 4	2
	3	○	—	○	○	$C_1 + C_2$	(7 ~ 6) + (6 ~ 4)	3
	4	○	○	—	—	C_2	4	4
	5	○	○	—	○	$C_1 + C_3$	(7 ~ 6) + 4	5
	6	○	○	○	—	$C_2 + C_3$	(6 ~ 4) + 4	6
	7	○	○	○	○	$C_1 + C_2 + C_3$	(7 ~ 6) + (6 ~ 4) + 4	7
紧急制动位		—	—	—	—	E	8	8

（4）紧急制动 紧急制动电磁阀（即紧急电磁阀）GZF 是经常带电励磁的，当施行紧急制动时，紧急电磁阀断电失磁，其铁心被弹簧上推，于是上阀口关闭，下阀口开启。由空重车调整阀输出的压力空气经紧急制动阀 GZF 内的通路和通路（8）进入七级中继阀 E 室，推动均衡活塞上移，顶开给排阀，使总风缸的压力空气流向制动缸而发生紧急制动作用。同时，流向制动缸的压力空气也流入均衡活塞上侧室以平衡 E 室的作用力。由于膜板面积的关系，紧急制动时制动缸压力比常用七级制动的制动缸压力高 10% 左右。

（5）空气制动和电制动的配合 空气制动和电制动（再生制动和电阻制动）配合使用时，在一定级别的制动指令情况下要求当电制动力增加时，制动缸压力减小，当电制动力随速度下降而减小时，制动缸压力能自动上升，以补偿电制动力的不足，使总制动力保持制动指令的要求。七级中继阀中的混合器就是起到这个作用的。

施行常用制动，当电制动充分发挥作用时，相应于电制动力的压力空气由控导阀经通路（13）进入混合器膜板上侧 N 室，给膜板以向下的作用力。这个向下的作用力与作用在 C_1、C_2、C_3 室压力空气的向上的作用力相减，其作用力之差便推动均衡活塞上移，使作用杆顶开给排阀，总风缸压力空气进入制动缸，使制动缸保持 60kPa 左右的预压力，以便克服制动缸缓解弹簧的张力及其他阻力，使闸瓦贴靠车轮，做好随时迅速增加空气制动力的准备。

当电制动力衰减时，N 室的空气压力也随之下降，使 C_1、C_2、C_3 室的向上作用力与 N 室的向下的作用力之差值增大，制动缸压力便随之增大，以此来实现空气制动自动补偿电制动的不足，达到制动力符合制动指令的目的。

（三）控导阀

1. 控导阀的结构

控导阀的结构如图 7-3 所示，它主要由空气作用部分和电磁部分所组成。空气作用部分主要由弹簧、给排阀、作用杆、节流孔、活塞和膜板组成。它与外界有两条通路，其中通路（48）与总风缸相通，通路（14）与七级中继阀的混合器 N 室相通。电磁部分主要由顶杆、外壳、线圈、铁心、钢球、引线组成。

控导阀的通道：

48 通道：输入通道，其压力空气来自于制动储风缸。

14 通道：输出通道，其压力空气流向七级中继阀。

2. 控导阀的作用原理

1）当不使用电制动时，控导阀电磁线圈处于无电状态，铁心连同顶杆处于最下端位置，活塞坐落在顶杆上。此时，七级中继阀混合器的 N 室经通路（14）及控导阀作用杆的空心通路与大气相通。给排阀在其弹簧作用下关闭阀口，切断总风缸到通路（14）的通路。控导阀没有输出压力信号。

2）当使用电制动时，线圈通电，铁心被吸上移，推动顶杆、活塞上移，先关闭作用杆的空心通路，继而将给排阀顶开，于是，总风缸压力空气经通路（48）到开启的给排阀口，再经通路（14）到达七级中继阀混合器 N 室，参加运算。与此同时，通路（14）压力空气经节流孔充入活塞上腔。当吸引铁心的力与活塞上腔压力空气所产生的作用力平衡时，给排阀在其弹簧作用下关闭阀口，切断总风缸到混合器 N 室的供气通路，控导阀呈保压状态。

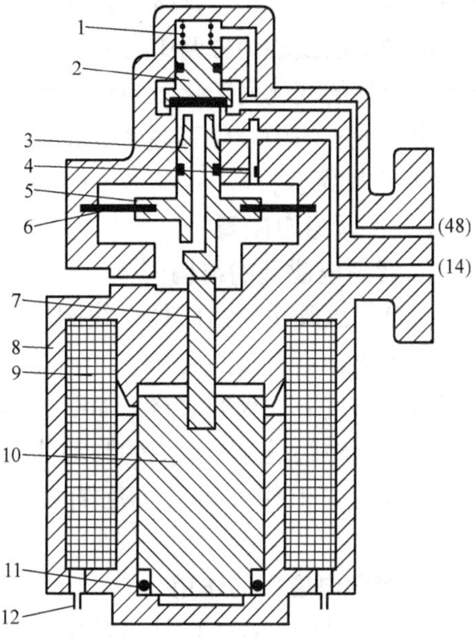

图 7-3　控导阀结构图

1—弹簧　2—给排阀　3—作用杆　4—节流孔　5—活塞　6—膜板　7—顶杆　8—外壳　9—线圈　10—铁心　11—钢球　12—引线

3）当电制动力增大，从而使线圈内电流增大时，铁心再次上移顶开给排阀，总风缸继续向混合器 N 室供气，N 室空气压力增高。

4）当电制动力减小，从而使线圈内电流减小时，N 室空气压力相应降低。

（四）空电转换器

空电转换器是将空气压力转换成电信号的装置，它的作用是将空重车调整阀输出的空气压力转换为电信号，以供给动车进行牵引和电制动使用，使牵引力和电制动力随着车辆载重的不同而改变。即空电转换器可根据车辆载重的变化来调整牵引力和电制动制动力的大小。

1. 空电转换器的结构

空电转换器由压力传感部分和差动变压器部分组成，如图 7-4 所示。

压力传感部分由 S 形膜板、活塞、杆、弹簧和阀体组成。空电转换器仅有一条连通空重车调整阀的通路，从空重车调整阀输出的空气压力经该通路到达活塞下方的腔室内。

差动变压器部分主要由引线抽头、线圈、铁心和外壳组成。差动变压器部分是把压力传感部分的机械位移量转换为相应的电压或电流值。

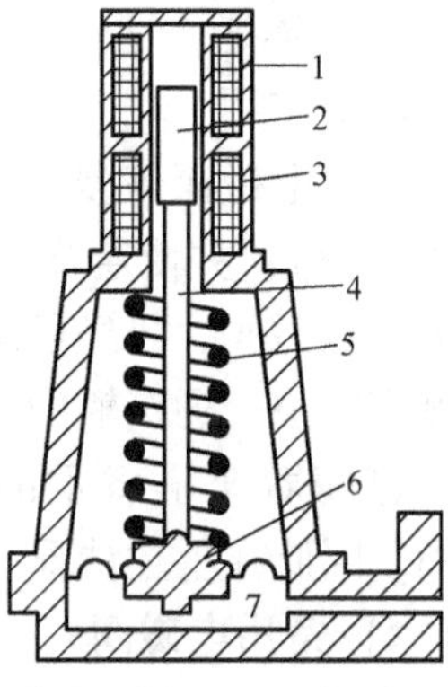

图 7-4　空电转换器

1—线圈　2—铁心　3—阀体　4—杆　5—弹簧　6—活塞　7—S 形膜板

2. 空电转换器的作用原理

空重车调整阀的输出压力空气经通路进入空电转换器活塞下方的腔室内，推动活塞向上移动，并压缩弹簧使杆带动铁心产生一定的位移，这时在差动变压器的初级线圈中，由于有一定的交流电压，使线圈励磁，即产生以铁心为磁路中心的交变磁通，次级线圈感应出交流电压，感应出的次级电压随着铁心位移的变化而变化。当铁心在中心位置时，次级线圈的差值电压 E_s 值为零；当铁心位置离开铁心的中心位移越大，次级电压 E_s 值成比例地增加；反之，当上述位移减小时，E_s 值也随着减小。

（五）紧急电磁阀

1. 紧急电磁阀的结构

紧急电磁阀主要由阀体、线圈、铁心、上阀口、阀、弹簧和下阀口等组成，它有通路（55）和通路（58）两个通路，还有一条经上阀口上部直通大气的通路，如图7-5所示。

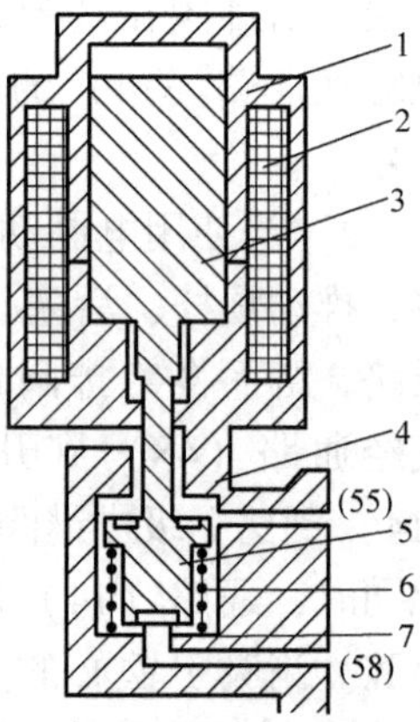

图7-5 紧急电磁阀
1—阀体 2—线圈 3—铁心 4—上阀口 5—阀 6—弹簧 7—下阀口

紧急电磁阀是经常带电的制动装置，它的电磁铁可在79～127V的电压范围内工作，其工作范围大于直流110V电压波动（79～124V）。

2. 紧急电磁阀的作用

紧急电磁阀（GZF）是当常用制动发生故障时，为保证行车安全使列车紧急停车的一种电磁阀。

紧急电磁阀一般在下述情况下发生紧急制动作用：

1）司机控制器手柄转至紧急位时。

2）整列车中某个车钩分离时。

3）主控制线路断线时。

4）常用制动电气指令突然中断时。

5）列车自动控制系统发出紧急制动指令时。

3. 紧急电磁阀的作用原理

紧急电磁阀通常是带电的，线圈通有110V的直流电流，可产生电磁力，把铁心压在下阀口上，关闭通路（58），并使通路（55）与大气相通，这样使七级中继阀的紧急室E与大气相通。

紧急制动时，紧急电磁阀失电，磁力消失，弹簧推动阀关闭上阀口，使通路（58）与通路（55）连通，这样，使空重车调整阀输出的压力空气与七级中继阀紧急室E相通，产生紧急制动作用。

当紧急电磁阀恢复供电后，铁心又被吸而向下移动，压在下阀口上，切断通路（55）和通路（58），并使通路（55）与大气相通，七级中继阀E室的压力空气经输出通路（8）进入紧急电磁阀，再经通路（55）排向大气，制动机缓解。

城市轨道交通车辆的直流110V电压波动较大（低压可达79V，高压可达124V），而空气压力也随着车辆载重的大小而变化，空车时空气压力为300kPa，重车时空气压力为420kPa。因此在上述情况下，紧急电磁阀应能可靠地工作。

（六）备用电磁阀

1. 备用电磁阀的结构

为了确保行车安全，城市轨道交通车辆上都装有备用制动系统。当常用制动系统故障时，可以使用备用制动系统，以保证乘客和列车的安全。

备用制动系统的备用电磁阀有两个，分别为备用制动电磁阀 BZF_1 和备用保压电磁阀 BZF_2，它由 MFZ1-4D 型 110V 直流电磁阀和带 O 形密封圈的柱塞阀构成，如图 7-6 所示。

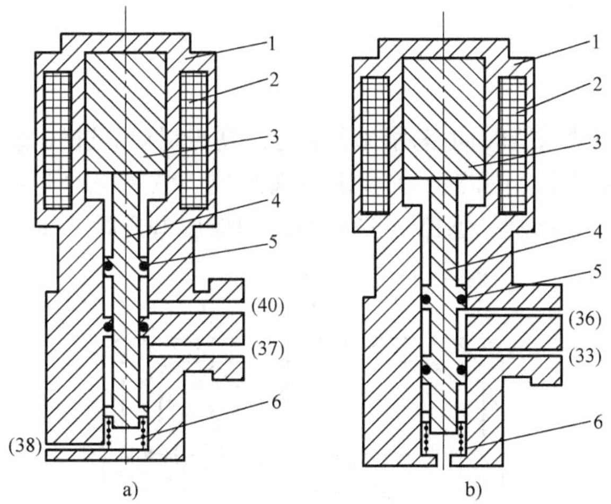

图 7-6　备用电磁阀

a）备用制动电磁阀　b）备用保压电磁阀

1—阀体　2—线圈　3—铁心　4—柱塞　5—O 形密封圈　6—弹簧

备用制动系统是直通型的电空制动，它根据两个电磁阀通电时间的长短来获得不同的制动缸压力。两个电磁阀的交替励磁，可以获得阶段制动和阶段缓解。

备用制动电磁阀 BZF_1 和备用保压电磁阀 BZF_2 的结构形式基本相同，它们主要由阀体、线圈、铁心、柱塞、O 形密封圈和弹簧等组成。

备用制动电磁阀 BZF_1 有三条通路：通路（40）通向总风缸管，通路（37）与备用保压电磁阀 BZF_2 的通路（36）相连通，通路（38）通向大气。

备用保压电磁阀 BZF_2 也有三条通路：通路（36）连通备用制动电磁阀的通路（37），通路（33）连通双向阀和安全阀并通向制动缸，通路（39）通向大气。

2. 备用电磁阀的作用原理

当使用备用制动系统时，应首先把备用开关置于缓解位。

故障缓解电磁阀励磁，排出紧急制动后的制动缸压力空气，同时切断空重车调整阀至紧急制动后电磁阀的空气通路。

当备用制动开关置于制动位时，备用制动电磁阀 BZF_1 励磁，铁心被吸下，压迫柱塞下移，连通通路（40）与通路（37），关闭通路（37）与大气的通路；备用保压电磁阀 BZF_2 消磁，通路（36）与通路（33）相通，从总风缸来的压力空气经两个电磁阀，再经双向阀进入制动缸，产生制动作用。

当备用制动开关置于保压位时，备用制动电磁阀 BZF_1 失磁，柱塞受弹簧的反力向上移动，切断通路（40）与通路（37）；备用保压电磁阀 BZF_2 励磁，铁心被吸下，压迫柱塞下移，切断通路（36）与通路（33），停止向制动缸供风，制动缸处于保压状态。

当备用制动开关置于缓解位时，备用制动电磁阀 BZF_1 和备用保压电磁阀 BZF_2 均失磁，

备用制动电磁阀 BZF_1 切断通路（40）与通路（37），备用保压电磁阀 BZF_2 则沟通通路（36）与通路（33），使制动缸压力空气经双向阀的通路（17）、通路（63）及备用保压电磁阀 BZF_2 的通路（33）、通路（36）和备用制动电磁阀 BZF_1 的通路（37）排向大气，制动缸呈缓解状态。

（七）双向阀

1. 双向阀的结构

双向阀是为了使制动系统转向备用制动系统，改变制动缸进气通路而设置的，其结构如图 7-7 所示。双向阀由阀体、阀芯和 O 形密封圈组成。它有三个通路：通路（19）通七级中继阀，通路（17）通制动缸，通路（63）通备用保压电磁阀 BZF_2。

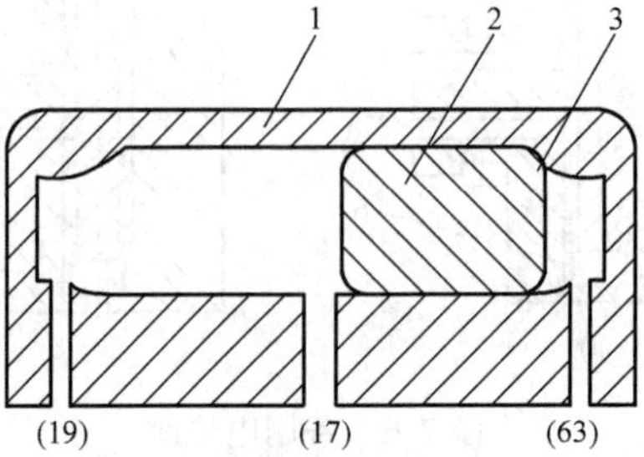

图 7-7　双向阀

1—阀体　2—阀芯　3—O 形密封圈

2. 双向阀的作用原理

当七级中继阀产生制动作用时，七级中继阀的输出压力经过通路（19）进入双向阀阀芯的左端，将阀芯推向右方，切断备用制动系统通向制动缸的通路，压力空气沿通路（19）和通路（17）进入制动缸；反之，也可以使制动缸的压力空气经通路反方向排向大气。

当使用备用制动系统时，总风缸的压力空气经备用制动电磁阀 BZF_1 和备用保压电磁阀 BZF_2，由通路（63）进入双向阀阀芯的右端，将双向阀阀芯推向左方，切断通向七级中继阀的通路（19），使总风缸传来的压力空气沿通路（63）和通路（17）进入制动缸；反之，也可使制动缸的压力空气经通路反方向排向大气。

（八）故障缓解电磁阀

1. 故障缓解电磁阀的结构

故障缓解电磁阀 QZF 的构造与紧急电磁阀完全相同，它主要是为了切断由空重车调整阀到紧急电磁阀的空气通路，并可以使紧急制动后的制动机缓解，即排出七级中继阀 E 室内的压力空气。

2. 故障缓解电磁阀的作用原理

当紧急制动后常用制动又不能使用时，便可使用故障缓解电磁阀进行缓解，使故障缓解电磁阀励磁，压下阀，关闭下阀口。由于故障缓解电磁阀的上阀口与紧急电磁阀的下阀口连通，因此紧急电磁阀通路（58）就与大气连通，紧急电磁阀铁心下落，使七级中继阀 E 室的空气压力经通路（8）和紧急电磁阀通路（55）排向大气，从而使车辆强迫缓解。在使用备用制动系统过程中，故障缓解电磁阀一直保持在励磁状态。

【实践与训练】

学习工作单

<table>
<tr><td>工　作　单</td><td colspan="3">SD 型制动控制系统的组成</td></tr>
<tr><td>任　　务</td><td colspan="3">熟知 SD 型制动控制系统的组成；熟知 SD 型制动控制系统主要部件的结构及作用</td></tr>
<tr><td>班　　级</td><td></td><td>姓　　名</td><td></td></tr>
<tr><td>学习小组</td><td></td><td>工作时间</td><td></td></tr>
<tr><td colspan="4">【知识认知】</td></tr>
<tr><td colspan="4">1. 通过分解、组装了解 SD 型制动控制系统的组成及各组成部件的结构、作用及工作原理。
2. 利用制动机试验台独立完成 SD 型制动控制系统各部件的检测并掌握试验方法。</td></tr>
<tr><td colspan="4">【能力训练】</td></tr>
<tr><td colspan="4">按照 SD 型制动控制系统七级中继阀的结构示意图，进行部件拆装，掌握其结构及作用原理。
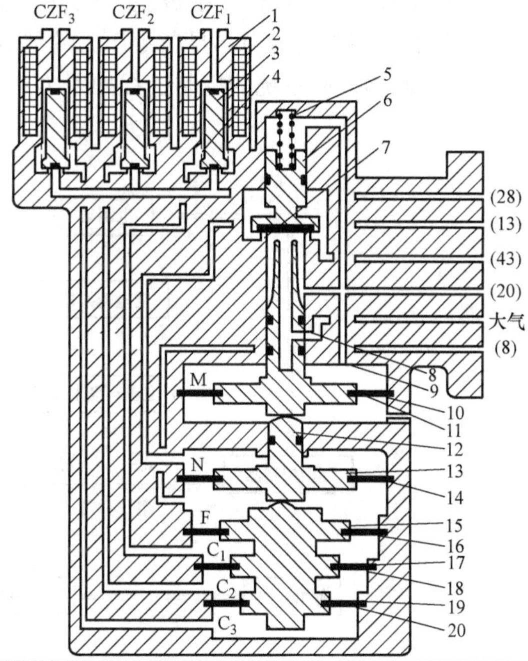
</td></tr>
<tr><td colspan="4">任务学习其他说明或建议：</td></tr>
<tr><td colspan="4">指导老师评语：</td></tr>
<tr><td colspan="4">任务完成人签字：　　　　日期：　年　月　日
指导老师签字：　　　　日期：　年　月　日</td></tr>
</table>

课题 3　SD 型制动控制系统的控制过程

【知识要点】

熟知 SD 型制动控制系统的控制过程。

一、SD 型制动控制系统的基本控制过程

根据运行的需要，司机操纵制动控制器发出制动指令或缓解指令，控制七级中继阀上的三个电磁阀交替励磁和失磁，将空重车调整阀的输出压力输入到七级中继阀膜板室内进行加减运算，从而输出七个等增量压力供给制动缸以发生制动作用，或者使制动缸压力空气经七级中继阀排向大气发生缓解作用。当空气制动和电制动配合使用时，控导阀将电制动时检测出的电流信号按一定比例变换成空气压力信号输入到七级中级阀的混合器里，与指令压力进行减法运算，使电制动力不足指令压力的部分由空气制动补充。

SD 型制动控制系统的控制过程如图 7-8 所示。

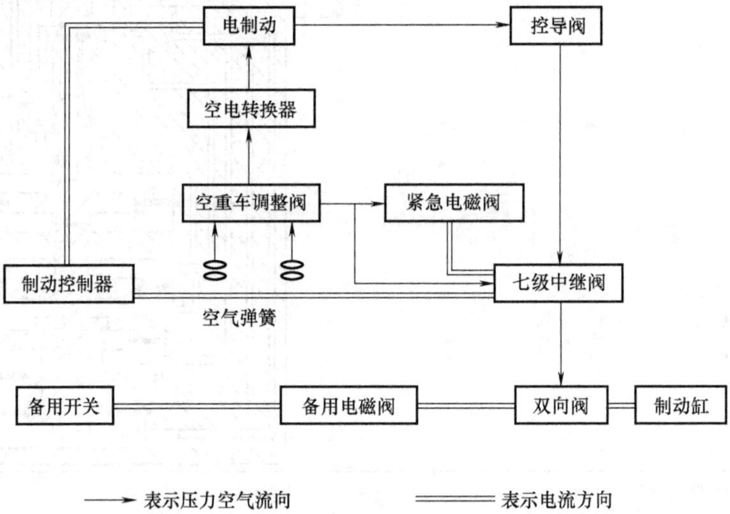

图 7-8　SD 型制动控制系统控制过程示意图

二、SD 型制动控制系统的综合作用

图 7-9 所示为 SD 型制动控制系统综合作用示意图。

（一）运转位

制动控制器手柄置于运转位时，七级中继阀的常用电磁阀 CZF_1、CZF_2、CZF_3 均失磁，仅常带电的紧急电磁阀 GZF 励磁。七级中继阀各膜板室的压力空气分别由各常用电磁阀的排气口排向大气，制动缸压力空气经双向阀、七级中继阀空心通路排向大气，制动机呈缓解状态。其通路如下：

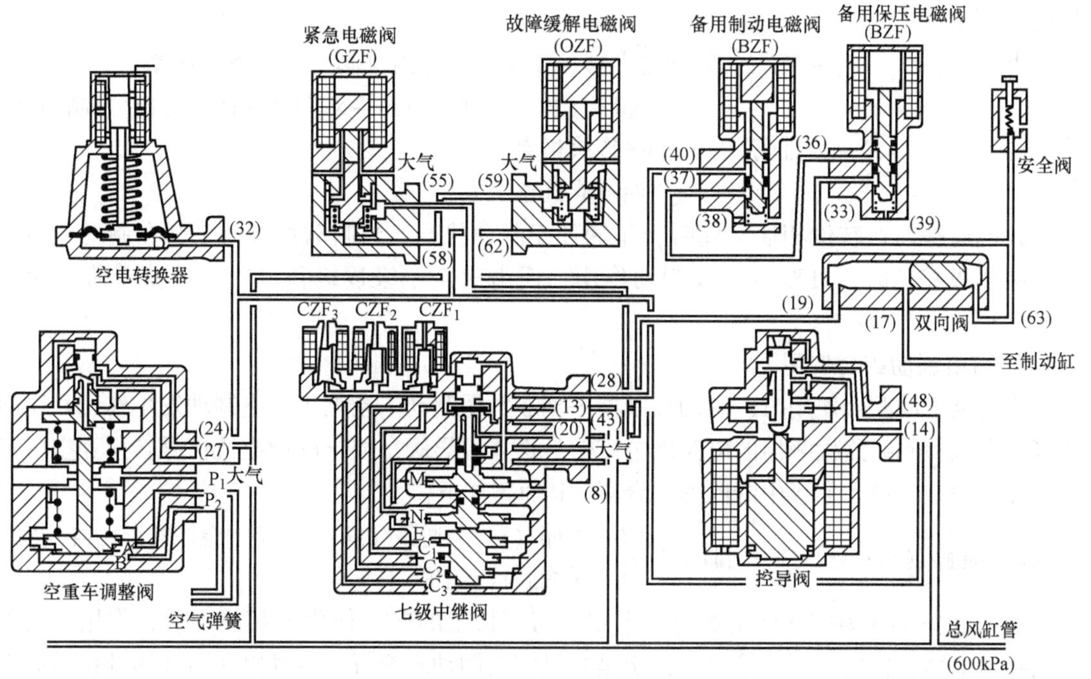

图 7-9　SD 型制动控制系统综合作用示意图

七级中继阀膜板室→
- →C_1→CZF_1→大气
- →C_2→CZF_2→大气
- →C_3→CZF_3→大气

七级中继阀 E 室→通路（8）→通路（55）→GZF→大气

七级中继阀 N 室→通路（13）→通路（14）→控导阀作用杆空心通路→大气

制动缸→通路（17）→双向阀→通路（19）→通路（20）→七级中继阀作用杆空心通路→大气

空重车调整阀根据空气弹簧的压力（即车辆载重）输出相应压力的压力空气，经下列通路输送到各处，以备应用：

空重车调整阀→
- →通路（27）→通路（28）→CZF_1、CZF_2、CZF_3 的下阀口
- →通路（27）→通路（32）→空电转换器 D 室
- →通路（27）→通路（62）→故障缓解电磁阀→通路（59）→通路（58）→紧急电磁阀下阀口

此时，控导阀、备用制动电磁阀、备用保压电磁阀和故障缓解电磁阀均不发生作用。

（二）常用制动位

1. 不与电制动配合使用

制动控制器手柄在常用制动位一至七级时，七级中继阀的三个常用电磁阀交替励磁和失磁，制动缸可得到七个级别的制动缸压力。此时，紧急电磁阀仍处于励磁状态。其通路

如下：

空重车调整阀→通路（27）→通路（28）→七级中继阀 CZF_1、CZF_2、CZF_3→C_1、C_2、C_3 膜板室。

由于 C_1、C_2、C_3 室充气，膜板组上移，作用杆推开给排阀，连通下列通路：

总风缸→通路（43）→给排阀口→
- →通路（20）→通路（19）→双向阀→通路（17）→制动缸
- →平衡膜板室 M
- →给排阀柱塞上方

其他通路与运转位相通。此时，车辆处于制动状态。当制动控制器手柄在制动位由一至七级逐级移动时，可获得阶段制动作用；而由七至一级逐级移动时，可获得阶段缓解作用。

2. 与电制动配合使用

当与电制动配合使用时，制动控制器手柄在常用制动一至七级，电制动发生作用。这时经制动电流检测线路检测出的电制动电流信号送入控导阀，控导阀把电流信号转换为空气压力，此压力空气进入七级中继阀的混合器。其通路如下：

总风缸→通路（48）→控导阀给排阀口→
- →通路（14）→通路（13）→七级中继阀的混合器 N 室
- →平衡膜板室上腔

进入 N 室的压力空气产生的向下作用力与膜板组的向上作用力相减之后，作用力之差使膜板组上移，作用杆顶开给排阀，于是总风缸向制动缸充气。制动缸压力即为补偿电制动力不足时所需要的压力。

3. 紧急制动位

当制动控制器手柄置于紧急制动位时，七级中继阀的三个常用电磁阀全部失磁，紧急电磁阀也失磁，制动机发生紧急制动作用。其通路如下：

空重车调整阀→通路（27）→通路（62）→故障缓解电磁阀→通路（59）→通路（58）→紧急电磁阀→通路（55）→通路（8）→七级中继阀 E 室。

由于 E 室充气，混合器活塞上移，作用杆上移顶开给排阀，沟通下列通路：

总风缸管→通路（43）→给排阀口→
- →通路（20）→通路（19）→双向阀→通路（17）→制动缸
- →M 室
- →给排阀柱塞上腔

此时，制动缸可得到比常用制动七级还高 10% 左右的压力。

在正常制动装置或电气线路部分发生故障以及列车分离等情况时，紧急制动电磁阀无电，发生紧急制动作用。当电客车正处于常用制动状态而发生紧急制动时，三个常用电磁阀失磁，膜板室 C_1、C_2、C_3中的压力空气均排向大气，仅 E 室充有压力空气，这就避免了紧急制动和常用制动同时起作用。

4. 备用制动

运行中当正常制动装置失灵时，司机可操纵备用制动装置继续运行。备用制动开关有四个位置，即运转位、故障缓解位、保压位和制动位。

操纵备用制动开关时，备用制动电磁阀 BZF_1、保压电磁阀 BZF_2和故障缓解电磁阀 QZF 的励磁和失磁情况见表 7-2。

表 7-2　操纵备用开关置于各位时，有关电磁阀的励磁和失磁情况

操纵位置	备用制动电磁阀 BZF_1	保压电磁阀 BZF_2	故障缓解电磁阀 QZF
运转位	—	—	—
故障缓解位	—	—	—
保压位	—	○	○
制动位	○	—	○

注："○"表示励磁，"—"表示失磁。

(1) 运转位　在使用正常制动装置时，备用制动开关应置于运转位，电磁阀 BZF_1 和 BZF_2 均无电，其铁心和柱塞均处于上位，通路是：总风缸管→通路（40）→BZF_1。

电磁阀 QZF 也失电，其铁心处于上位，故通大气的通路被切断，通路（62）至通路（59）的通路沟通。

(2) 故障缓解位　当正常制动装置因故障失灵发生紧急制动后，使用备用制动装置时，先将备用制动开关置于故障缓解位，电磁阀 QZF 通电励磁，铁心被吸下，其阀关闭通路（62），沟通下列通路：

七级中继阀 E 室→通路（8）→通路（55）→紧急电磁阀 GZF（失磁）→通路（58）→通路（59）→故障缓解电磁阀 QZF 阀口→大气。

E 室压力空气排入大气，因而制动缸压力空气→通路（17）→双向阀→通路（19）→通路（20）→七级中继阀作用杆（已下移）空心通路→大气。

(3) 制动位　备用制动开关置于制动位时，电磁阀 BZF_1 及 QZF 均通电励磁，而 BZF_2 断电失磁，于是：

总风缸管→通路（40）→电磁阀 BZF_1→通路（37）→通路（36）→电磁阀 BZF_2→通路（33）→ { →安全阀 ; →通路（63）→双向阀→通路（17）→制动缸 }

(4) 保压位　备用制动开关置于保压位时，电磁阀 BZF_1 断电失磁，BZF_2、QZF 通电励磁。通路（40）与通路（37）、通路（36）与通路（33）的通路均被切断，制动缸压力停止上升，呈制动保压状态。

(5) 故障缓解位　当备用制动开关置于故障缓解位时，电磁阀 BZF_1 和 BZF_2 均断电失磁，于是，制动缸→通路（17）→双向阀→通路（63）→通路（33）→电磁阀 BZF_2→通路（36）→通路（37）→电磁阀 BZF_1→通路（38）→大气。

【实践与训练】

学习工作单

工　作　单	SD 型制动控制系统的控制过程		
任　　务	熟知 SD 型制动控制系统的控制过程。		
班　　级		姓　　名	
学习小组		工作时间	
【知识认知】			

（续）

1. 利用模拟司机装置掌握 SD 型制动控制系统的控制方式、制动类型和控制原则。
2. 利用制动机试验台独立完成 SD 型制动控制系统试验。

【能力训练】

按照 SD 型制动控制系统综合作用示意图，利用模拟司机装置进行不同情况下的制动机操作。

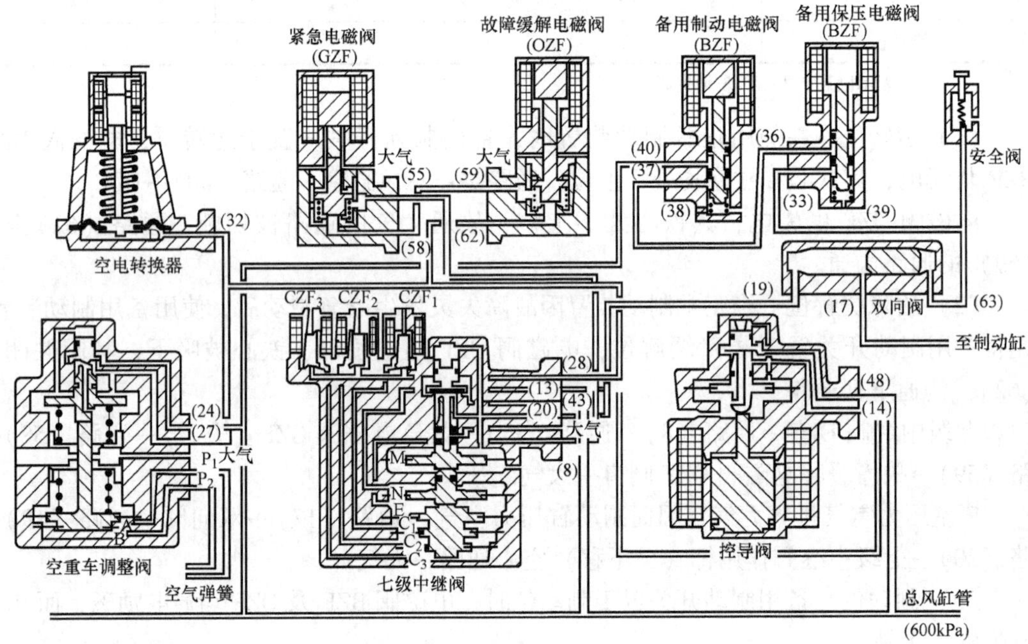

任务学习其他说明或建议：

指导老师评语：

任务完成人签字： 日期： 年 月 日

指导老师签字： 日期： 年 月 日

课题 4　SD 型制动控制系统的特点

【知识要点】

熟知 SD 型制动控制系统的主要特点。

SD 型制动控制系统具有以下特点：

1）制动和缓解作用快，空走时间短，从而可以缩短制动距离。

2）制动缸压力具有七级变化，各级制动缸压力上升时间基本一致，而且稳定准确，操纵灵活，有利于调速。

3）设有空重车调整装置，可根据乘客多少自动调节制动力。因此，制动时能得到恒定的减速度，减少列车冲动，使停车平稳。

4）空气制动能与电制动互相配合。当电制动力不足时，空气制动能自动进行补偿，使整个制动过程中的制动率基本保持不变，从而提高了旅客的乘坐舒适度。

5）能与列车自动控制装置配合，实现定位停车。

6）设有紧急电磁阀，当列车发生分离和断电故障时，能自动施行紧急制动以保证行车安全。

7）除装有正常制动装置外，还设有备用制动装置。当正常制动装置发生故障时，仍能保证车辆正常运行。

8）整个装置结构简单，除制动控制器、备用制动开关等以外，其他装置均装在一块集成板上，简化了管路，减轻了重量。另外制动装置中广泛采用了 O 形密封圈、橡胶膜板，使结构简单，作用可靠，维修简便，并可延长检修期。

第 8 单元　NABTESCO 型制动控制系统

课题 1　NABTESCO 型制动控制系统的组成

【知识要点】

1. 熟知 NABTESCO 型制动控制系统制动控制装置的组成；
2. 熟知电子制动控制单元的作用；
3. 熟知制动控制单元内部气路图的组成及各部件的作用；
4. 熟知列车防滑系统和停放制动控制装置的作用；
5. 熟知主风低压开关的作用。

西安地铁 2 号线车辆的列车制动系统采用日本 NABTESCO 公司生产的模拟式电-空制动装置，该系统采用车控方式，按照一动一拖为一个单元进行系统设计；采用网络总线控制列车的制动及列车主要设备的状态、故障监视和诊断。

为便于大修时整个系统的快速拆卸和更换，采用模块化的设计理念：空压机及相关冷却和干燥设备组装为“风源模块”，安装在每个 Mp 车（带受电弓的动车）上；根据制动的特点，将制动控制装置及相关设备组装为“制动控制集成”，安装在每辆车上。

每辆车配备一套制动控制装置（其中 Tc 车制动控制单元内部配备有总风低压压力开关，此信号将串联至紧急回路），用于进行带有空重车调整阀的常用制动、紧急制动以及滑行保护等的控制，此外还具有自诊断等诸多功能。制动控制装置主要分为电子制动控制单元和制动控制单元两部分。制动控制装置内部部件布局图如图 8-1 所示。

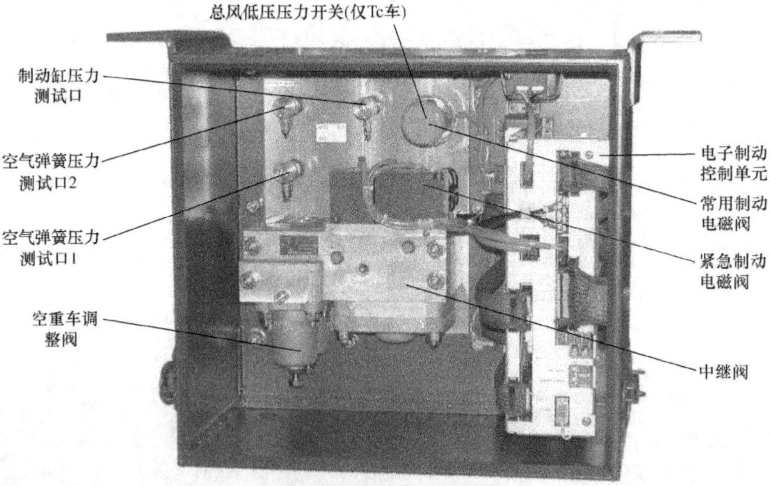

图 8-1　制动控制装置

一、电子制动控制单元

电子制动控制单元如图 8-2 所示，具有以下功能：

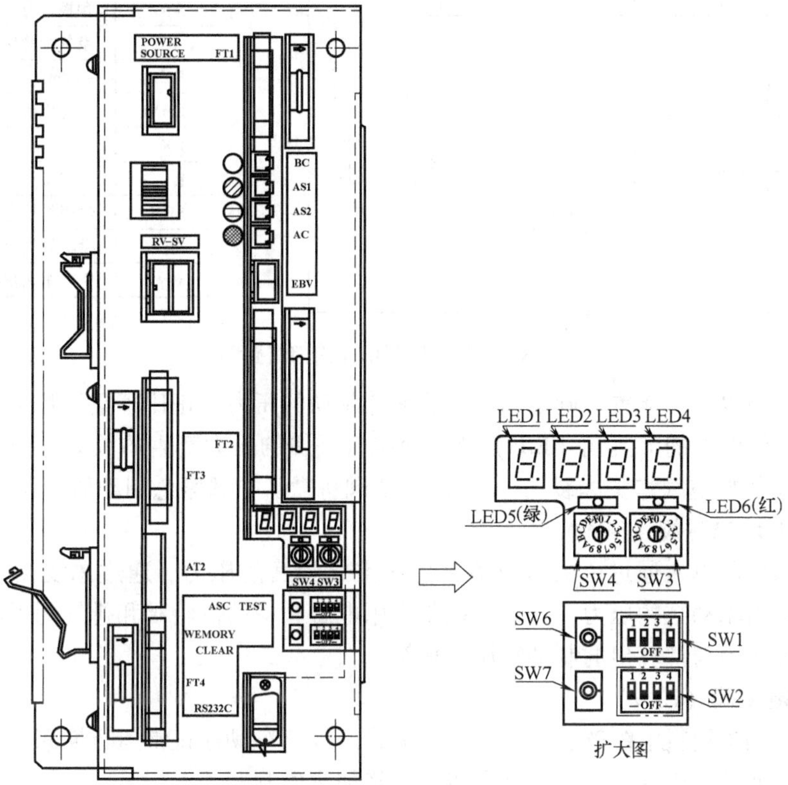

图 8-2　电子制动控制单元

1）检测两个空气弹簧的压力并通过压力传感器进行空电转换，从而保证无论空车还是超员均可以得到稳定的牵引力和制动力。

2）进行电空演算，从而进行常用制动控制，并保证优先使用电制动。

3）具有滑行检测和校正功能，即测定各个车轴的速度，一旦检测出车轮滑行，即通过控制防滑阀来降低制动缸内部压力，从而尽快恢复黏着，使车轮最大限度地利用现有黏着条件。

4）提供状态监测和诊断功能。

二、制动控制单元

制动控制单元包括常用制动和紧急摩擦制动所需的所有电空阀和压力传感器。制动控制单元内部气路图如图 8-3 所示。

1. 中继阀（RV）

中继阀为气动操作阀，可将大量压缩空气由制动风缸提供给制动缸。供风压力等同于中继阀通过变载截断阀从制动/缓解和紧急电磁阀获得的压力信号。如果压力信号保持一定，中继阀将保持恒定的闸缸压力以防泄漏，并自动补充发生的任何泄漏。

2. 空重车调整阀（VLV）

空重车调整阀为机械变压限制装置，它可将中继阀信号阀口的供风压力限制在称重紧急

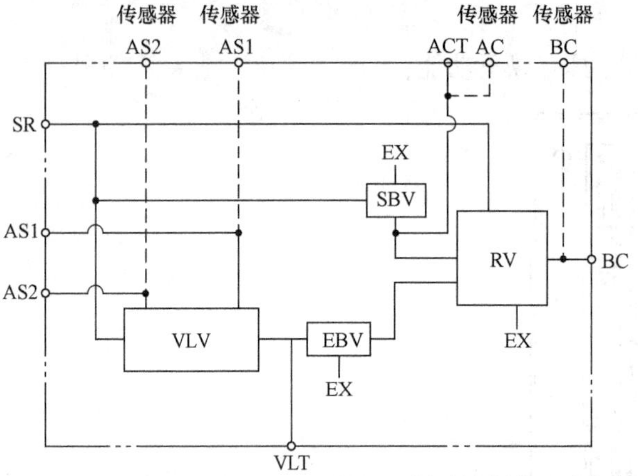

标号	说明
AS1	预控压力
AS2	空气弹簧压力
BC	制动缸
EBV	紧急电磁阀
EX	排气
RV	中继阀
SBV	常用制动电磁阀
SR	供给储气器
VLV	空重车调整阀

图 8-3　制动控制单元内部气路图

制动所需的压力以下。空重车调整阀只影响紧急制动的压力并正比于空气弹簧压力，此外还通过两个连接管路上的节流孔（B05）来减小空气弹簧的压力产生的波动。当没有空气弹簧压力信号时（例如空气弹簧爆裂），空重车调整阀将默认空载紧急制动值为默认值。

3. 常用制动电磁阀（SBV）

电子制动控制单元通过压力传感器来感应空气弹簧的压力，通过总线接收常用制动指令，从而计算出制动缸的压力，并通过控制常用电磁阀中的供给阀和排气阀得电和失电，使实际的制动缸压力与计算出的制动缸压力相符。

4. 紧急电磁阀（EBV）

紧急电磁阀采用得电缓解、失电制动的形式。因此车辆在正常运行期间，紧急电磁阀必须得电，无论何种原因导致失电，列车将立即施加紧急制动。

在紧急制动施加期间，通过空重车调整阀进行空重车调节。

三、列车防滑系统

如图 8-4 所示，车轮滑动保护系统采用基于单轴的滑动检测和校正功能，即每个轴配备一套防滑阀和速度传感器。

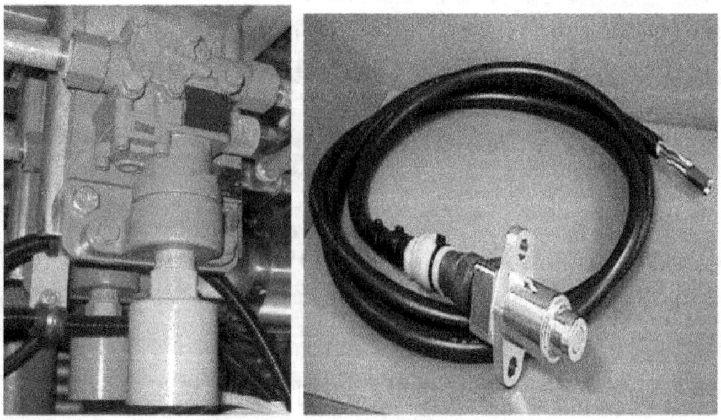

图 8-4　防滑阀和速度传感器

四、停放制动控制装置

停放制动控制装置，如图 8-5 所示。停放制动电磁阀在车辆正常运行状态下为失电状态，此时停放制动缓解，并通过停放制动压力开关进行反馈，压力设定为 500 ~ 700kPa，即高于 700kPa 时列车停放制动缓解，低于 500kPa 时列车制动将随着压缩空气压力的降低而逐渐施加。

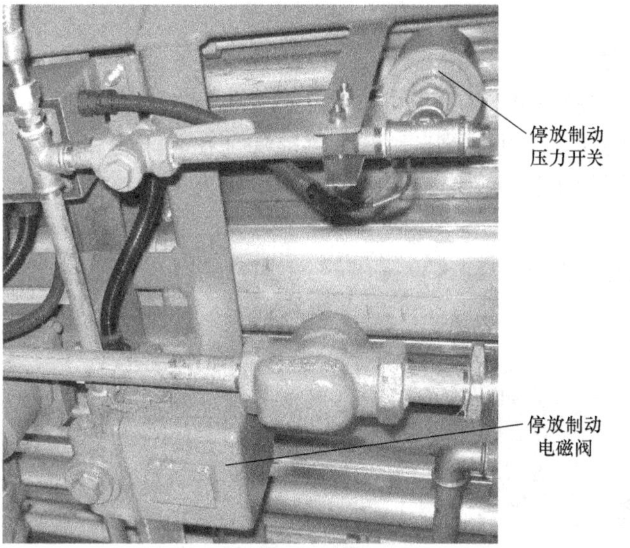

图 8-5　停放制动控制装置

列车通过给电磁阀供电才能施加停放制动，但是在施加停放制动之前，需要先施加空气制动即常用制动或者紧急制动。

安装在制动模块上的停放制动隔离塞门（K1）由主风进行供风。更换闸瓦时，可操纵此塞门将停放制动装置隔离并排风以实现手动缓解。

列车每根轴上均配备一套带停放制动和不带停放制动的踏面制动单元，如图 8-6 所示，用于执行停放制动、常用制动和紧急制动。

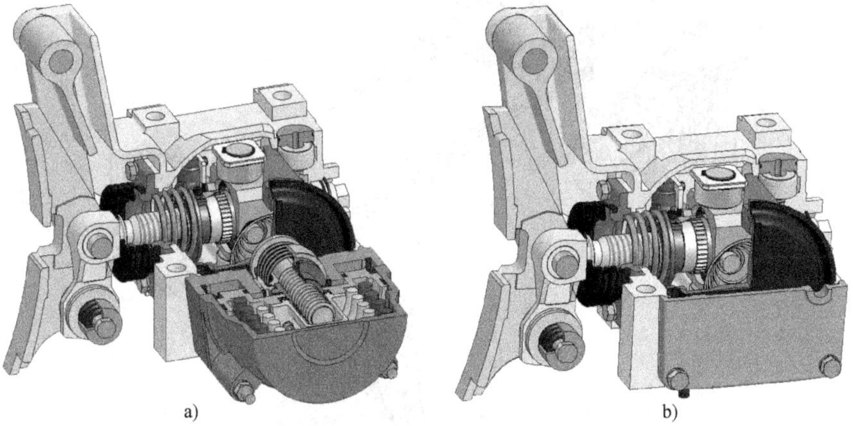

图 8-6　带停放制动和不带停放制动的踏面制动单元

a）带停放制动　b）不带停放制动

停车制动采用弹簧施加充气缓解的形式。在空气制动有效的情况下（常用制动和紧急制动），可以通过司机台上的停放制动施加按钮（通过控制停放电磁阀 K3 得电）来施加停放制动。停放制动与空气制动使用同一套将制动力施加在轮对上的闸瓦。

停放制动具有使地铁列车在最大坡道上保持静止的能力。

此外配备有手动缓解装置，用于无风或者空气压力低的情况下缓解停放制动。当空气压力恢复时，进行一次空气制动循环（制动—缓解），缓解机构自动复位，并为下一次手动缓解做好准备。

1. 自动磨耗补偿

所有的踏面制动装置都配有闸瓦间隙自动调整器，用以保持闸瓦与车轮间的正确间隙，补偿闸瓦与车轮的磨耗。闸瓦间隙自动调整器能保证在新车轮和新闸瓦的情况下能够顺利安装闸瓦，在磨耗到限的车轮以及磨耗到限的闸瓦的情况下能够正常施加常用和紧急制动。

2. 闸瓦

每个车轮上配有一个 NABTESCO 提供的 NC3443 型合成闸瓦，如图 8-7 所示。

图 8-7 闸瓦

闸瓦材料为无石棉材料。闸瓦的使用情况与施加制动的频率、级别、载荷情况以及电制动的使用情况密切相关，因此闸瓦的更换周期需要根据实际情况而定，磨耗到限的标记如图 8-7所示。

基础制动装置采用单侧踏面单元制动缸的制动方式，如图 8-8 所示。

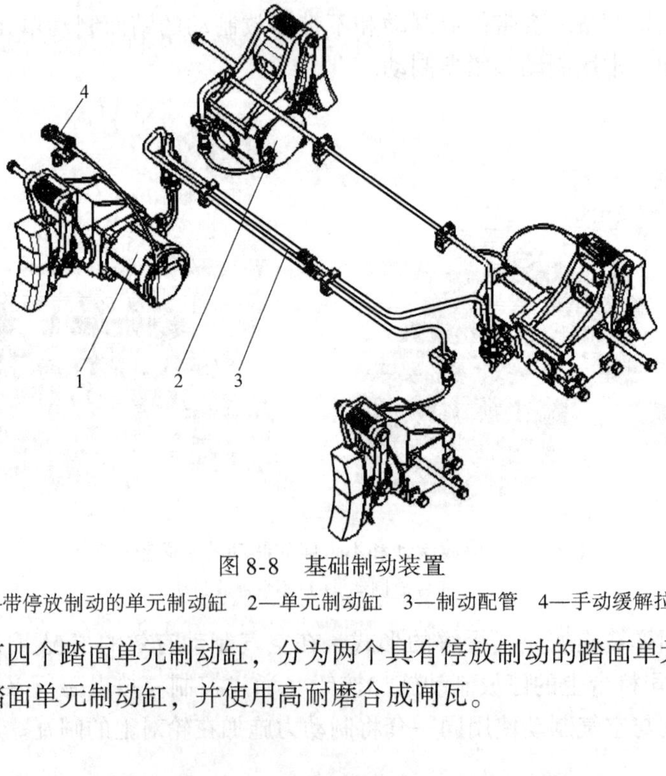

图 8-8 基础制动装置

1—带停放制动的单元制动缸 2—单元制动缸 3—制动配管 4—手动缓解拉链

每台转向架有四个踏面单元制动缸，分为两个具有停放制动的踏面单元制动缸和两个不具有停放制动的踏面单元制动缸，并使用高耐磨合成闸瓦。

踏面单元制动缸能对车轮和闸瓦的磨耗间隙进行自动补偿，同时还设有手动复原装置。通过手动复原装置也可以调整车轮及闸瓦间的间隙，使制动闸瓦和车轮踏面之间的距离保持在 5 ~ 10mm。

具有停放制动的踏面单元制动缸还配有手动缓解闸线，手动缓解闸线的把手安装在侧梁上部，可以在必要时很方便地手动缓解停放制动。制动配管采用立体折弯钢管，钢管与钢管、钢管与软管之间采用螺纹联接形式，密封性能较好，方便安装和拆卸。

五、主风低压开关

每辆 Tc 车上设有一个压力开关（制动控制单元内），用以监控主风压力。当主风压力降至设定值 600kPa 以下时，列车紧急回路将断开，列车将立即实施紧急制动；当压力升到 700kPa 以上时，紧急制动才可能进行缓解。

六、司机台仪表

司机台上设置一双针压力表，用于显示主风压力和制动缸压力。红表针用于显示主风缸压力，黑表针用于显示 Tc 车第一根轴的制动缸压力。

【实践与训练】

学习工作单

工　作　单	NABTESCO 型制动控制系统的组成		
任　　务	熟知 NABTESCO 型制动控制系统制动控制装置的组成；熟知电子制动控制单元的作用；熟知制动控制单元内部气路图的组成及各部件的作用；熟知列车防滑系统和停放制动控制装置的作用；熟知主风低压开关的作用。		
班　　级		姓　　名	
学习小组		工作时间	
【知识认知】			
1. 分析 NABTESCO 型制动控制系统制动控制装置的组成，理解各组成部件的作用。 2. 分析电子控制单元和制动控制单元的作用原理。 3. 分析停放制动控制装置的作用原理。			
【能力训练】			
1. 按照制动控制单元内部气路图，分析制动控制单元作用原理。			

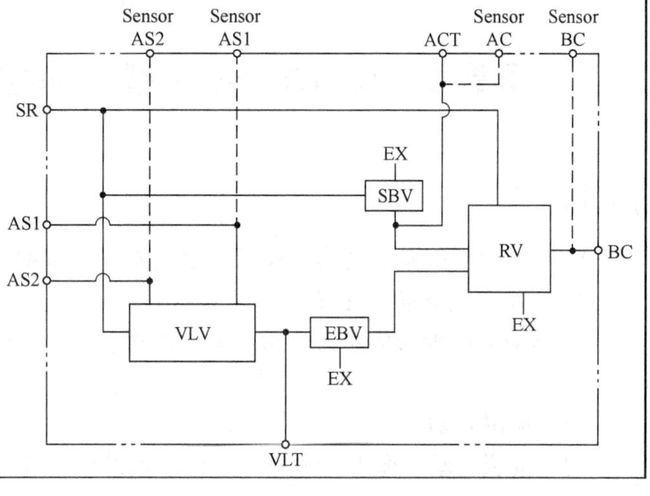

（续）

<table>
<tr><td>2. 按照带停放制动的踏面制动单元图，归纳出停放制动作用原理。
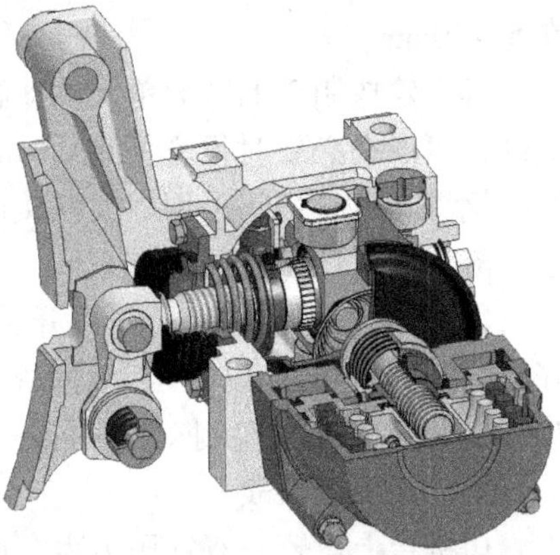</td></tr>
<tr><td>任务学习其他说明或建议：</td></tr>
<tr><td>指导老师评语：</td></tr>
<tr><td>任务完成人签字： 日期： 年 月 日

指导老师签字： 日期： 年 月 日</td></tr>
</table>

课题 2 NABTESCO 型制动控制系统的控制过程

【知识要点】

1. 熟知常用制动、紧急制动、快速制动及坡道起动的控制过程；
2. 熟知负载补偿的过程；
3. 熟知车辆滑动保护的作用及工作原理。

一、常用制动

列车按照一动一拖为一个单元进行系统设计，进行常用制动时，系统程序将最大可能地采用电制动，空气制动通常作为电制动的补充。

常用制动可通过司机控制器手动实施或者 ATO 系统自动实施，但其最终均通过 ATI 进行控制。每辆车上的微机制动控制单元（ECU）与直接与它通信的 RS485 总线相连，ATI 接收来自每辆车上电子制动控制单元发送过来的车重信号和来自司机控制器的指令信号，并根据此指令和载荷信号，计算每辆车需要的制动力，减去可实现的动力制动力，计算出每辆车需要的摩擦制动。此指令通过 RS485 总线直接送给每辆车上的 ECU。

二、紧急制动（安全制动）

列车以“故障安全”为原则进行系统设计，因此紧急回路采用得电缓解失电制动的形式。

当紧急制动回路断开时，所有车辆的牵引将被封锁。

紧急制动为独立系统，并采用“得电缓解”的形式，紧急制动由空气制动系统根据车重独自承担，并且具有零速联锁功能，防止在紧急制动期间出现意外。

任何以下装置的动作均会断开紧急制动回路，使每辆车的紧急制动电磁阀失电，从而施加紧急制动：

1）触发司机控制器中的警惕装置。

2）按下司机室控制台上的紧急制动按钮（击打式按钮）。

3）列车脱钩。

4）总风欠压。

5）紧急制动电气列车线环路中断或失电。

6）DC110V 控制电源失电。

7）ATO 系统发出紧急制动指令。

8）ATP 系统发出紧急制动指令。

9）当列车运行时，如方向手柄拉至“0”位，则列车产生紧急制动。

三、快速制动

司机控制器的最后一位为“快速制动位”，施加快速制动的减速度与施加紧急制动的减速度相同，并优先使用电制动。

四、坡道起动

列车设置坡道起动功能，其可以看作为常用制动的一种，如果坡道起动有效，列车将施加 3 级常用制动。在载荷状况为 AW3 时，西安 2 号线在最大坡道上（35‰），列车的斜面加速度 $a=9.8\mathrm{m/s^2}\times$坡度$=9.8\mathrm{m/s^2}\times 35‰=0.343\mathrm{m/s^2}$，此斜面加速度$<3/7$常用制动减速度$=0.43\mathrm{m/s^2}$。

五、冲动限制

制动指令同时传递到所有车辆上。作用时间不属于时间延迟，常用制动在所有车上均以冲击极限（$0.75\mathrm{m/s^3}$）同时实施。制动时间采用电子制动控制单元进行控制。

紧急制动同时在所有车上以机械的方式实施，由于安全的原因，将超过常用制动的“冲击极限”。

六、负载补偿（空重车调节）

每辆车的制动控制单元将检测两个空气弹簧的压力（对角检测）作为计算牵引力和制动力的依据。

常用制动称重为电子称重，通过压力传感器测量两个空气弹簧压力（对角）。电子称重信号从制动系统的电子控制单元传到牵引控制系统。

紧急制动作用通过空重车调整阀实施载荷补偿。

如果一个空气弹簧压力信号出现过低或过高，系统将使用正常车的空气弹簧压力进行牵引和制动控制，如果两个均发生故障，车辆将按照空车进行控制。

七、车轮滑动保护

列车在常用制动、紧急制动模式下均具有滑动保护功能，如图 8-9 所示。

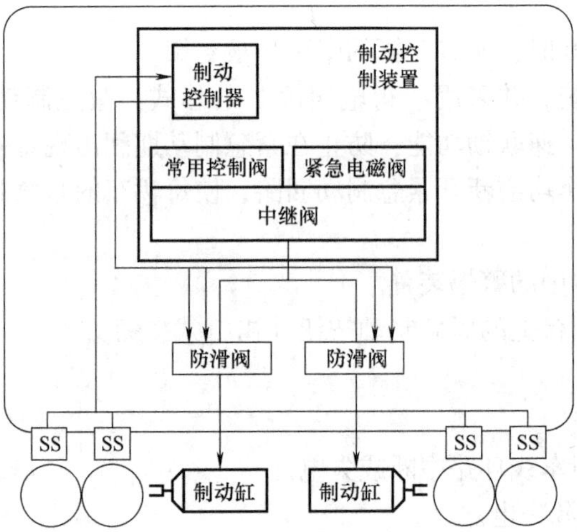

图 8-9　车轮滑动保护（WSP）结构图

制动过程中，如果轮轨间黏着力不足以满足制动要求，车轮会产生滑动损坏车轮，并会延长制动距离。车轮滑动保护就是要防止擦轮现象的发生，使列车充分利用黏着进行制动。

车体安装的防滑阀基于每根轴进行制动缸压力控制。每个单阀包括两个电磁阀，用以控制相应制动缸的空气压力。一个电磁阀控制制动缸的进风，另一个控制制动缸的排风。这两个阀的动作组合可形成三个不同状态："充风"两阀均失电，空气进入制动缸；"保压"进风阀得电，排风阀失电，制动缸被隔离，空气压力恒定；"排风"两阀均得电，空气从制动缸排出。

1. 轮滑检测

每根轴的轴端均装有速度传感器，产生车轴转速的信号，车轮滑动保护处理器监测这些信号。防滑系统确定相对轴速，并使用它们来检测是否有滑动发生。检测一根轴的减速度是否超过设定值，此设定值高于所有正常制动状态下预计的最大减速度值；或检测车轮滑动保护系统监测的四根轴中的任一根轴的相对转速的改变。

2. 轮滑的恢复

当检测出车轮滑动时，车轮滑动保护系统通过本车的排放阀来降低相应车轴上制动缸的压力，从而控制滑行的深度。此系统可控制达到最理想的车轮滑行状态以充分利用黏着，确保尽可能减少制动距离和避免车轮的擦伤。

【实践与训练】

学习工作单

<table>
<tr><td>工　作　单</td><td colspan="3">NABTESCO 型制动控制系统的控制过程</td></tr>
<tr><td>任　　务</td><td colspan="3">熟知常用制动、紧急制动、快速制动及坡道起动的控制过程；熟知负载补偿的过程；熟知车辆滑动保护的作用及工作原理。</td></tr>
<tr><td>班　　级</td><td></td><td>姓　　名</td><td></td></tr>
<tr><td>学习小组</td><td></td><td>工作时间</td><td></td></tr>
<tr><td colspan="4">【知识认知】</td></tr>
<tr><td colspan="4">1. 分析常用制动、紧急制动、快速制动及坡道起动，理解各种制动作用的区别。
2. 分析负载补偿的工作原理。
3. 对车辆滑动保护进行分析。</td></tr>
<tr><td colspan="4">【能力训练】</td></tr>
<tr><td colspan="4">1. 哪些装置的动作均会断开紧急制动回路，使每辆车的紧急制动电磁阀失电，从而施加紧急制动？为什么？</td></tr>
<tr><td colspan="4">2. 按照车轮滑动保护（WSP）结构图，归纳出车轮滑动保护原理。
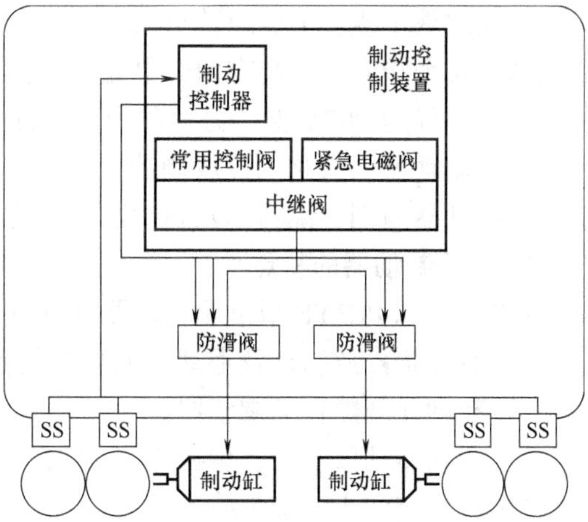
</td></tr>
<tr><td colspan="4">任务学习其他说明或建议：</td></tr>
<tr><td colspan="4">指导老师评语：</td></tr>
<tr><td colspan="4">任务完成人签字：　　　　日期：　年　月　日
指导老师签字：　　　　日期：　年　月　日</td></tr>
</table>

第 9 单元　基础制动装置

课题 1　单元制动器

【知识要点】

1. 熟知 PC7Y 型单元制动器的结构及作用原理；
2. 熟知 PC7YF 型单元制动器的结构及作用原理；
3. 了解闸瓦间隙自动调整器的结构及自动调整原理。

一、单元制动器概述

一般单元制动器都将制动缸传动机构、闸瓦间隙自动调整器以及悬挂装置连在一起，形成一个紧凑的作用装置。有的单元制动器做成立式的，有的则做成悬挂式的，这主要取决于安装空间的不同。

广州地铁车辆、上海地铁车辆采用的单元制动器是由德国克诺尔公司生产的踏面式单元制动器。每个转向架上装有四个单元制动器，分别对四个车轮进行制动。单元制动器分为两种型号，一种为 PC7Y 型，另一种为 PC7YF 型。它们的结构基本一致，只是 PC7YF 型多了一个弹簧制动器（又称为停放制动器），主要用于车辆停放制动。下面以 PC7Y 型和 PC7YF 型单元制动器为例，说明单元制动器的结构和作用原理。

1. 单元制动器的特点

PC7Y 型和 PC7YF 型单元制动器具有以下特点：

1）有弹簧停放制动及手动辅助缓解装置（PC7YF 型）。

2）有闸瓦间隙自动调整器。

3）制动传动效率高，均在 95% 左右。

4）占用空间小，安装简单。

5）性能稳定，作用可靠，维修方便。

2. 单元制动器的主要技术参数

PC7Y 型、PC7YF 型单元制动器的主要技术参数见表 9-1。

表 9-1　PC7Y 型、PC7YF 型单元制动器的主要技术参数

制动倍率	常用制动器	2.85
	弹簧制动器	1.15
制动缸工作压力/kPa		300 ~ 600
最大闸瓦压力/kN		45

（续）

制动倍率	常用制动器	2.85
	弹簧制动器	1.15
弹簧制动缓解压力/kPa		5300～80000
闸瓦磨耗后一次最大调整量/mm		15
最大间隙调整量/mm		110
PC7Y型单元制动器质量（包括闸瓦）/kg		63
PC7YF型单元制动器质量（包括闸瓦）/kg		85

二、PC7Y型单元制动器

1. PC7Y型单元制动器结构

PC7Y型单元制动器（图9-1）由制动缸、活塞、驻车制动杠杆、缓解弹簧、闸瓦间隙自动调整器、吊杆、扭簧、闸瓦托和闸瓦等组成。

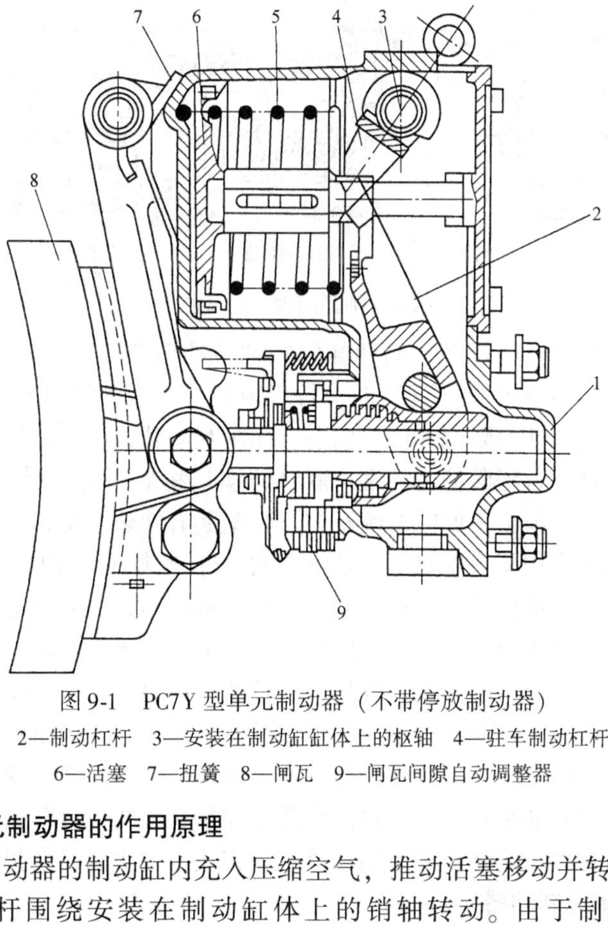

图9-1　PC7Y型单元制动器（不带停放制动器）

1—制动缸缸体　2—制动杠杆　3—安装在制动缸缸体上的枢轴　4—驻车制动杠杆　5—缓解弹簧　6—活塞　7—扭簧　8—闸瓦　9—闸瓦间隙自动调整器

2. PC7Y型单元制动器的作用原理

制动时，单元制动器的制动缸内充入压缩空气，推动活塞移动并转变为活塞杆的推力。活塞杆带动制动杠杆围绕安装在制动缸体上的销轴转动。由于制动杠杆的增力比为1∶2.85，所以该推力通过制动杠杆使力扩大后传给闸瓦间隙自动调整器，再通过推杆，最后传给闸瓦，闸瓦贴紧车轮，产生制动。缓解时，制动缸内的压力空气排出，制动缸缓解弹簧和扭簧推动推杆和活塞恢复原位，闸瓦离开车轮，单元制动器处于缓解状态。

由于闸瓦是一个磨耗件，所以经过一定时间的作用，闸瓦与车轮踏面之间会出现间隙，这对摩擦制动效率影响极大。对于闸瓦与踏面之间产生的间隙，不能采用人工的方式去检测或调整。因此，单元制动器都带有一个闸瓦间隙自动调整器，用于自动调整闸瓦与车轮踏面之间的间隙，使之保持在规定范围内，一般为 6 ~ 10mm。闸瓦间隙自动调整器的工作原理比较复杂，下面作一些简单介绍。

闸瓦间隙自动调整器由调整套筒、大螺距非自锁螺杆（$P=28$mm）、推力螺母、联合器螺母、行程限位套、预紧力弹簧和滚针轴承等组成（图 9-2）。

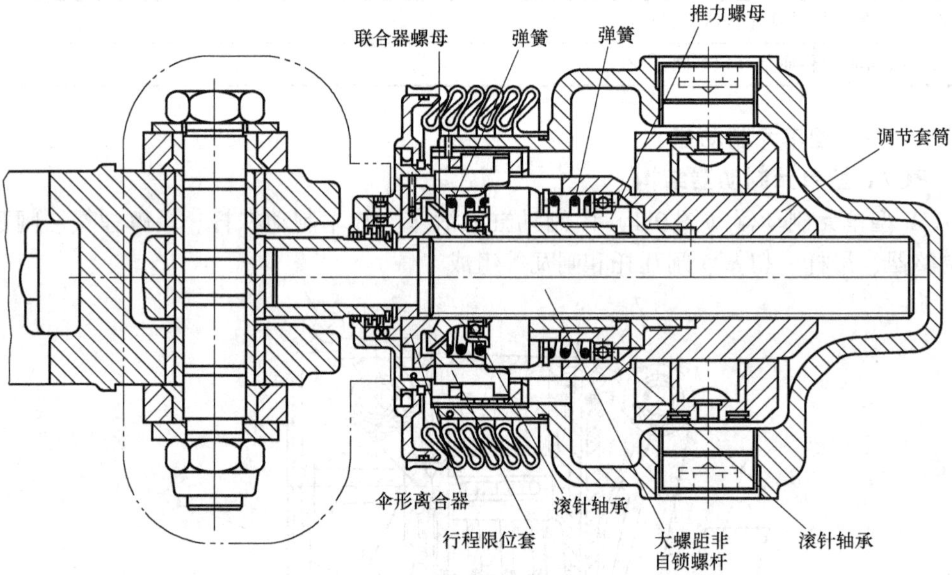

图 9-2 闸瓦间隙自动调整器

当调节套筒上的杠杆通过调节套筒两侧的销轴带动调节套筒一起向车轮踏面方向（该方向即为闸瓦制动时的前进方向）运行时，行程限位套上两侧镶嵌在调节套筒两侧长槽中的销轴首先受到外壳止挡环的阻挡而停止向前，而闸瓦间隙自动调整器的其他部件尚未受到阻挡还在继续向前。这时行程限位套前端与联合器螺母相啮合的一副伞形离合器开始脱离，而调节套筒继续推动螺母前进。此时若闸瓦与车轮踏面有间隙，推杆继续前进，联合器螺母则会在弹簧和滚针轴承作用下发生转动，在大螺距非自锁螺杆（即推杆）上向后移动，直到闸瓦与车轮踏面紧贴，推杆停止前进，联合器螺母重新与行程限位套啮合而停止转动。

制动缓解时，制动缸缓解弹簧与扭簧使制动杆杠又带动闸瓦间隙自动调整器的调节套筒向后运动。当推杆因行程限位套和联合螺母啮合不能再后退时，调节套筒继续后退，并与推力螺母分离，推力螺母在弹簧和滚针轴承的作用下发生转动，在大螺距非自锁螺杆上向后移动，使其与调节套筒及连接环重新紧密啮合。推力螺母后退的距离与联合螺母后移的距离相同，它们之间仍保持原来的距离，只不过两个螺母在推杆上的位置都向后移动了，而后移的距离即为闸瓦磨损的间隙。这样，单元制动器自动完成了一次闸瓦磨损间隙的补偿过程。

三、PC7YF 型单元制动器

1. PC7YF 型单元制动器结构

PC7YF 型单元制动器的结构是在 PC7Y 型单元制动器的基础上，增加了一个停放制动器，如图 9-3 所示。停放制动器实际上是一个弹簧制动器，是利用释放弹簧储存的弹性势能来推动制动缸活塞，带动两级制动杠杆使闸瓦制动的。而它的缓解则需要向弹簧制动缸充气，通过活塞移动使弹簧压缩，从而使停放制动缓解。弹簧制动器一般也是用电磁阀来控制充气和排气的。因此，司机可以在司机室内控制停放制动的施加与缓解。

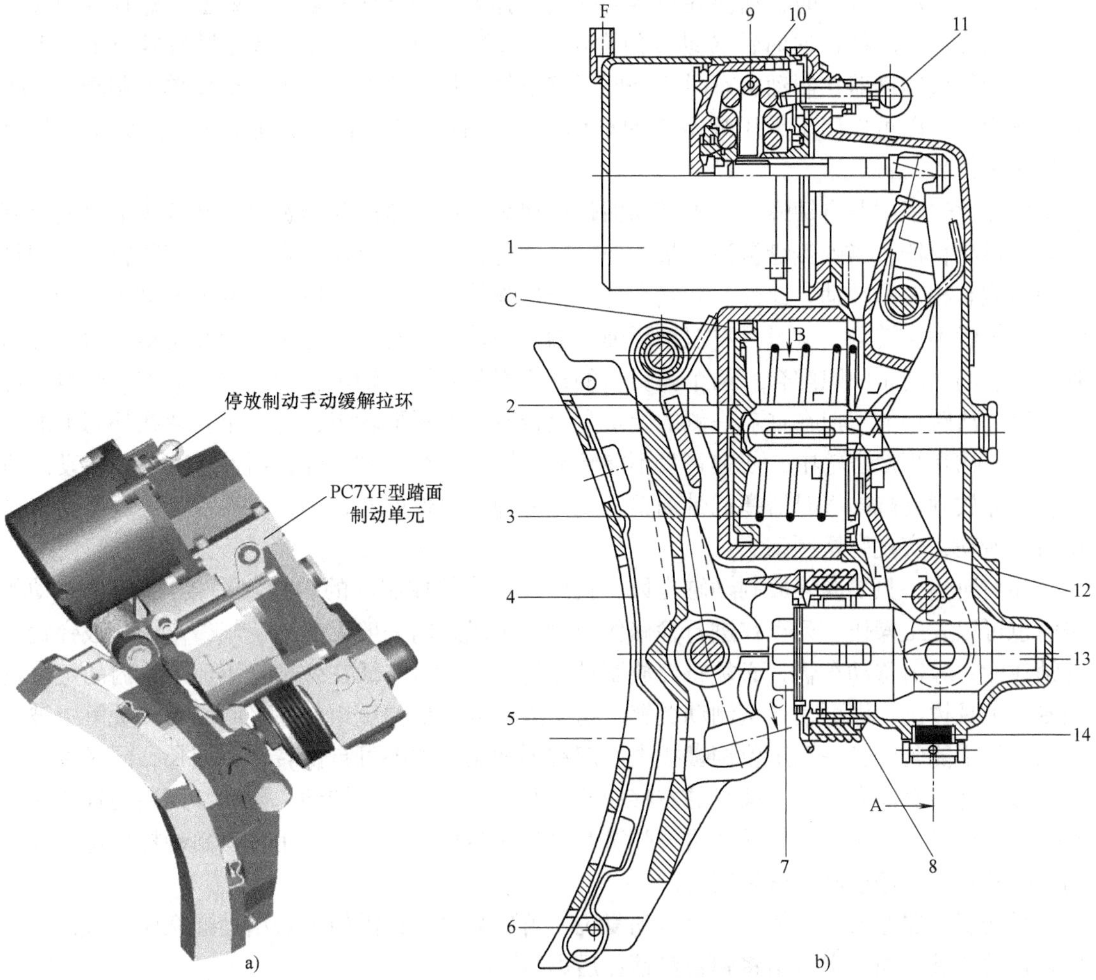

图 9-3　PC7YF 型单元制动器（带弹簧制动器）

a）PC7YF 型单元制动器外形图　b）PC7YF 型单元制动器结构图

1—弹簧制动器　2—制动缸活塞　3—缓解弹簧　4—锁紧簧片　5—闸瓦　6—开口销　7—调整螺母　8—闸瓦间隙自动调整器　9—弹簧制动器的弹簧　10—弹簧制动器的活塞　11—缓解拉环　12—制动杠杆　13—闸瓦间隙自动调整器的推杆　14—滤清器　F—压力空气向弹簧制动器充气时的接口　C—压力空气向制动缸充气时的接口

2. PC7YF 型单元制动器的作用原理

弹簧制动器的停放制动施加和缓解过程如下：

当压缩空气从 F 口进入停放制动器的制动缸，其活塞被推右移，安装在活塞内的双锥形弹簧受压缩，而活塞中心线上的螺杆及螺套也被推动向右运动，但很快螺杆被缸体抵住不能再运动，因为螺套与缸体的距离很小。这时活塞在制动缸中还有很大一段活动距离，还在继续向前压缩双锥形弹簧。由于中间的螺杆也是大螺距非自锁螺杆，只要外界有推力，螺杆就能自动旋入螺套内而保持活塞继续压缩双锥形弹簧。当双锥形弹簧被压缩到位后，活塞才停止运动。在活塞和推杆向右运动时，停放制动杠杆顺时针转动，其另一端将常用制动的活塞杆向左推，使单元制动器处于制动缓解状态。

当停放制动缸排气时，活塞在双锥形弹簧的弹力作用下向左运动，螺套及螺杆也向左运动，带动停放制动杠杆逆时针转动，使常用制动的活塞杆向右推，单元制动器处于制动状态。因为停放制动器在制动状态时不需要压缩空气，仅靠弹簧的弹力就能使单元制动器产生制动作用，所以可以用于无压缩空气的车辆（停放的列车一般都切断电源，因此空气压缩机停止工作）。

但在此过程中非自锁螺杆又不转动而带动螺套运动，是因为弹簧盘与螺杆头部之间存有一副锥形离合器，当弹簧盘被活塞带动向左运动时，锥形离合器就合上了，使弹簧盘与螺杆之间不能有相对的转动。此外，弹簧盘与双锥形弹簧是紧配合，所以只要弹簧盘不转动，双锥形弹簧就不会转动。这时再看双锥形弹簧的另一端，另有一个弹簧盘套在制动缸盖的导向管上，它们之间是间隙配合。两个弹簧盘的外侧都装有推力轴承，因此整个双锥形弹簧组件是可以灵活转动的。但在缸盖一侧的弹簧盘上带有一圈矩形轮齿，有一个安装在外壳上的定位销正好插在矩形齿轮中，使弹簧盘不能转动，因此整个双锥形弹簧组件也就不能转动。所以，在停放制动缸排气时活塞能带动整个双锥形弹簧组件向左运动，从而带动停放制动杠杆逆时针转动，实现弹簧制动。

如前所述，只要向停放制动缸充风，就可以完成停放制动的缓解（释放）。停放制动的缓解也可以人工操作。列车在进行检修作业时，主风缸内一般无压缩空气，车辆是被弹簧制动锁住的。若需移动车辆，必须将停放制动缓解。这时可将插在弹簧盘矩形齿轮内的定位销用专门工具拔出，即可使弹簧制动缓解。这是因为双锥形弹簧组件在平时制动或缓解中被定位销锁住不能转动，一旦定位销被拔去，双锥形弹簧组件即可自由转动并伸长，同时带动螺杆旋转并将螺套向右移动。螺套的右移使停放制动杠杆顺时针转动，推动常用制动缸活塞向左移动。这时，常用制动的活塞缓解弹簧及吊杆扭簧也共同发挥作用，使制动杠杆逆时针转动，推杆右移，停放制动得到缓解。

弹簧制动器经人工缓解后不会自动复位。若要复位，只需向弹簧制动缸充风一次，双锥形弹簧重新被压缩，定位销将弹簧盘锁住后即可。

目前，大部分采用 PC7YF 型和 PC7Y 型单元制动器的地铁或轻轨转向架，两台带弹簧制动器的 PC7YF 型单元制动器在转向架上是呈对角线布置的，可以分别对两个轮对进行停放制动。另一个对角线布置的是两台 PC7Y 型单元制动器。

四、单元制动器的日常检查与测试

1. 单元制动器的日常检查与测试

1）目测检查锁紧片、橡皮保护套、闸瓦卡簧及其各螺栓、扭簧轴销卡簧，要求无异常，卡簧无断裂、脱落。

2）检查管路及紧固件，要求管路无漏气，紧固件完好、无松动。

3）检查闸瓦。要求闸瓦最低处厚度≥12mm，要求闸瓦未磨耗到限时，测量闸瓦与踏面间的间隙，调整间隙至（9±1）mm。然后检查并测试停放制动功能，包括人工缓解在内。

2. 单元制动器的日常保养

1）对单元制动器作外观清扫。

2）松开闸瓦联接螺栓、螺母，取下挡圈环，抽出扭簧心轴，取下吊臂。

3）拧下定位弹簧螺套，对弹簧片进行清洗，清洁后，在弹簧片上涂薄层润滑脂。

4）将制动单元吊至试验台上进行功能及泄漏测试。

5）安装吊臂扭簧、心轴扭簧，并将挡圈环扣好，其中扭簧和心轴涂上薄层润滑脂，螺杆表面涂润滑脂。

6）将闸瓦托联接螺栓插上，并将螺母拧紧。

7）检查、清洁皮腔，并对其润滑。

8）更换闸瓦。

【实践与训练】

学习工作单

工　作　单	单元制动器		
任　　务	熟知 PC7Y 型单元制动器的结构及作用原理；熟知 PC7YF 型单元制动器的结构及作用原理；了解闸瓦间隙自动调整器的结构及自动调整原理。		
班　　级		姓　　名	
学习小组		工作时间	
【知识认知】			
1. 识别 PC7Y 及 PC7YF 型单元制动器的组成部件。 2. 分析 PC7Y 及 PC7YF 型单元制动器的作用过程。 3. 单元制动器的日常检查与维护。			
【能力训练】			
1. 分析 PC7Y 及 PC7YF 型单元制动器的制动及缓解作用过程。			

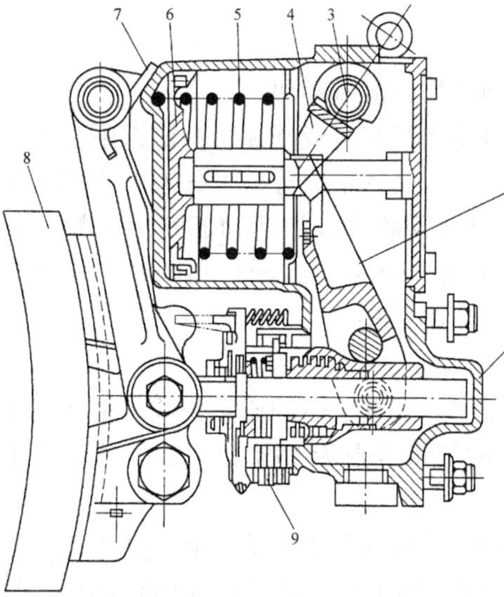

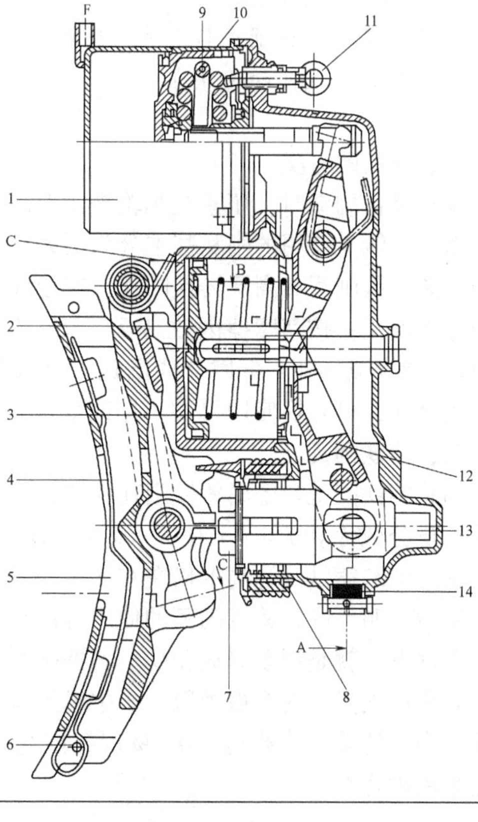

（续）

2. 归纳出单元制动器的日常检查与维护项目及要求。
任务学习其他说明或建议：
指导老师评语：
任务完成人签字： 日期： 年 月 日 指导老师签字： 日期： 年 月 日

课题2 闸 瓦

【知识要点】

1. 了解闸瓦的分类；
2. 熟知高磷铸铁闸瓦与中磷铸铁闸瓦的区别；
3. 熟知合成闸瓦的优缺点。

一、闸瓦的分类

闸瓦是指制动时，压紧在车轮踏面上以产生制动作用的制动块。

轨道车辆上使用的闸瓦基本分为两大类，即铸铁闸瓦和合成闸瓦。在铸铁闸瓦中，又可分为中磷铸铁闸瓦和高磷铸铁闸瓦。在合成闸瓦中，按其基本成分，可分为合成树脂闸瓦和石棉橡胶闸瓦；按其摩擦因数高低，又可分为高摩擦因数合成闸瓦和低摩擦因数合成闸瓦（简称高摩合成闸瓦和低摩合成闸瓦）。中磷铸铁闸瓦、高磷铸铁闸瓦和低摩合成闸瓦，称为通用闸瓦，可互换使用（即不用改变基础制动装置的结构）。

二、铸铁闸瓦

高磷铸铁闸瓦与中磷铸铁闸瓦相比，主要是铸铁中提高了磷的质量分数。中磷铸铁闸瓦磷的质量分数为0.7%～1.0%，高磷铸铁闸瓦磷的质量分数为10%以上。高磷铸铁闸瓦的耐磨性比中磷铸铁闸瓦高1倍左右。

实践表明，高磷铸铁闸瓦的使用寿命约为中磷铸铁闸瓦的2.5倍以上。高磷铸铁闸瓦还有一个优点，就是制动时火花少。铸铁闸瓦的摩擦因数是随磷的质量分数的增加而增大的，因此高磷铸铁闸瓦的摩擦因数大于中磷铸铁闸瓦。但含磷量过高，将增加闸瓦的脆性。实验证明，当磷的质量分数超过0.1%时，闸瓦若不加钢背，便有裂损的可能，所以高磷铸铁闸瓦需采用钢背补强。

三、合成闸瓦

合成闸瓦是以树脂、石棉、石墨、铁粉和硫酸钡等材料为主热压而成的闸瓦。

1. 合成闸瓦的优点

合成闸瓦与铸铁闸瓦相比，具有以下优点：

1）摩擦性能可按需要进行调整。合成闸瓦的摩擦性能可根据需要，用改变、调整配方和工艺的办法获得较为理想的效果，从而可以充分地利用轮轨间的黏着系数。

2）耐磨性能好，使用寿命长。合成闸瓦的耐磨性能好，使用寿命一般为铸铁闸瓦的 3～10倍。

3）对车轮踏面的磨耗小，可延长车轮使用寿命。

4）质量轻。合成闸瓦的质量一般为铸铁闸瓦质量的 1/2～1/3。

5）可避免磨耗铁粉的污损及因制动喷射火星而引起的火灾事故。铸铁闸瓦的磨耗铁粉，不仅会污损车辆的电气设备，而且在制动过程中产生的红铁粉（在较长距离和较大坡度的坡道区段更为严重）喷射出来，容易引起火灾。合成闸瓦制动时没有或很少有磨耗铁粉飞散，从而能防止火灾事故，并减轻对电器设备的不良影响。

6）摩擦因数比较平稳并能保证有足够的制动力。铸铁闸瓦在高速制动时摩擦因数较小，可能造成制动力不足，而在低速特别是接近停放时，其摩擦因数又上升较多，很容易引起列车的纵向冲动甚至造成滑行而擦伤车轮。而合成闸瓦具有摩擦因数比较平稳的特性，在高速时，摩擦因数值变化较小，故仍能产生足够的制动力，在速度降低时摩擦因数值增加不大，故能使停放平稳，提高旅客乘坐的舒适度，减轻或防止设备的损坏。

2. 合成闸瓦的结构

合成闸瓦由于其材料本身强度小，所以必须在其背部衬压一块钢板（钢背）来增加它的抗压强度。整个合成闸瓦由钢背和摩擦体两部分组成，如图 9-4 所示。钢背内侧开有槽或孔，用以提高摩擦体与钢背的结合强度。低摩合成闸瓦钢背两端的中间部分制成凸起的挡块，两侧低平，以便于闸瓦托的四爪相结合，钢背外侧中部装有钢板焊制成的闸瓦鼻子，其外形和中磷铸铁闸瓦相同。由于高磨合成闸瓦的摩擦因数大，因此不能与通用闸瓦互换使用。为了防止混淆，将高摩合成闸瓦钢背两端的中间制成低平，两侧凸起，正好与低摩合成闸瓦相反，钢背内侧还焊有加强筋，以增加钢背的刚度。为了增加散热面积和避免闸瓦裂损、脱落，合成闸瓦摩擦体的中部压成一条或两条散热槽。

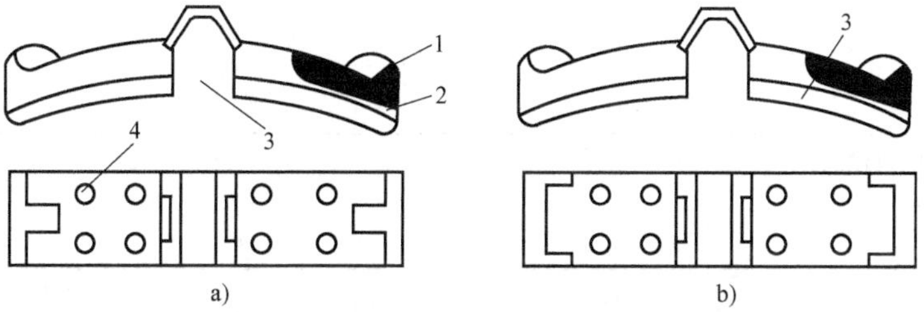

图 9-4　合成闸瓦

a）低摩合成闸瓦　b）高摩合成闸瓦

1—钢背　2—摩擦体　3—散热槽　4—冲孔

3. 合成闸瓦的缺点

虽然合成闸瓦具有很多优点，但它对车轮也有很大的影响，主要有以下几种情况：

(1) 热龟裂　由于闸瓦与车轮的接触不良，因而在车轮踏面上产生局部过热，形成热斑点，在个别情况下会发生热龟裂。

(2) 车轮的沟状磨耗　在制动频繁的区段上使用合成闸瓦会使车轮温度升高。车轮踏面呈现沟状磨耗，这是由于合成摩擦材料局部摩擦热膨胀引起的。温度越高时，这种磨耗在车轮踏面的外侧越容易发展。沟状磨耗是闸瓦横向摩擦造成的。研究制动时的踏面温度分布，便可以判断车轮踏面容易发生沟状磨耗的位置。

(3) 车轮的凹形磨耗　在冬季积雪地区使用合成闸瓦时，会发生这种磨耗。这是由于水介入到闸瓦摩擦表面所引起的。

除上述现象外，合成闸瓦对车轮踏面造成的影响还有毛细裂纹、热裂纹、滑行裂纹和踏面剥离等。

【实践与训练】

学习工作单

工　作　单	闸瓦		
任　　务	了解闸瓦的分类；熟知高磷铸铁闸瓦与中磷铸铁闸瓦的区别；熟知合成闸瓦的优缺点。		
班　　级		姓　　名	
学习小组		工作时间	
【知识认知】			
1. 识别不同种类的闸瓦。 2. 分析合成闸瓦对车轮踏面工作性能的影响。			
【能力训练】			
1. 识别不同种类的闸瓦。			
2. 分析合成闸瓦对车轮踏面工作性能的影响。			
任务学习其他说明或建议：			
指导老师评语：			
任务完成人签字：　　　　日期：　年　月　日 指导老师签字：　　　　日期：　年　月　日			

课题 3　盘形制动装置

【知识要点】

1. 了解盘形制动装置的特点与分类；
2. 熟知制动钳单元 C01、C03 的结构及作用原理；
3. 熟知弹簧制动器的结构及作用原理。

闸瓦制动结构简单，但其制动功率不能过大，因为过大的制动功率会导致闸瓦制动摩擦副的损伤，如闸瓦熔化、车轮踏面过热剥离或热裂，这些都会危及行车安全。因此当需要较大的制动功率时，可采用盘形制动装置，盘形制动最早是在德国柏林地铁车辆上首先装用的。

现在国内一些城轨车辆的基础制动装置也采用盘形制动，取代传统的踏面制动方式。盘形制动减少了对车轮的磨耗，延长了车轮的使用寿命，且制动平稳、噪声小。盘形制动通过双向选择摩擦可以得到比闸瓦制动更大的制动功率，从而满足了高速制动的要求，保证了行车安全。

一、盘形制动装置的构造和作用

盘形制动装置的结构如图 9-5 所示，由单元制动缸、夹钳装置、闸片和制动盘组成。单元制动缸中含有闸调器。夹钳装置由吊杆、闸片托、杠杆和支点拉板组成，夹钳的悬挂方式为制动缸浮动三点悬挂，即两闸片托的吊杆为两悬挂点，另一悬挂点是支点拉板。制动时，制动缸活塞杆推出，制动缸缸体和活塞杆带动两根杠杆，通过杠杆和支点拉板组成的夹钳，夹紧制动盘的两个摩擦面，实现制动。

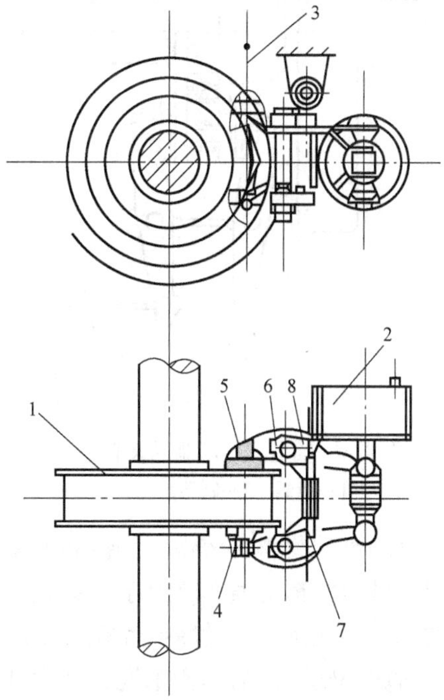

图 9-5　盘形制动装置的结构

1—轮对　2—单元制动缸　3—吊杆　4—制动夹钳　5—闸瓦托　6、7—杠杆　8—支点拉板

二、盘形制动装置的特点

1）盘形制动装置代替了闸瓦对车轮踏面的摩擦，因而不存在对车轮的热影响，同时也减少了车轮的磨耗，延长了车轮的使用寿命并改善了运行品质，保证了行车安全。

2）盘形制动的散热性能比较好，所以摩擦因数稳定，能得到较恒定的制动力。它的热容量允许它具有较高的制动功率。

3）由于可以自由地选择制动盘和闸片的材料，使这一对摩擦副具有最佳的制动参数，可以获得较高的摩擦因数，并且比较稳定。因此可以减小闸片压力，减小制动缸及杠杆的尺寸，减轻制动装置的重量。

4）盘形制动的闸片面积比闸瓦制动的闸瓦面积大，承受的单位面积压力小，它的磨耗率也小。

5）盘形制动代替闸瓦制动后，使轮轨间的黏着系数有所降低。

三、盘形制动装置的分类

盘形制动装置根据制动盘安装形式的不同，分为轴盘式和轮盘式两大类。轴盘式盘形制动装置是把制动盘安装在轮轴上，通过某种形式与轮轴固定，使制动盘与轮对同时转动。轮盘式盘形制动装置的制动盘安装在车轮上。

一般在空间位置允许的情况下，大多采用轴盘式盘形制动装置。如图 9-6 所示，制动盘通过盘毂与轮轴固定，盘毂是压装在轮轴上的，制动盘通过螺栓紧固在盘毂上。盘毂和制动盘根据需要有多种形式，二者的连接方式应保证制动时，不因制动产生的热量而松弛或分离。根据制动的需要，可在一根车轴上布置 2 个或 3 个甚至 4 个制动盘。

当轴盘式盘形制动装置受空间限制无法安装（比如在动车上由于布置牵引电动机而无法安装制动盘）时，可采用轮盘式盘形制动装置。如图 9-7 所示，制动盘与过渡钢盘采取径向连接，过渡钢盘由螺钉安装在车轮轮毂上。

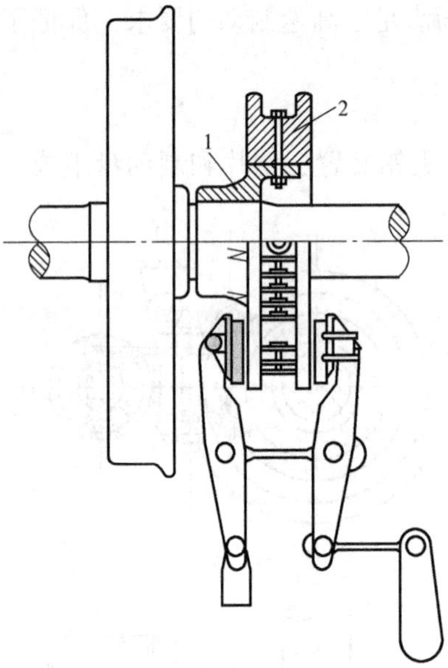

图 9-6　轴盘式盘形制动装置

1—盘毂　2—制动盘

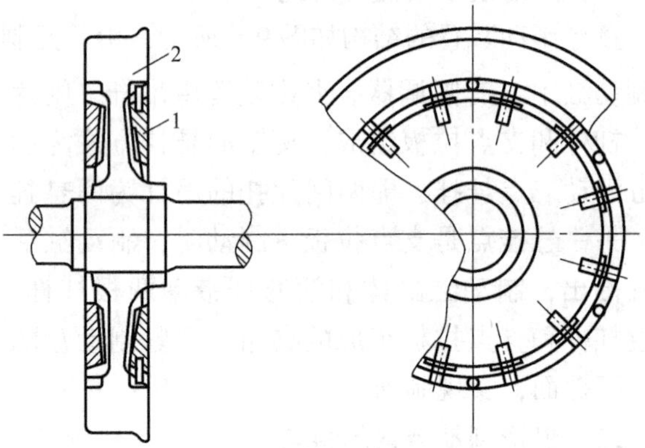

图 9-7　轮盘式盘形制动装置

1—过渡钢盘　2—制动盘

制动盘的材料有铸铁、铸钢和锻钢等多种，而闸片也有合成材料、粉末冶金材料等各种材料。城市轨道交通车辆由于车速较低，一般多采用铸铁盘和合成闸片。对合成闸片材料成分的选择，除满足制动摩擦性能的要求外，还必须考虑其对环境的影响，应符合有关环保要求。对城郊轨道交通车辆来说，其设计车速可能较高，可通过增设制动盘数量来满足制动要求。如不能增加制动盘数，则可通过改变制动盘和闸片的材质（如选择钢盘、粉末冶金闸片）来达到制动的要求。

四、典型城轨车辆盘形制动装置的结构

安装在转向架上的盘形制动装置包括一个带有弹簧制动器的气动制动钳（2/C03）、一个不带弹簧制动器的气动制动钳（1/C01）和每根轴上的两个车轮制动盘（3/C04）。制动钳（2/C03）的弹簧制动部分用作停放制动，并配有一个机械遥控装置（4/C03.02）。盘形制动装置在转向架上的安装位置如图9-8所示。

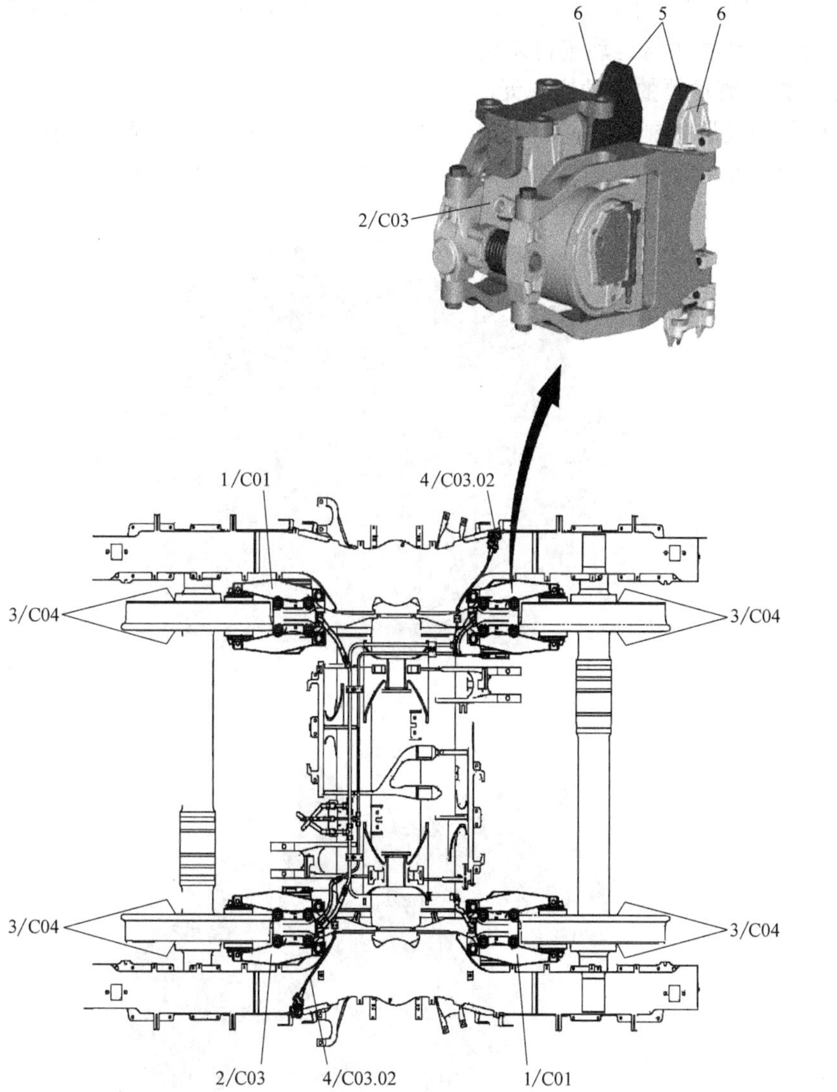

图9-8 盘形制动装置在转向架上的安装（以拖车转向架为例）

1/C01—不带弹簧制动器的气动制动钳 2/C03—带弹簧制动器的气动制动钳 3/C04—车轮制动盘 4/C03.02—机械遥控装置 5—制动闸片 6—制动闸片支座

盘形制动装置的制动钳单元具有以下几个结构特点：

1）采用模块化结构，包括独立的制动气缸和闸瓦间隙自动调整装置。

2）紧凑、轻量化设计，在转向架中占用空间较小。

3）隔膜或密封型气缸，用作常用制动的执行器。

4）弹簧制动器可通过手动操作苞登电缆或辅助缓解键进行机械缓解。

5）用于停放制动的弹簧制动器，它集成在机壳中，有1个或2个执行弹簧（根据要求而定）。

6）具有剖分式结构的扭转向刚性钳杆。

7）钳杆上仅有少量的铰接点和轴承，并进行了封装，以实现长寿命和低噪声。

8）制动钳单元从一个销钉上居中悬挂（制动闸片支座上没有吊座），可以很容易地针对较大的侧向运动和倾斜运动进行调整。

1. 不带弹簧制动器的制动钳单元

不带弹簧制动器的制动钳单元C01用于常用制动，主要由机壳、隔膜、钳杆、闸瓦间隙自动调整模块和制动闸片支座等部件组成，具体结构如图9-9所示。

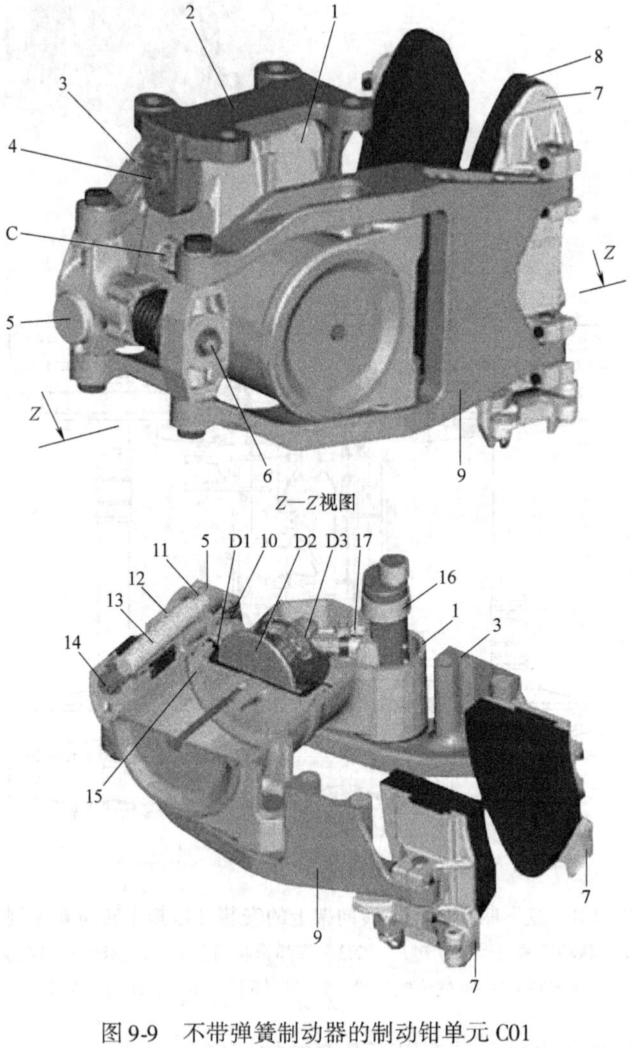

图9-9 不带弹簧制动器的制动钳单元C01

1—机壳 2—托架 3、9—钳杆 4—销钉 5—闸瓦间隙自动调整模块 6—六角复位头 7—制动闸片支座 8—制动闸片 10—推杆 11—套筒飞轮 12—扭力弹簧 13—心轴 14—推力螺母 15—隔膜（包括隔膜D1、活塞D2、活塞复位弹簧D3） 16—偏心轴 17—杆 C—常用制动供风口机壳由销钉支撑，该销钉适宜安装在托架中。此托架用螺栓联接到转向架构架上。隔膜安装在机壳中，用两个形状相同的钳杆 9 以铰链连接。在钳杆的自由端装有制动闸片支座，外加制动闸片。钳杆 3 的另一端被铰链连接到闸瓦间隙自动调整模块。隔膜包括隔膜 D1、活塞 D2 和活塞复位弹簧 D3。闸瓦间隙自动调整模块主要包括心轴、推力螺母、套筒飞轮和扭力弹簧。闸瓦间隙自动调整模块端部的推杆插口用橡胶盖密封，以防尘土进入。

每个制动闸片支座都由制动闸片支座、销钉和制动闸片组成。制动闸片支座有一个楔形滑槽以便插入闸片。闸片由铆装在闸片支座上的一个锁紧闸门加以固定，并用一个弹簧钢锁紧弹簧保持闸门的位置。制动闸片支座技术数据见表 9-1。

表 9-1　制动闸片支座技术数据

制动闸片总作用力/kN	41（在 380kPa 下）
制动闸片厚度为 35mm 时制动盘的最大厚度/mm	35
制动闸片总作用力/kN	41
最大允许工作压力/kPa	540
最大允许测试压力/kPa	810
在缓解位置的最大测试压力/kPa	3
每个制动闸片的最大行程/mm	5.5
无反作用力条件下每次行程的最大复位距离/mm	1.1
每个闸片支座的闸片面积/cm^2	400
相对闸片的最大调整量/mm	83
允许温度范围/℃	-40 ~ +80
轴在运行中相对中心安装的最大允许侧向运动/mm	±10（减去安装公差）
不包括闸片的质量/kg	91（C01），99（C03）

当常用制动供风口 C 处有压缩空气进入时，其压力作用在隔膜内，推动活塞 D2 移动，并带动杆 17 上的偏心轴转动，从而使安装在偏心枢轴上的钳杆 3 转至制动位置。而连接至闸瓦间隙自动调整模块上与之相对的钳杆 9 也转至制动位置。制动闸片接触制动盘，产生制动力。

当常用制动供风口 C 处压缩空气排出时，在活塞复位弹簧 D3 的复原力作用下，偏心轴随活塞 D2 的缩回而转回。心轴在闸瓦间隙自动调整模块内继续转动，直至钳杆 3 和 9 复位，制动闸片离开制动盘，制动缓解。

2. 带弹簧制动器的制动钳单元

带有弹簧制动器的制动钳单元 C03，用作常用制动和停放制动。主要由机壳、隔膜、钳杆、闸瓦间隙自动调整模块、制动闸片支座和弹簧制动器等部件组成，具体结构如图 9-10 所示。

隔膜安装在机壳内，与无弹簧制动器的制动钳单元 C01 中使用的隔膜完全相同。弹簧制动器 A 集成在机壳中，它主要包括活塞、压缩弹簧、螺纹心轴、推杆、螺母、齿轮及紧急缓解装置 N 组成。钳杆 4、7，闸瓦间隙自动调整模块与无弹簧制动器的制动钳单元结构相同。

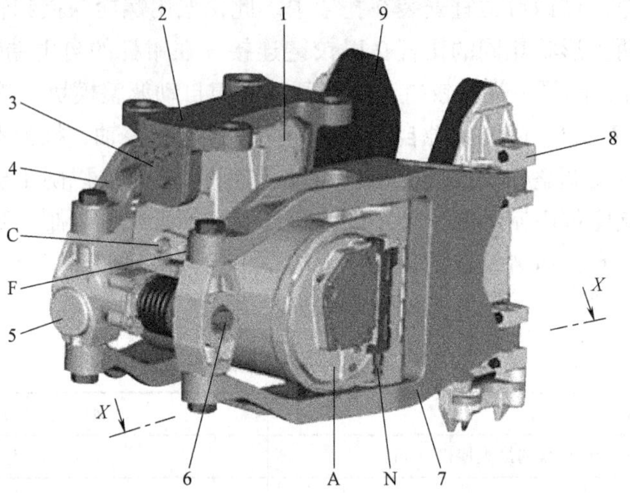

X—X视图

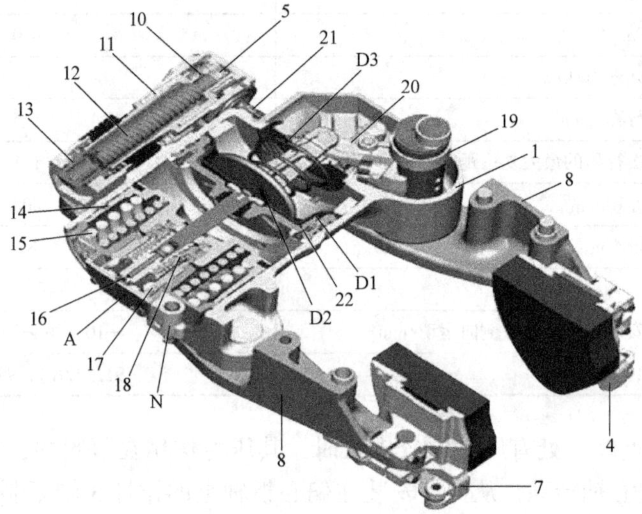

图 9-10　带弹簧制动器的制动钳单元 C03

1—机壳　2—托架　3—销钉　4、7—钳杆　5—闸瓦间隙自动调整模块　6—六角复位头
8—制动闸片支座　9—制动闸片　10—套筒飞轮　11—扭力弹簧　12—心轴　13—推力螺母　14—活塞
15—压缩弹簧　16—螺纹心轴　17—齿轮　18—螺母　19—偏心轴　20—杆　21—推杆　22—隔膜（包括隔膜 D1、活塞 D2、活塞复位弹簧 D3）　A—弹簧制动器　C—常用制动供风口　F—停放制动供风口　N—紧急缓解装置

带有弹簧制动器的制动钳单元 C03 的常用制动作用与不带弹簧制动器的制动钳单元 C01 一致，只是额外增加了停放制动作用，弹簧制动器结构如图 9-11 所示。当停放制动供风口 F 处有压缩空气进入弹簧制动器时，停放制动缓解。以最小缓解压力向弹簧制动器充风，将使活塞外加螺纹心轴及推杆移回缓解位置。随着推杆回程，活塞 D2 由活塞复位弹簧 D3 推回缓解位置，从而打开钳杆，停放制动缓解。

当弹簧制动器排风时可起动压缩弹簧。此弹簧的作用力由活塞经锥形万向节 Y 传递到螺母，再从那里转至螺纹心轴。螺纹心轴通过活塞的推杆将作用力传递给活塞 D2，推动活塞到达制动位置，停放制动施加。弹簧停放制动器的夹紧力大小与常用制动力无关，且不受

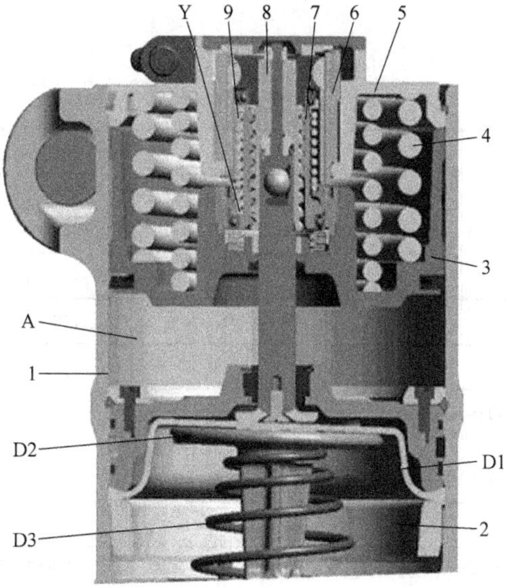

图 9-11　弹簧制动器结构

1—机壳　2—隔膜（包括隔膜 D1、活塞 D2、活塞复位弹簧 D3）　3—活塞　4—压缩弹簧　5—端盖　6—齿轮　7—螺母　8—螺纹心轴　9—压缩弹簧　A—弹簧制动器　Y—锥形万向节

隔膜气缸大小的影响。

螺纹心轴和螺母的螺纹为非自锁型。螺纹心轴由一个半圆键约束在齿轮中，以使其在力传递过程中不会在螺母内转动。

停放制动在紧急情况下，弹簧制动器 A 可通过遥控装置由一条连接至紧急缓解装置 N 的线缆进行缓解。当没有压缩空气时（车辆已停放并停机），亦可人工拉动紧急缓解装置 N 使停放制动缓解。

3. 盘形制动装置的日常检查与维护

1）检查制动钳单元是否有变形或锈蚀等损坏情况。

2）检查将制动钳单元紧固至构架的紧固件上的标志。如果紧固件松脱，则应对其重新紧固。

3）检查制动闸片支座是否有变形或腐蚀，如有损坏需更换所有损坏的部件。

4）检查底座是否紧固，确认固定制动闸片支座紧固件的销钉是否损坏。如有损坏，更换销钉。

5）检查用于弹簧制动器排气的通气塞是否阻塞，必须用螺钉旋具等杆形工具对螺纹孔进行清洁。

6）检查制动闸片是否损坏，在制动闸片磨损至小于 5mm 的最小厚度之前必须对其进行更换。在安装了新的制动闸片后，应反复施加和缓解车辆制动，检查它们是否操作正常。最后检查时制动闸片与制动盘之间的间隙应为 1.5mm。

对盘形制动装置进行检查与维护时，应注意：关闭制动截断塞门，完全排空常用制动气缸中的空气；对于带有弹簧制动器的制动钳单元 C03，须遥控操作紧急缓解装置，以手动方式缓解弹簧制动器。

【实践与训练】

学习工作单

<table>
<tr><td>工　作　单</td><td colspan="3">盘形制动装置</td></tr>
<tr><td>任　　务</td><td colspan="3">了解盘形制动装置的特点与分类；熟知制动钳单元 C01、C03 的结构及作用原理；熟知弹簧制动器的结构及作用原理。</td></tr>
<tr><td>班　　级</td><td></td><td>姓　　名</td><td></td></tr>
<tr><td>学习小组</td><td></td><td>工作时间</td><td></td></tr>
<tr><td colspan="4">【知识认知】</td></tr>
<tr><td colspan="4">1. 分析制动钳单元 C01、C03 的作用过程。
2. 分析停放制动的作用过程。
3. 盘形制动装置的日常检查与维护的步骤和要求。</td></tr>
<tr><td colspan="4">【能力训练】</td></tr>
<tr><td colspan="4">1. 识别带有弹簧制动器的制动钳单元 C03 的组成部件，并分析常用制动与停放制动的作用过程。</td></tr>
</table>

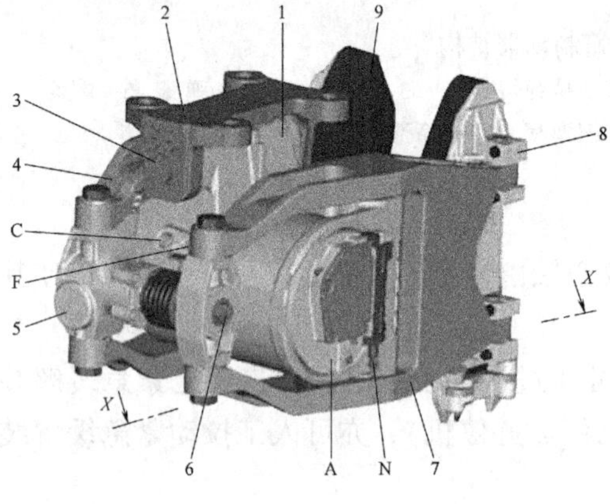

X—X视图

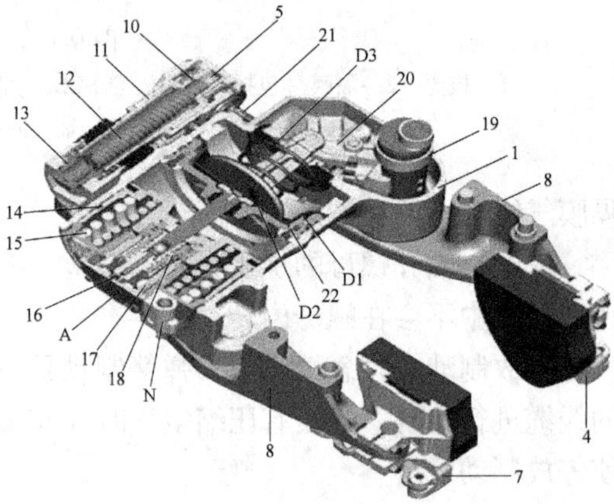

<table>
<tr><td colspan="2">2. 归纳盘形制动装置的日常检查与维护要求。</td></tr>
<tr><td colspan="2">任务学习其他说明或建议：</td></tr>
<tr><td colspan="2">指导老师评语：</td></tr>
<tr><td>任务完成人签字：</td><td>日期：　年　月　日</td></tr>
<tr><td>指导老师签字：</td><td>日期：　年　月　日</td></tr>
</table>

附录　地铁车辆运行中制动、风源系统的故障应急处理

附录 A　广州地铁 1 号线车辆运行中制动、风源系统的故障应急处理

一、保压制动不能缓解

1. 处理建议

检查主控手柄警惕按钮是否按下，停车制动是否缓解，门是否关好，紧急疏散门是否关好，主风缸压力是否大于 700kPa。

2. 注意点

警惕按钮按下时会发出清脆的“嘀”声音。紧急疏散门包括两个。

二、紧急制动不能缓解

1. 处理建议

检查红色紧急制动按钮是否在正确位置，车间电源插头盖是否盖好。

2. 注意点

紧急按钮包括 4 个，车间电源插头盖包括两个

三、转向架制动封锁

1. 处理建议

检查相应车的 B09 和断路器 2F40 是否跳闸。

2. 注意点

关闭 B09 或打下 2F40 都会有该故障显示。

四、空气压缩机故障

处理建议：

1）若是 1 台空气压缩机故障，则检查 A 车电气柜中相应的空气压缩机断路器 3F10、3F11，如跳闸请复位，继续运营，报告 OCC。

2）若是两台空气压缩机故障，检查 A 车电气柜中相应的空气压缩机断路器 3F10、3F11，如跳闸请复位，继续运营，报告 OCC；如复位不了或没跳闸，则请求到下站退出服务。

3）在主风缸压力大于 750kPa 时，列车可自行牵引到就近折返线，或视情况酌情进行处理。

五、主风缸压力小于 600kPa

1. 处理建议

检查相应车的 2F40 是否跳闸，若是请复位；若不是，能开动车则继续行驶，报告 OCC，并随时监视压力表主风缸压力，结束服务后报告车厂控制中心，若开不动车则立即请

求救援。

2. 注意点

六节车主风缸压力都小于600kPa则开不动车。且牵引时显示屏将显示。

六、整列车空气制动不能缓解

处理建议：参照“空气制动故障”处理，若仍不能缓解，复位主控钥匙，报告OCC；如果还是不能缓解，换端操作。

七、空气压缩机打风不止

1. 处理建议

打下断路器3F11，报告OCC，请求到前方终点站退出服务。

2. 注意点

该故障现象可从司机台气压表上看出。

八、快速制动不能缓解

处理建议：方向手柄回“零位”。若仍不能缓解，换端操作。

附录B 西安地铁车辆运行中制动、风源系统的故障应急处理

一、全列车紧急制动不缓解

通过车载信号TOD显示，来判断是车辆还是信号系统原因造成的紧急制动，如果不能判断则优先考虑进行信号系统的故障处理。

1. 故障现象

司机台司机控制器由FB位推向牵引位，ATI屏显示红色紧急制动图标，双针压力表黑色指针仍显示制动压力在300kPa左右，司机台“紧急制动施加”灯亮；车载信号TOD显示紧急制动图标。

2. 处理建议

（1）信号系统原因　参考《信号设备故障处理指南》。如不能缓解，将模式开关4SC02转换到NRM模式。

（2）车辆系统原因

1）转为NRM模式后，确认司机室“制动控制开关BVN1、BVN2”以及“模式开关1控制断路器4QF05”在闭合位，如跳闸则复位。

2）确认“ATP切除指示灯”是否亮。若“ATP切除指示灯”灯不亮，复位司机控制器主控钥匙，再次缓解紧急制动，此时若可以缓解，运行至终点站后退出服务。

3）确认总风压力。若压力表显示总风压力低于600kPa，待空气压缩机打风到700kPa以上后进行缓解。

4）检查激活端紧急制动按钮状态。若按钮被按下将其恢复，缓解紧急制动。

5）如以上均不能缓解，司机按以下步骤操作：

① 将激活端紧急制动短路开关ESS断路器闭合。

② 若按①步骤操作不能缓解，将激活端司机室一位侧电器柜内的5km短路开关2SK04闭合。

③ 若在激活端按①、②步骤操作仍不能缓解，换端操作，按照上述①、②步骤进行处理。

若能缓解紧急制动，在本站或下一站清客后退出服务；若按①、②、③步骤均无法缓解，报行调请求救援。

二、单车制动不缓解

1. 故障现象

司机台“制动不缓解”灯亮，牵引时 ATI 屏显示单车“制动装置不缓解”故障，故障车侧红灯亮。

2. 处理建议

按下司机台“强迫缓解”按钮，降弓后司机到车下将故障车“制动缓解塞门 J6”切除。

三、停放制动不缓解

1. 故障现象

ATI 屏运行画面停放制动显示黄色图标，ATI 维修模式、制动装置界面下停放制动状态为“ON”，同时故障车体外侧红色灯亮。

2. 处理建议

1）确认主风缸压力大于 700kPa，“停放制动施加/缓解”按钮未被按下。若按下，进行缓解；若未被按下，操作该按钮“施加”后再“缓解”。

2）若停放制动仍不缓解，降弓后将故障车转向架“制动缓解塞门 J6”关闭，手动缓解故障车的停放制动，同时将故障车 BECN 断路器断开。

3）操作“停放制动施加/缓解”按钮时，将牵引手柄打置“FB 快制”位或在紧急制动下进行施加/缓解停放制动。缓解停放制动后并确认 ATI 屏运行画面中黄色图标消失（需经 10s 左右），再推牵引手柄起动列车。

3. 注意点

1）出现停放制动不缓解时，司机需进“ATI 维修模式、制动装置界面”下检查停放制动状态，施加为“ON”，缓解为“OFF”确认故障车辆。

2）手动缓解停放制动时将每台转向架的缓解拉链拉动，并确认闸瓦脱开踏面，每台转向架两个，呈对角布置。

3）BECN 位于 TC 车二位端一位侧电器柜内，中间车一位端一位侧电器柜内。

四、空气压缩机打风不止

1. 故障现象

正常运行时，两台空气压缩机持续工作，风压仍不上升。

2. 处理建议

1）如果风压维持在 700kPa 以上，运行到终点站退出服务。

2）如出现因风压低于 600kPa 产生紧急制动时，将激活端司机室“回送开关 DES”断路器和“紧急制动短路开关 ESS”断路器闭合，限速 20km/h 运行，报行调本站或前方站清客后退出服务。

3）如总风压力小于 500kPa 时，司机应立即停车，向行调请求救援。救援时司机下车底将“制动缓解塞门 J6”关闭，手动缓解停放制动，并关闭故障列车连挂端的 D1 阀。

五、单台空气压缩机不打风

1. 故障现象

正常运行时，总风压力降至 800 kPa 以下时，ATI 显示有一台空气压缩机不工作。

2. 处理建议

1）若一台空气压缩机可以继续打风至 900 kPa，继续运行到终点站。

2）到终点站检查不工作的空气压缩机 Mp 车的空气压缩机投入控制 CMCN 断路器是否跳闸，若跳闸则闭合。

3）若未跳闸或闭合无效，可运行一个往返后退出服务，运行中随时观察总风压力。

六、两台空气压缩机不打风

1. 故障现象

正常运行时，总风压力降至 800 kPa 以下时，ATI 显示有两台空气压缩机不工作，风压不上升。

2. 处理建议

1）在 ATI 屏显示总体画面中能确认静止逆变器 SIV 工作正常，有 380V 交流电输出。

2）检查激活端“空气压缩机控制”断路器是否跳闸，若跳闸则闭合。

3）检查“空气压缩机起动”按钮是否被按下，若未按下则按下；若已按下，恢复后重新再按下一次。

4）若“空气压缩机起动”按钮操作无效，按压司机台上“强迫起动”按钮，如空气压缩机能起动，可以正常打风，司机操作“强迫起动”按钮，维持运营到终点站退出服务。

5）如空气压缩机仍不能起动，报行调本站或前方站清客后退出服务。

6）在区间若出现因风压低于 600kPa 产生紧急制动时，将激活端的“回送开关 DES”断路器和“紧急制动短路开关 ESS”断路器闭合，限速 20km/h 运行，报行调前方站清客后退出服务。

7）若总风压力小于 500kPa 时，司机应立即停车，请求救援。救援时司机下车底将“制动缓解塞门 J6”关闭，手动缓解停放制动。

参考文献

[1] 曾青中，韩增盛．城市轨道交通车辆［M］. 2 版．成都：西南交通大学出版社，2009.

[2] 张振淼．城市轨道交通车辆［M］. 北京：中国铁道出版社，1998.

[3] 王伯铭．城市轨道交通车辆工程［M］. 成都：西南交通大学出版社，2007.

[4] 阳东，卢桂云．城市轨道交通车辆检修［M］. 北京：机械工业出版社，2010.

[5] 连苏宁．城市轨道交通车辆构造［M］. 北京：机械工业出版社，2011.

[6] 殳企平．城市轨道交通车辆制动技术［M］. 北京：中国水利水电出版社，2009.

[7] 胡用生．现代轨道车辆动力学［M］. 北京：中国铁道出版社，2009.

[8] 孙章，蒲琪．城市轨道交通概论［M］. 北京：人民交通出版社，2010.

[9] 上海申通地铁集团有限公司轨道交通培训中心．城市轨道交通概论［M］. 北京：中国铁道出版社，2009.

[10] 李益民．电力机车制动机［M］. 北京：中国铁道出版社，2008.

[11] 内田清五．日本新干线列车制动系统［M］. 陈贺、李毅、杨弘，译．北京：中国铁道出版社，2004.

[12] 彭俊彬．动车组牵引与制动［M］. 北京：中国铁道出版社，2009.

[13] 董锡明．现代高速列车技术［M］. 北京：中国铁道出版社，2006.

[14] 董锡明．高速动车组工作原理与结构特点［M］. 北京：中国铁道出版社，2007.

[15] 庞宏恩．车辆制动装置［M］. 北京：中国铁道出版社，2007.

[16] 夏寅荪．机车车辆及城市轨道车辆电空制动机［M］. 北京：中国铁道出版社，2000.